서봉수 라이브 사활 마스터

서봉수 해설
한창규 정리

홍신문화사

서봉수를 기억하는 분들께

오래 전 내 이름으로 몇권의 책을 출간한 기억이 있다. 당시는 내용의 질을 따지기 이전에 '바둑책을 많이 출간하는 일이 팬들에게 이롭다'는 믿음이 있었으나 시간이 흐르면서 다음 두 가지 이유로 오랫동안 바둑책 출간에 관여하지 않게 되었다.

그 하나는, 책을 내는 일이 승부를 업으로 하는 승부사로서 일종의 외도가 아닌가 하는 의구심이었고 또 하나는 아무리 많은 바둑책을 출간하더라도 그 내용이 부실하면 결코 팬들에게 이롭지 않다는 생각이 들었기 때문이다. 이후 많은 시간이 흐르는 동안 승부사로서 감히, 최고의 자리를 지켜왔다는 말은 할 수 없지만 한판, 한판 최선을 다해 서봉수라는 이름과 자존심을 지켜왔다는 것만은 떳떳하게 말할 수 있다.

내가 승부에 몰입하는 동안 출판계에도 많은 변화가 있었던 것 같다. 요즘은 전문지식을 쌓은 바둑라이터들이 제자리를 잡아, 일본 전문서와 비교해도 손색이 없는 바둑책을 출간하고 있는 것으로 안다.

거리를 걷다가 이따금씩 '서봉수'를 알아보는 사람들을 만난다. 조금 쑥스럽지만 내심은 반갑고 고맙다.

세계최강자 이창호의 이름이 세상을 뒤덮고 있는 이 시기에 '승부사 서봉수'의 이름을 기억하고 있다는 것이 왠지 '서봉수는 승부사로서 바른 길을 걸어왔다'고 인정해주는 것 같기 때문이다.

그분들께 드리는 작은 보답. 그것이 실로 오랜만에 나의 이름을 내세운 바둑책을 출간하게 된 가장 큰 이유다.

함께 집필에 참여한 필진이 모두 바둑가에 오랫동안 몸 담아왔던 믿을만한 라이터라는 것도 작지 않은 이유가 될 것 같다.

팬들의 손에 들린 '서봉수 라이브사활 마스터' 시리즈가 바둑을 애호하는 모든 분들의 좋은 안내자가 될 것임을 확신하며 이만 졸필을 끊는다.

2000년 7월 서봉수

머리말

사활은 바둑의 기본이다. 바둑은 집이 많은 편이 이기지만 궁극적으로는 사활을 둘러싼 게임이라 할 수 있다. 두눈 이상 갖추어져야 비로소 집으로 인정되기 때문이다.

따라서 처음부터 사활을 둘러싼 전쟁을 시작하는 것이다. 그렇다면 이처럼 중요한 사활을 어떻게 하면 잘 할 수 있을까? 수학의 공식처럼 기본적인 패턴을 익히면 되는 것이다.

이 책은 귀와 변에서 생기는 기본사활 180여개를 패턴별로 분류해 놓았다.

일단 문제 형식을 빌었지만 비슷한 패턴별로 사전식으로 구성한 것이 특징이다. 각 형태마다 난이도를 매겼으며 어드바이스를 곁들여 수읽기에 도움을 주었다.

물론 이것으로 전부 해결할 수는 없지만 실전사활의 대부분은 이 기본형으로부터 파생되는 응용형이다.

하나 하나의 형태를 생각함에 따라 자연스럽게 맥을 발견하는 능력과 수읽기의 힘이 길러질 것이다.

따라서 이 책을 완전히 마스터한다면 반드시 고단자의 경지에 오를 것으로 확신한다.

2000년 7월 한창규

차   례

제1장
귀의 사활
2선형

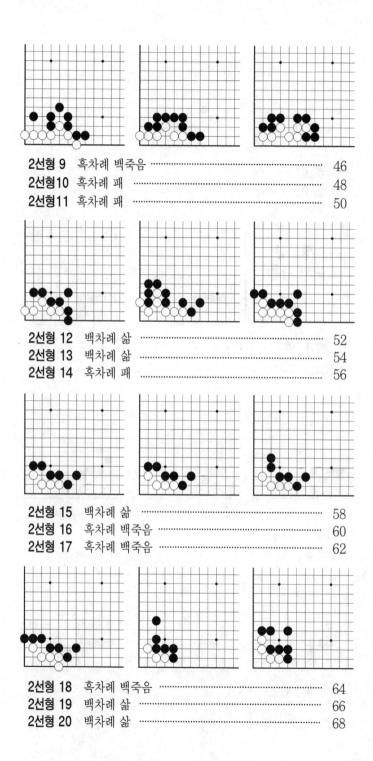

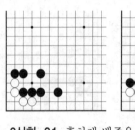
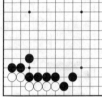

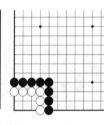
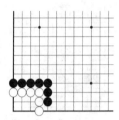

제1장
귀의 사활
6집형

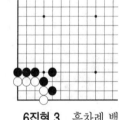
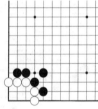
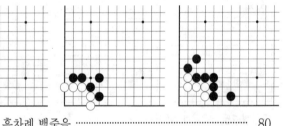

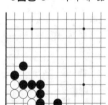
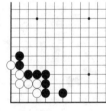
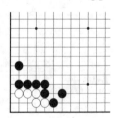

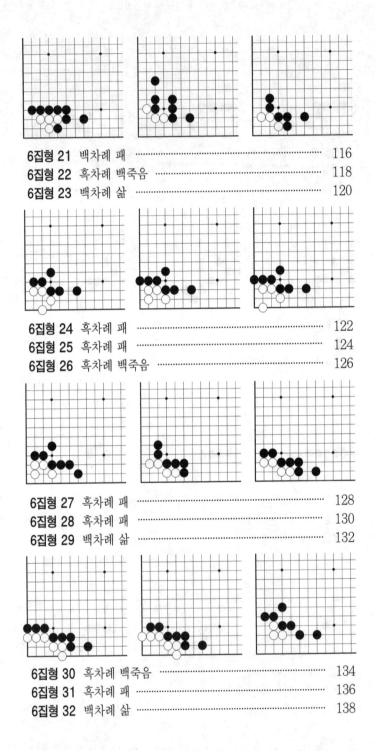

제1장
귀의 사활
8집형

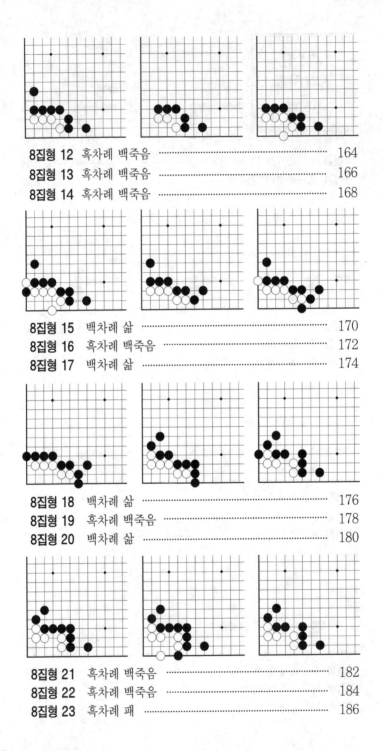

제 1 장
귀의 사활
빗 형

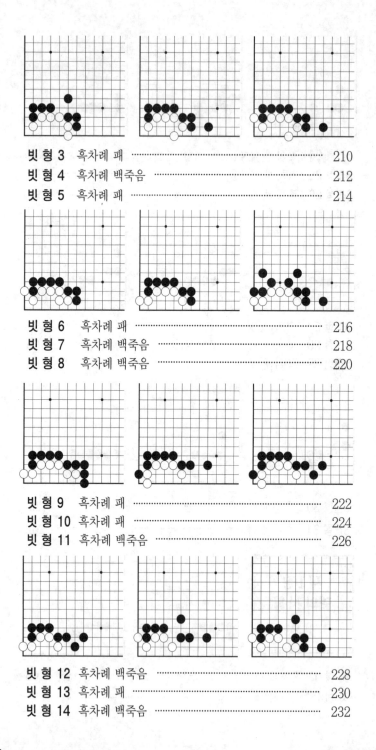

제1장
귀의 사활
뒷박형

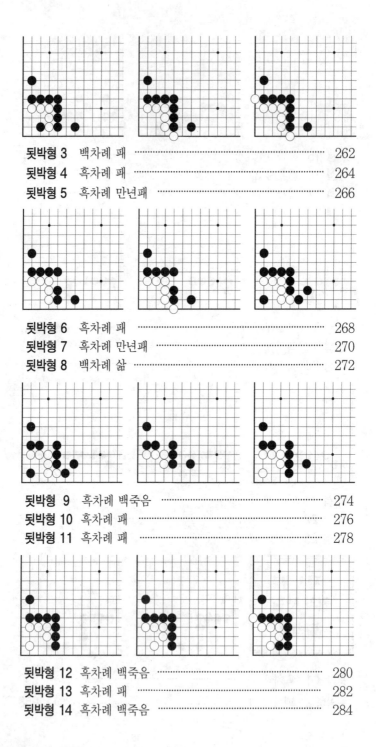

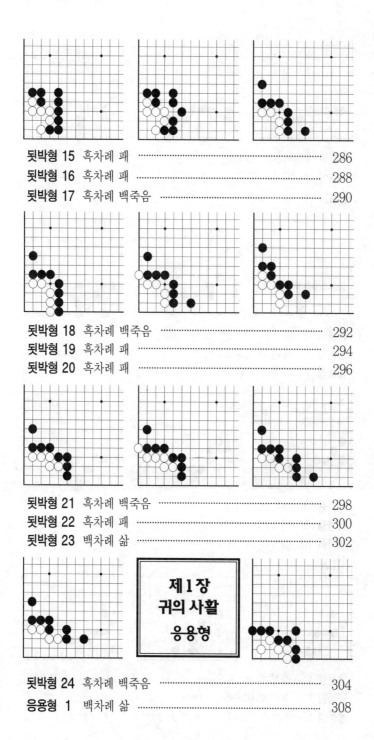

제1장
귀의 사활
응용형

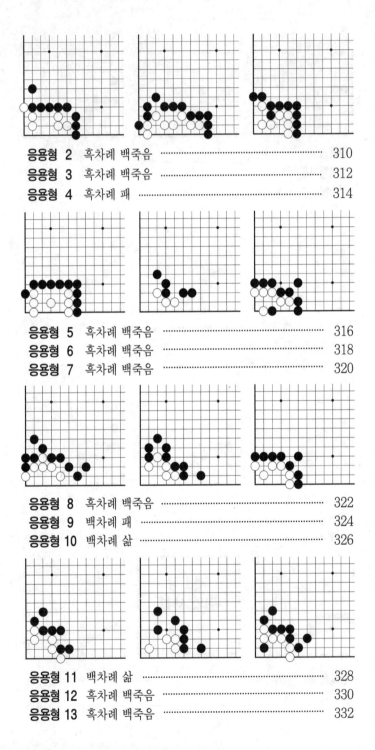

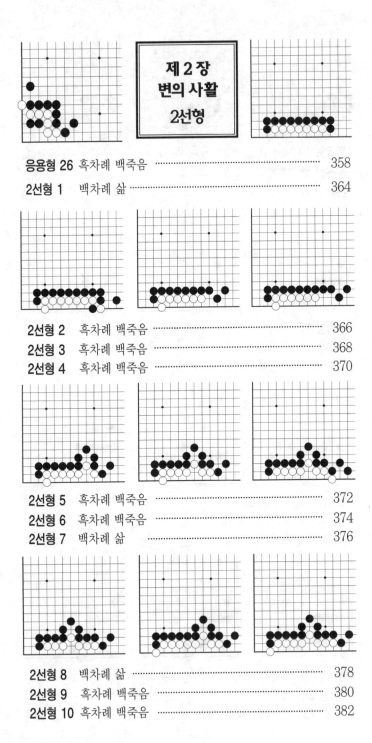

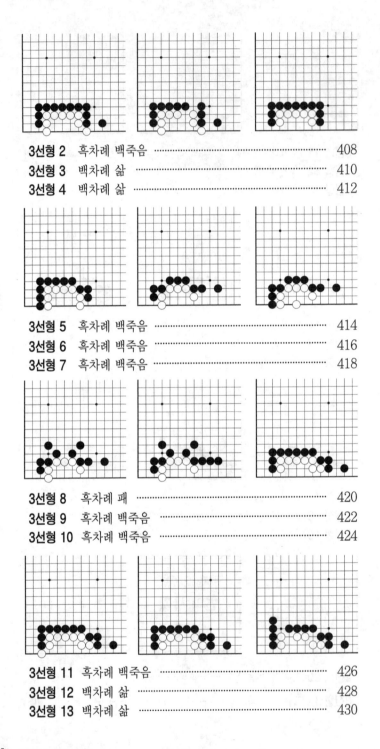

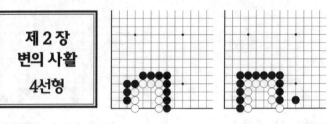

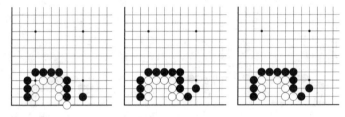

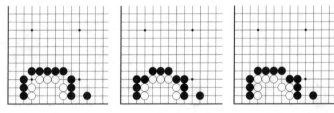

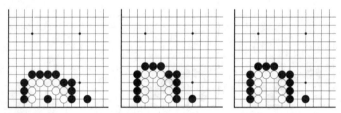

제 2 장
변의 사활
응용형

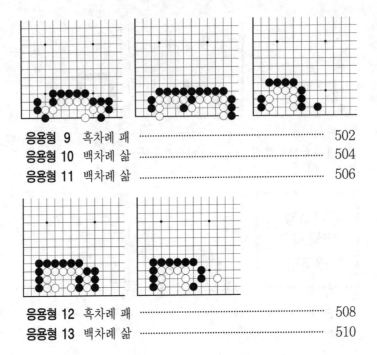

제 1 장

귀의 사활

제 1 장
귀의 사활

2선형

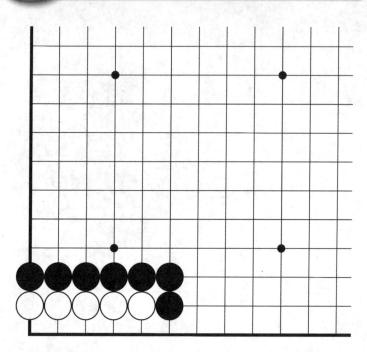

 귀의 2선에 백돌 다섯점이 나란히 늘어선 모양. 흑차례면 백죽음이고, 백차례면 삶. 귀의 사활의 기본형이다.

☜ 어드바이스

백이 둔다면 1의 내려섬. 돌을 살리는 가장 기본적인 형태인 직사궁의 삶이다. 백1로는 2에 두어도 살지만 집으로 손해.

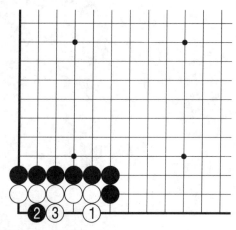

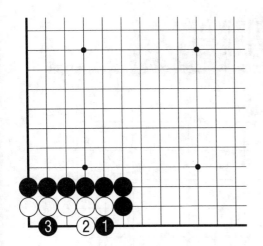

1도(정해1 · 젖힘)

흑1로 젖히고 백2 때 흑3의 치중. 이와 같이 '궁도를 좁힌 다음 치중'하는 것이 돌을 잡는 가장 기본적인 수법이다.

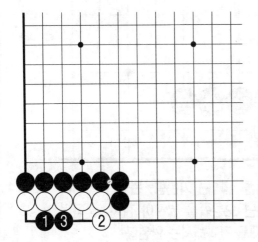

2도(정해2 · 치중)

흑1로 먼저 치중한 다음 백2 때 흑3으로 두어도 물론 백을 잡을 수 있다. 젖힘부터 두느냐, 치중부터 두느냐의 두가지 길이 있을 때는 어느 쪽을 선택해야 할지 항상 주의를 기울여야 한다. 다음 그림을 보자.

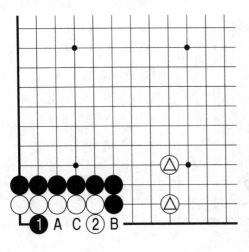

3도(참고)

가령 주변여건이 바뀌어 백△가 놓여졌다고 하자. 이때는 흑1로 치중부터 두는 것은 나쁘다. 백2의 내려섬이 다음에 A로 두눈을 만드는 수와 B이하로 건너는 수가 맞보기여서 삶. 따라서 흑1로는 2에 젖혀 백C, 흑1이 올바른 공격법이다.

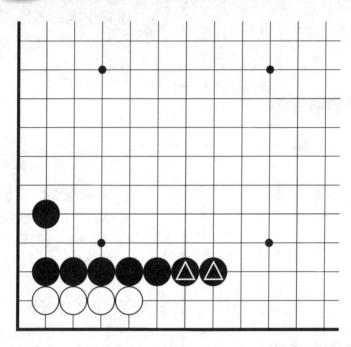

 이번에는 귀의 돌을 살리는 기본형. 왼쪽을 넓혀야 할지 그렇지 않으면 오른쪽을 넓혀야 할지. 군더더기 같은 ▲의 존재를 간과해서는 안된다.

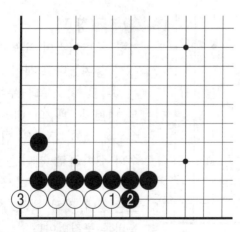

✍ 어드바이스

백1은 흑2로 받아 줄 때 백3으로 살겠다는 생각. 이것이면 5집을 내고 가장 크게 산 모습. 그러나 백은 주위 상황을 간과했다.

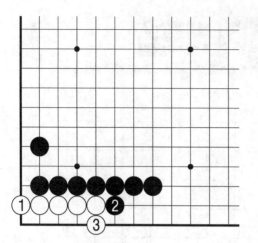

🔵 1도(정해·내려섬)

백1의 내려섬이 중요한 수로 귀의 특수성을 이용한 급소 이다. 흑2에는 백3으로 직사 궁의 삶.

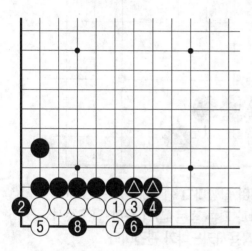

🔵 2도(실패1)

백1쪽으로 궁도를 넓히는 것 은 이 경우 실패. 흑이 3으 로 막아주지 않고 2로 급소 를 젖히게 되어 백에게 삶이 없어지고 만다. ●가 작용하 고 있는 모습이다.

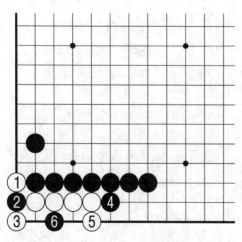

🔵 3도(실패2)

백1로 젖히는 것은 쓸데없는 욕심. 이 순간 흑2로 먹여침 당해 궁도 하나가 줄어들고 만다. 귀의 사활이나 수상전 에서는 잠자코 1선에 내려서 는 것이 좋은 맥이 되는 경 우가 많다.

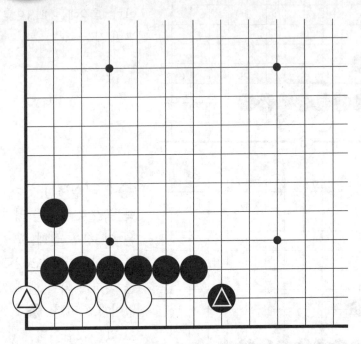

 △로 내려서서 백이 살았다고 생각하는 것은 오산이다. [제2형]의 삶과 다른 점은 △의 존재. 흑으로서는 △를 어떻게 작용시키느냐가 관건이다.

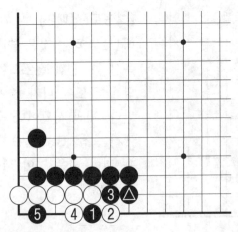

어드바이스

△가 한줄 가까이 있다면 문제는 좀 더 간단하다. 흑1의 붙임에서 5까지 백죽음. 흑1로는 먼저 5에 치중해도 마찬가지 결과이다.

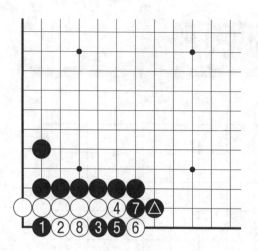

● 1도(정해 · 치중)

⚫️가 멀리 있을 때에는 흑1의 치중부터 두어가야 한다. 백2일 때 흑3의 붙임. 계속해서 백4에는 흑5로 키우는 것이 옥집으로 이끄는 요령으로 흑9의 먹여침까지 백죽음. (⑨…⑤)

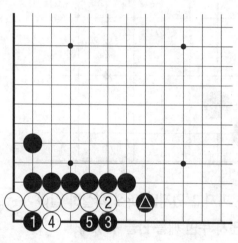

● 2도(변화)

흑1에 대해 백2라면 역시 흑3의 붙임. ⚫️의 위력이 여실히 발휘되고 있는 모습이다.

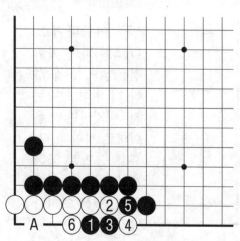

● 3도(실패)

흑1로 바깥쪽에서부터 붙여가는 것으로는 성공하지 못한다. 백2에서 6으로 흑 두 점을 잡으면 계속해서 A로 두눈을 만드는 수와 3으로 이쪽에 눈을 만드는 수가 맞보기여서 백이 살게 된다.

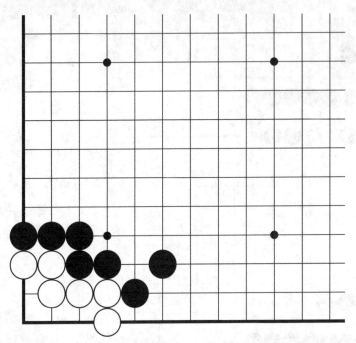

귀의 백은 4집을 가지고 있지만 아직 확실히 살아 있지 않다. 흑이 먼저 두면 패를 만들 수 있다.

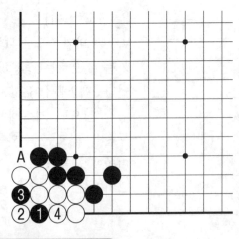

어드바이스

[제4형]과의 차이점은 A의 곳에 하나 더 비어 있다는 것. 이것이면 백은 이대로 살아 있다. 흑1·3으로 공격해와도 백4로 뒤에서 단수칠 여지가 있기 때문이다.

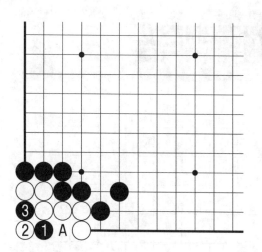

● 1도(정해 · 2의─)

흑1로 2 · ─의 급소에 붙이는 수가 있다. 백도 2로 집어넣어 패가 된다. 바깥쪽공배가 메워진 백은 A에 둘 수 없는 게 아픔.

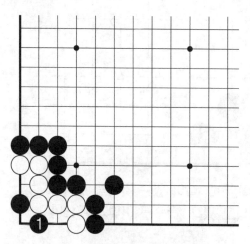

● 2도(참고 · 귀곡사)

이 형태에서 흑1로 두면 '귀곡사'의 모양. 변과 중앙의 곡사궁은 삶이지만 귀에서만은 죽음으로 규정한다. 그 이유는 백은 더 이상 손을 쓸 수 없는 데 비해 흑은 자유롭게 손을 댈 수가 있다고 하는 일방적인 권리를 지니고 있기 때문이다.

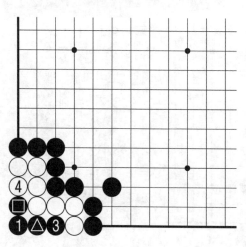

● 3도(참고 · 부연설명)

요컨대 흑은 팻감을 전부 없애고 나서 1 · 3에 이어 5 · 7로 패를 내는 수단이 가능하다. 단, 2 · 3도는 이유를 설명하는 그림일 뿐이지 바깥쪽의 흑이 살아 있으면 손을 댈 필요없이 무조건 백죽음으로 간주한다.

(❺…△ ❻…❶ ❼…■)

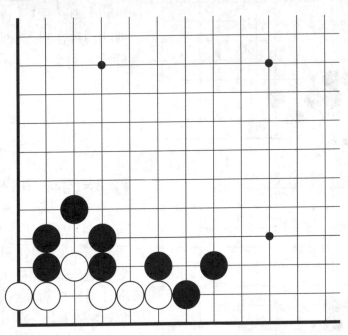

백의 궁도가 넓어 완전히 살아 있는 것처럼 보이나 모양에 결함을 지니고 있다. 첫수를 어떻게 두느냐가 중요하다.

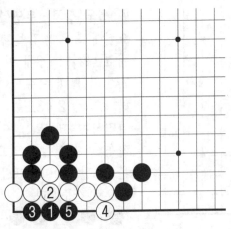

🖋 어드바이스

흑1의 치중은 급소처럼 보이지만 백2로 잇기만 해도 빅으로 살 수 있다. 하지만 백에게는 더 좋은 응수가 있다.

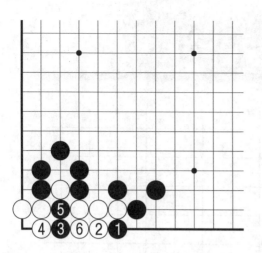

◉ 1도(정해 · 젖힘)

먼저 흑1로 젖혀 백2 때 흑3
으로 치중하는 것이 주도면
밀한 수순이다. 백4에는 흑5
에서 7로 옥집. 그리고 백4
로 5에 이으면 흑4로 백죽
음. (**7**…**5**)

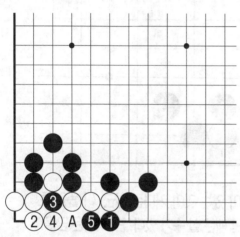

◉ 2도(변화)

흑1 때 백2로 귀에서 한눈
을 만들면 흑3으로 먹여쳐
그만이다. 흑3으로는 먼저 5
에 두고 백A, 흑3도 마찬가
지 결과이다.

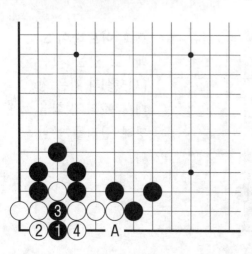

◉ 3도(실패)

흑1로 치중부터 두어가는 것
은 수순이 나쁘다. 백2쪽에
서 받는 것이 호수로 백4 이
후 백이 3과 A에 두는 수가
맞보기여서 살려주고 만다.

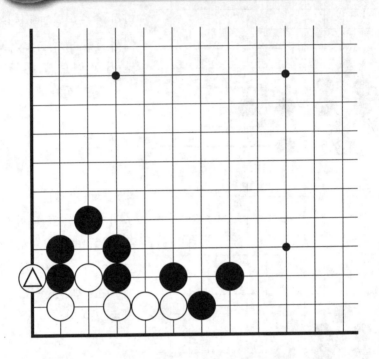

 귓쪽에 △의 젖힘이 있는 것이 커다란 원군. 이 돌을 효과적으로 작용시키면 백은 살 수가 있다. 단, 욕심은 금물.

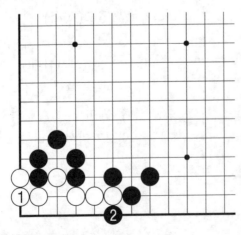

☞ 어드바이스

백1로 잇는 것은 [제5형]과 같은 형태. 흑2의 젖힘을 당해 살지를 못한다.

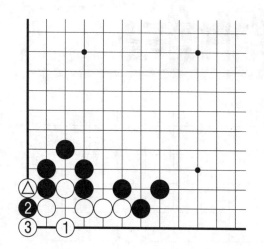

● 1도(정해 · 급소)

백1이 △의 젖힘을 최대한
으로 작용시키는 안형의 급
소. 흑2로 먹여쳐도 백3으로
따내어 좌우에 한눈씩을 확
보해 완생이다.

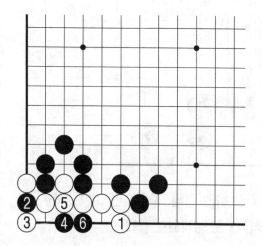

● 2도(실패)

백1로 궁도를 넓혀 살려는
것은 욕심이다. 흑2의 먹여
침에서 4의 치중으로 공격해
오면 백은 꼼짝없이 잡혀 버
리고 만다. 수순중 백5로 6
이면 물론 흑은 5.

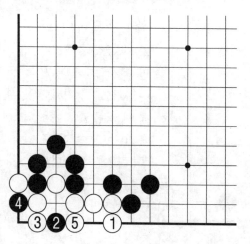

● 3도(참고 · 흑의 주의)

단, 흑으로서도 전도 2로
먹여치는 것이 긴요한 일
착. 성급하게 흑2로 치중부
터 두는 것은 백3을 당해
순식간에 살려주게 되므로
주의할 일이다.

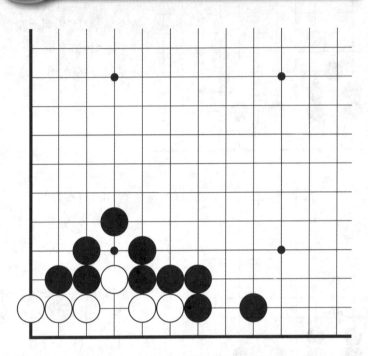

전형과 위치가 약간 바뀐 형태. 그렇지만 이치는 매한가지이다. 상식적으로 생각해도 좋다.

어드바이스

△의 젖힘이 더해지면 백은 죽지 않는다. 흑1·3으로 공격해도 백4에 흑은 A에 이을 수 없는 모습. 물론 흑1로 2에 치중, 백1, 흑3, 백4, 흑B면 빅은 되겠지만.

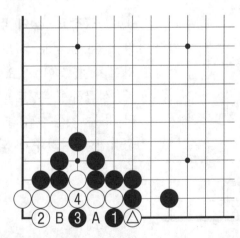

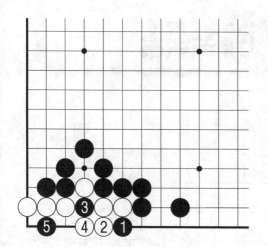

● 1도(정해·젖힘)

먼저 흑1로 젖혀가는 것이 올바른 수순. 백2로 막으면 흑3으로 먹여친 다음 5에 치중하는 것이 필살의 콤비블로다.

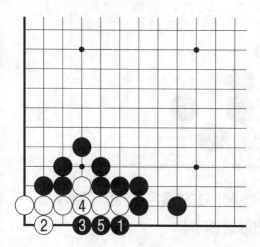

● 2도(변화)

흑1에 대해 백2로 변화해올 때 조심해야 한다. 이것에는 흑3의 치중이 맥. 흑5까지 백 죽음이다. 흑3으로 무심코 5에 모는 것은 경솔한 행동으로 백3으로 막아 살게 된다.

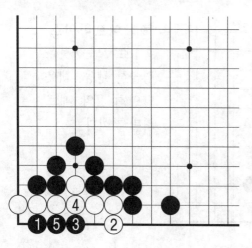

● 3도(실패)

흑1의 치중은 실착. 백2로 궁도를 넓히면 이미 잡을 수 없는 돌이 되고 만다. 흑3이 최강의 공격이지만 5까지 고작 후수빅을 내는 데 그친다.

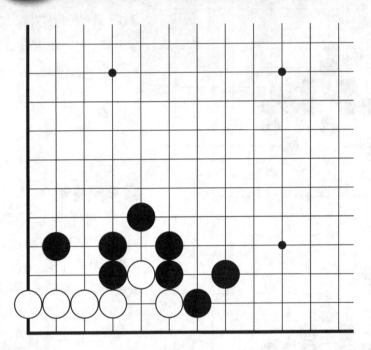

오른쪽 백모양에 결함이 있다. 흑은 이것을 어떻게 추궁하느냐가 관건인 장면이다.

어드바이스

흑1로 모는 것은 경솔한 행동. 백은 당연히 2의 패로 버틸 것이다.

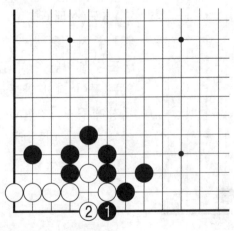

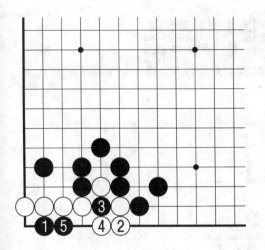

● 1도(정해 · 치중)

이 형태에서는 흑1의 치중부
터 두는 것이 정해. 백2로
궁도를 넓혀도 흑3으로 먹여
쳐 백을 한눈으로 이끈다.

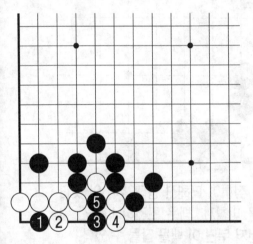

● 2도(변화)

흑1에 대해 백2로 받으면
흑3이 준비된 수단. 백4에
는 흑5로 집어넣어 백을 옥
집으로 만들 수 있다. 흑3
으로 4는 백3으로 받게 되
어 패가 되니 요주의.

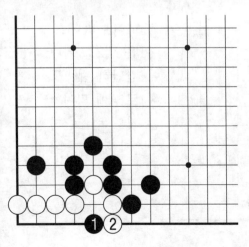

● 3도(실패)

같은 치중이라도 흑1은 위치
가 좋지 않다. 백2로 받고
나면 흑은 후속 공격수단이
끊기고 만다.

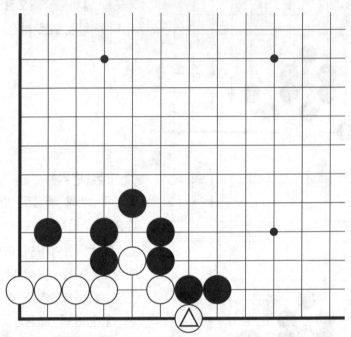

 〔제8형〕에서 △의 젖힘이 더해진 형태. 자, 이 젖힘 한방은 어떤 영향을 미칠까. 백은 조건이 나아진 것 같지만 실은 흑이 먼저 두면 이 백을 잡을 수 있다.

어드바이스

흑1은 백2로 따내어 간단히 삶. 또 흑1로 A에 먹여치는 것도 백2로 마찬가지 결과가 된다.

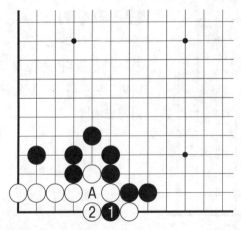

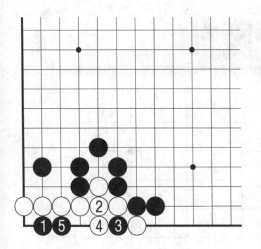

◉ 1도(정해·치중)

[제8형]과 똑같이 흑1의 치중이 맥. 백2의 이음에는 흑3으로 먹여친 다음 5까지 백죽음. 수순중 백2로 3이면 흑2로 먹여치는 것이 궁도를 좁히는 요령이다.

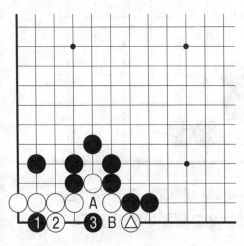

◉ 2도(변화)

흑1에 백2로 저항하면 역시 흑3의 치중으로 마무리짓는다. 계속해서 백A에는 흑B, 백B에는 흑A. 어느 것이 되었든지 백 △의 젖힘은 도움을 주지 못한다.

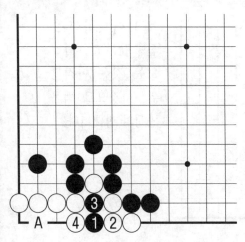

◉ 3도(실패)

흑1쪽의 치중은 이번에도 실패를 면치 못한다. 백4 다음 백은 A와 3이 맞보기여서 무난히 두눈을 내고 산다.

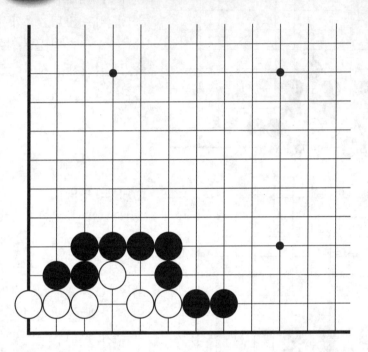

엇비슷한 형태의 연속인데 이번에는 조금 까다로운 유형. 무조건 잡을 수는 없고 패를 내면 성공이다.

어드바이스

선수랍시고 흑1로 모는 것은 이적행위. 이것으로 백은 완생의 형태이다.

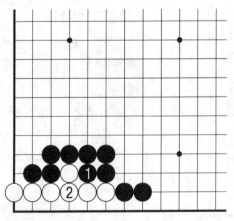

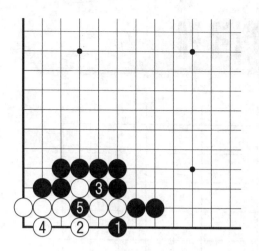

🔵 1도(정해 · 젖힘)

흑1은 당연한 젖힘. 백도 2
로 받는 것이 최선으로 이
하 5까지 흑이 먼저 따내는
패가 정해이다.

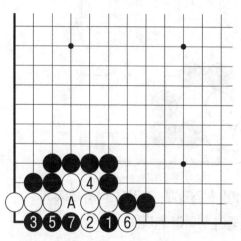

🔵 2도(변화)

흑1에 백2로 막는 것은 흑3
이 급소. 이후 백4로 궁도를
넓히더라도 흑7까지 무조건
죽음. 백4로 5에 두어도 흑A
로 먹여침당해 백은 무조건
죽는다.

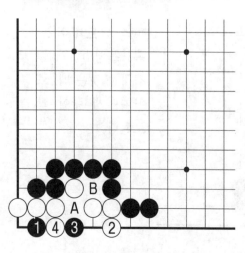

🔵 3도(실패)

흑1의 치중은 실패. 백2의
내려섬이 가장 크게 사는 방
법으로 흑은 '닭 쫓던 개 지
붕 쳐다보는 격'. 백4 이후
흑A는 백B로 그만이다.

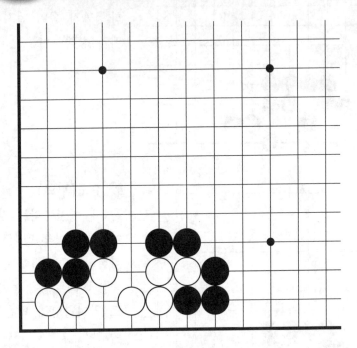

우선 급소의 발견이 선결과제. 그러고 나서 그후의 변화도 완전히 꿰뚫어 놓아야 한다.

☞ 어드바이스

흑1로 평범하게 공격하는 것은 백2로 알기쉽게 삶이 확보된다.

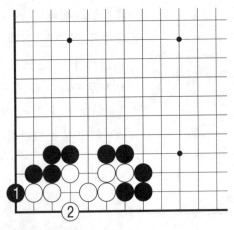

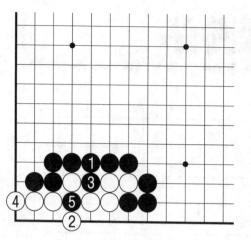

●1도(정해·의외의 급소)

다소 의외의 곳인 흑1이 급
소. 이 수를 발견했으면 이
후는 그리 어려울 게 없다.
백도 2가 탄력적인 응수인데
흑3·5로 패가 되는 것이 쌍
방 최선의 수순이다.

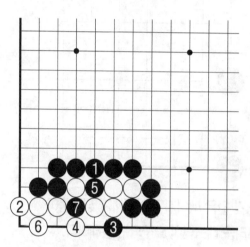

●2도(변화)

흑1에 대해 백2로 내려서면
전형과 같은 형태. 앞서 설
명했듯이 흑3으로 젖히는 맥
으로 패가 된다.

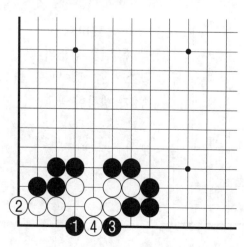

●3도(실패)

흑1의 치중은 가장 나쁜 공
격법. 백2로 내려서고 흑3에
는 백4로 막아 백을 무조건
살려주고 만다.

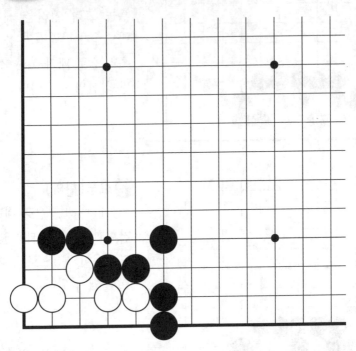

 도저히 살 수 없을 것 같은 백이지만 아직까지 생명줄이 남아 있다. 약간 어려운 테크닉이 요구되는 형태이다.

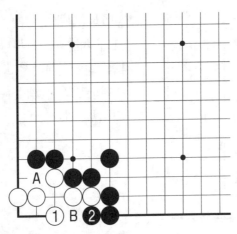

ⓒ 어드바이스

백1은 언뜻 안형의 급소처럼 보이나 흑2가 냉정한 공격으로 흑A, B가 맞보기여서 백죽음. 좀더 연구가 필요하다.

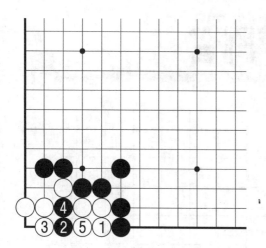

● 1도(정해·후절수)
어쨌든 백1로 최대한 궁도를 넓히고 볼 일이다. 흑2의 치중은 당연한 공격이며 백3·5도 절대적인 응수.

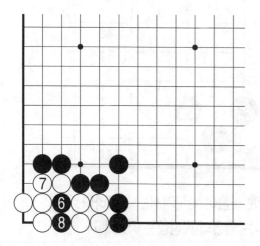

● 2도(정해·계속1)
계속해서 흑6의 먹여침이 준비된 공격인데 여기서 백7로 잇는 수가 중요하다 (백7로 8은 흑7로 백죽음) 흑8로 백 넉점이 잡히지만 –

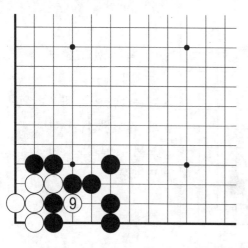

● 3도(정해·계속2)
전도에 이어서 백은 넉점이 잡힌 곳을 9로 되끊어 흑 두점을 잡는 수가 생긴다. 이른바 '후절수'의 맥으로 푸는 수준 높은 문제였다.

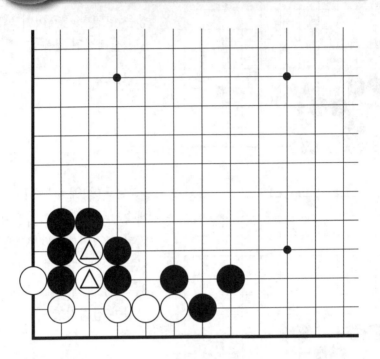

 단수당한 ⊘ 두점에 마음이 빼앗겨서는 곤란하다. 큰 일을 이루기 위해서는 약간의 희생쯤은 각오해야….

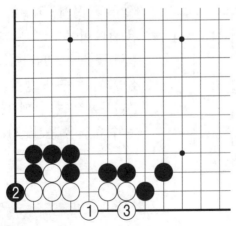

어드바이스

이 백을 살리는 수는 백1이 유일. 흑2에는 백3으로 좌우에 각 한눈씩이 확보된다. 흑2로 3이면 백2.

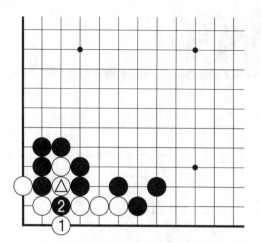

● 1도(정해 · 안형의 급소)

백1이 냉정한 호착으로 안형의 급소이다. 흑2에 의해 두 점이 잡히지만 백3으로 되따내어 전체의 백을 살릴 수가 있다. (③…△)

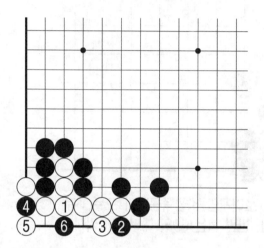

● 2도(실패1)

백1로 잇고 버티는 것은 한 치 앞을 읽지 않은 행동. 흑2에서 6까지의 수순으로 백은 전멸을 면치 못한다.

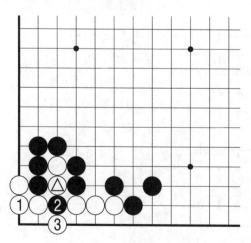

● 3도(실패2)

백1로 궁도를 넓히는 것도 역부족. 흑2로 따내는 순간 백은 역시 전멸당하고 만다. (④…△)

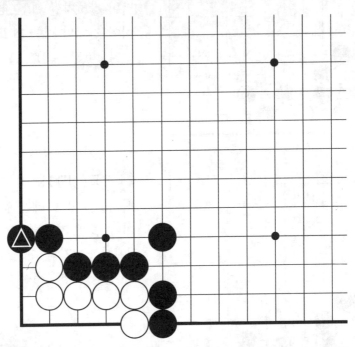

백은 궁도가 넓어 보이지만 바깥쪽공배가 모두 메워져 있다는 게 약점. 반면 흑은 ▲의 내려섬이 커다란 원군으로 작용한다.

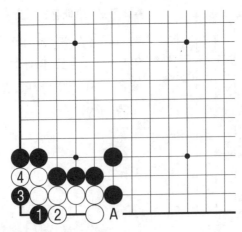

☞ 어드바이스

A의 곳이 비어 있는 상황이라면 백은 이대로 완생이다. 백4의 눌러몰기가 성립하기 때문.

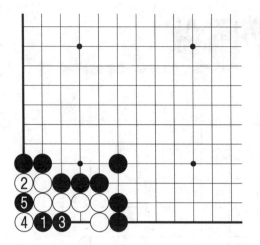

● 1도(정해 · 급소의 붙임)

흑1로 2·一에 붙이는 수가
호착이다. 백2로 버텼을 때
흑3이 긴요한 수로 백은 4로
집어넣어 패를 걸 수밖에 없
다(백4를 게을리하면 흑4로
귀곡사). 수순중 흑3으로 성
급하게 5에 두는 것은 1수늘
어진 패가 되므로 요주의.

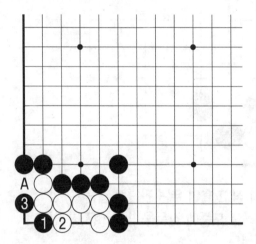

● 2도(변화)

흑1에 대해 백2로 버티는 수
는 없다. 흑3으로 젖히면 백
은 자충 때문에 A에 두지 못
해 무조건 잡혀 버린다.

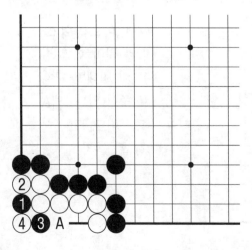

● 3도(실패)

흑1의 붙임부터 두는 것은
수순착오. 백2, 흑3 때 백4
로 따내어 패싸움. 그러나
이 모양은 흑이 패에 이긴
이후 다시 한번 A에 두어야
단패가 된다. 즉 1수늘어진
패가 되므로 흑으로서는 불
충분하다.

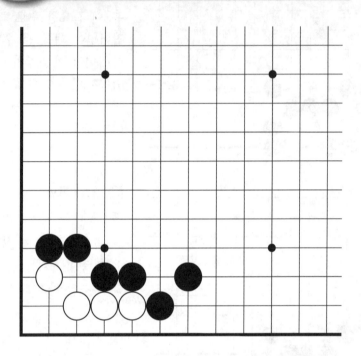

 백이 두면 간단히 살고 흑이 두면 간단히 잡을 수 있는 형태. 그렇더라도 도중에 잘못을 범할 여지가 있다. 먼저 사는 것부터.

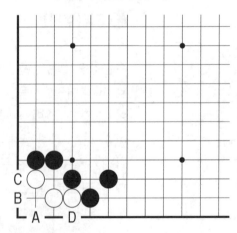

☞ 어드바이스

백의 밂이 한줄 적은 이 형태면 자체로 죽어 있다. 백A로 두어도 흑B, 백C, 흑D까지.

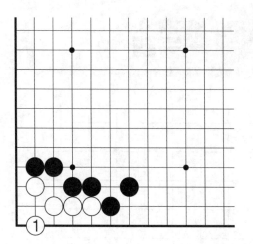

● 1도(정해1·안형의 급소)

가장 쉽게 사는 수단은 백1. 안형의 급소이다. 정해는 이 것 말고도 또 있다.

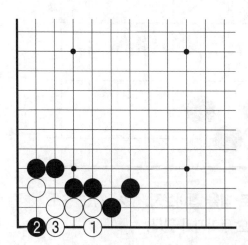

● 2도(정해2·내려섬)

백1로 내려서는 수로도 산다. 이 형태에서는 이것이 가장 효율적으로 사는 방법으로 흑2에는 백3으로 막아 무사하다.

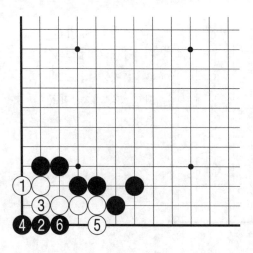

● 3도(실패)

같은 내려섬이라도 백1쪽은 실패안. 흑2의 급소일격을 당해 이하 6까지 귀곡사로 잡혀 버리고 만다. 수순중 백3으로 5는 흑6으로 두고 계속해서 백4면 흑3으로 역시 백죽음이다.

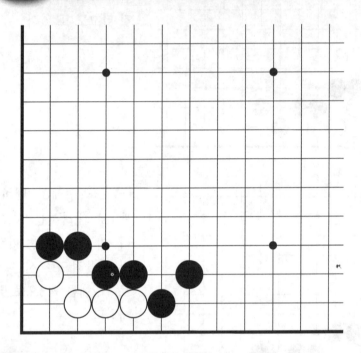

 이번에는 흑차례로 백을 잡아보자. 앞서 사는 수도
그랬듯이 잡는 맥도 두가지가 있다.

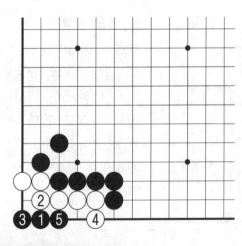

☞ 어드바이스

이 형태의 급소는
흑1. 백2·4로 버
텨도 흑5까지 귀곡
사이다.

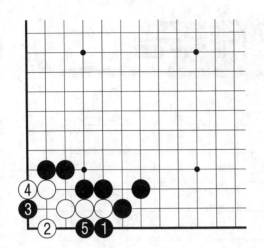

● 1도(정해1 · 젖힘)

흑1의 젖힘으로 좋다. 백2가 안형의 급소이긴 하나 흑3의 치중 한방을 알린 후 5로 들어가면 백은 한눈뿐. 수순중 백2로 5에 막으면 흑2의 치중.

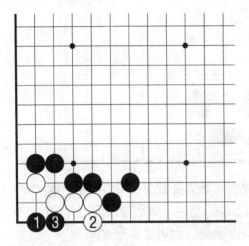

● 2도(정해2 · 치중)

또 한가지, 흑1로 치중부터 두어가도 무방하다. 백2로 내려서면 흑3으로 눈을 빼앗아 백에게는 두눈이 생기지 않는다.

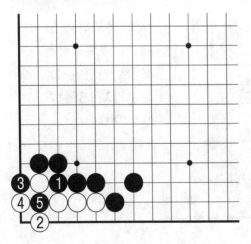

● 3도(실패)

어떻게 두어도 잡을 수 있을 것 같지만 흑1로는 실패. 백2의 호구이음이 끈질긴 수비로 패가 되고 만다. 단, 백으로서도 2가 중요한 수로 이것을 3에 내려서면 흑2의 급소치중을 당해 귀곡사로 잡혀 버린다.

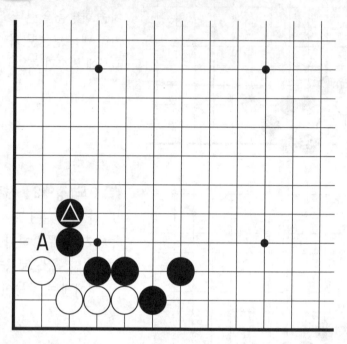

[제16형]과의 차이는 흑A의 막음이 없고 대신 △가 더해진 점. 백이 살아 있는 것처럼 여기기 십상이나 흑이 먼저 둔다면 숨통을 끊어놓을 수 있다.

✍ 어드바이스

흑1로 막는 것은 백2로 간단히 삶. 앞선 [제15형]과 같은 형태이다.

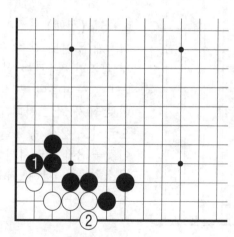

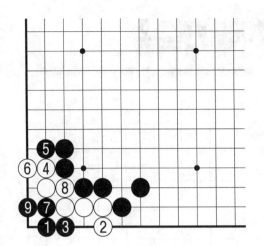

●1도(정해·유가무가)

흑1이 날카로운 치중이다. 백2로 궁도를 넓히면 흑3은 당연한 안형 박탈이며 백4·6에는 흑7이 호착. 계속해서 백8이면 흑9로 한눈을 만들어 유가무가의 모양. 그렇다고 백8로 9라면 흑8로 끊어서 그만이다.

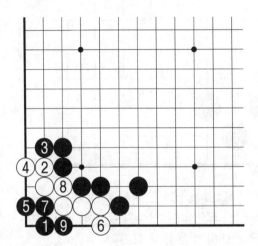

●2도(변화)

백2에서 4로 궁도를 넓히면 이번에는 흑5의 마늘모가 중요한 수. 계속해서 백6에는 흑7을 선수한 후 9면 역시 **1도**와 같은 유가무가로 백죽음이다. 수순중 백6으로 7은 흑6으로 젖혀 귀곡사.

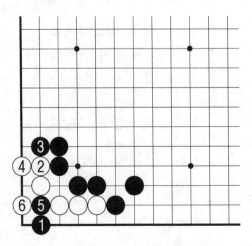

●3도(실패)

전도의 마늘모로 두는 맥을 몰라 흑5로 찝는 수를 서둘렀다가는 낭패를 본다. 6의 곳이 쌍방간의 급소로 백은 얼씨구나 하고 살아가 버린다.

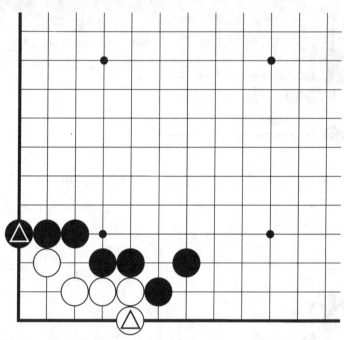

[제17형]에서 각각 ◉와 △가 더해진 형태. 자, 이것이면 어떻게 될까. 무엇보다 첫수가 중요한 수로 ◉의 내려섬을 최대한 이용해야 한다.

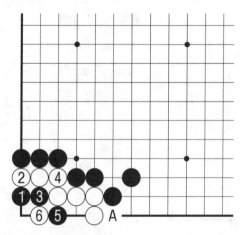

🖋 어드바이스

A의 곳이 비어 있는 상황에서 흑1의 치중은 속수. 흑5에 백6의 환격으로 살게 된다.

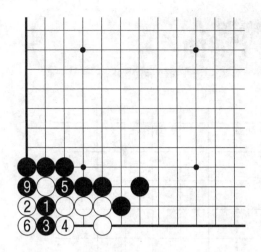

🔵 1도(정해·찝음)

흑1로 찝는 수가 1선의 내려섬을 이용하는 호착이다. 백2는 이 한수인데 흑3으로 키워버리는 것이 옥집으로 이끄는 멋진 맥. 그리고 백4 때 흑5쪽을 끊는 것이 중요하며 마지막에는 흑7의 먹여침에서 9로 마무리짓는다. (⑦…❶ ⑧…❸)

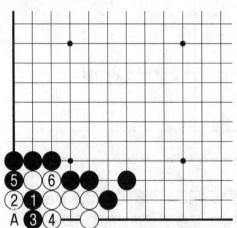

🔵 2도(실패1)

애써 흑1의 맥을 발견했더라도 백4 때 무심코 흑5쪽을 끊었다가는 물거품이 되고만다. 백6으로는 A로 따내도 삶.

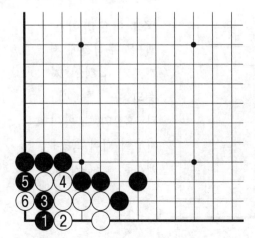

🔵 3도(실패2)

흑1의 치중은 지금의 경우에는 실패. 흑3 때 백4의 이음이 냉정한 응수로 살게 된다. 단, 백4로 성급하게 6에두는 것은 흑4로 끊겨 **1도**의 정해에 환원된다.

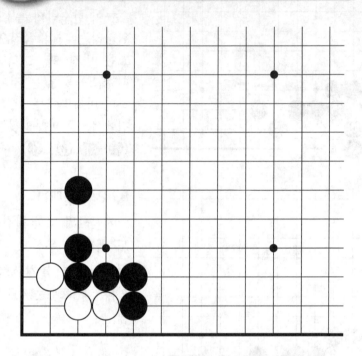

 궁도가 좁아 보이는 백이지만 급소를 잘 찾으면 단숨
에 살 수가 있다. 자충의 우를 범하지 않도록 주의를.

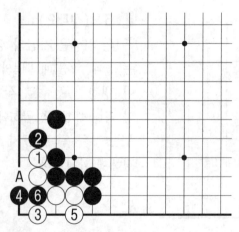

🖐 어드바이스

백1은 무심결에 저지르기 십상인 자충의 수. 즉, 백1과 흑2의 교환이 자충이 되어 흑6에 백A로 둘 수가 없다.

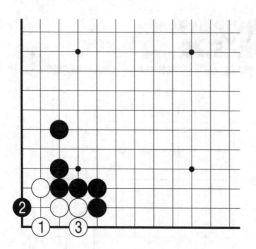

●1도(정해·호구이음)

잠자코 백1로 호구잇는 수가
정착이다. 흑2로 치중해와도
백3으로 한눈을 만들 여유가
있다. 흑2의 한점이 살아가
지 못하는 것을 확인하길.

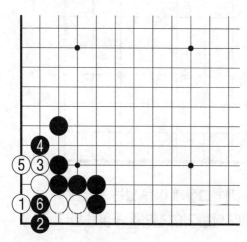

●2도(실패1)

백1쪽의 호구이음은 방향이
나쁘다. 흑2로 급소에 일격
을 당하면 백은 살 수가 없
다.

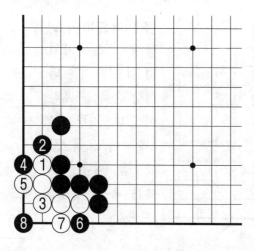

●3도(실패2)

백1은 조금이라도 궁도를
넓히려는 심정이나 앞서 설
명했듯이 흑2로 막히는 순
간 명줄이 끊기고 만다. 백
3으로 이어도 흑4에서 8까
지 보는 바대로.

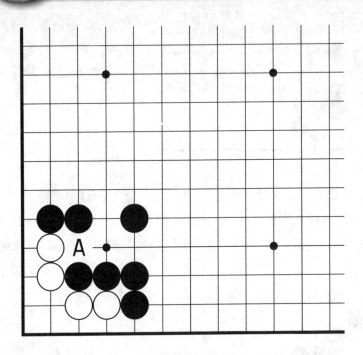

 백차례로 살 수 있을까? 그렇게 여유 있는 형태는 아니지만 A의 곳이 비어 있는 것이 생명줄 구실을 한다.

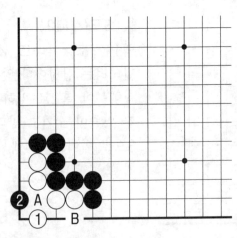

어드바이스

공배가 모두 메워져 있으면 백은 더 이상 손을 쓸 재간이 없다. 가령 백1로 두어도 흑2로 백죽음. 이후 백A에는 흑B, 백B에는 흑A.

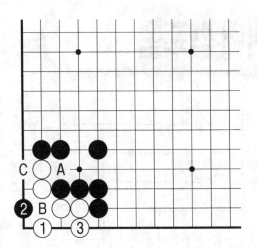

● 1도(정해·호구이음)

백1쪽을 호구잇는 것이 급소이다. 흑2의 치중이 준엄한 공격이지만 백은 게의치 않고 3으로 한눈을 만들 여유가 있다. A의 곳이 비어 있기 때문에 흑은 B로 끊을 수도 없고 C로 건널 수도 없는 모습이다.

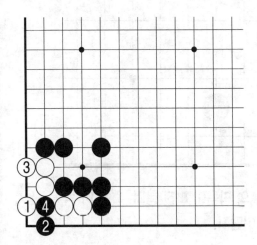

● 2도(실패1)

자칫 호구잇는 방향을 그르치면 멀쩡히 살아 있는 돌도 죽이고 만다. 백1쪽은 방향 착오. 흑2의 급소를 당해 명줄이 끊겨 버린다.

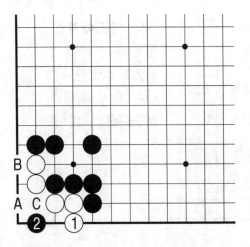

● 3도(실패2)

백1로 내려서서 궁도를 넓히는 것은 무책. 역시 흑2의 곳이 쌍방간의 급소로 백죽음(흑2로 A는 백2로 삶). 이후 백B는 쓸데없는 버팀으로 흑이 손을 빼도 죽어 있다. 백A에는 흑C, 백C에는 흑A.

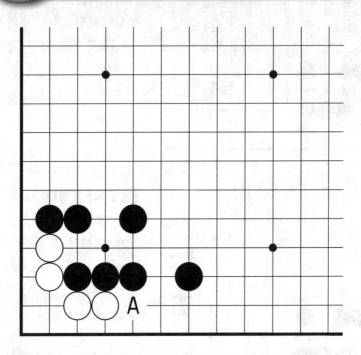

 〔제20형〕에서 흑A의 막음이 빠진 형태. 흑은 이 백을 잡을 수 있을지 어떨지.

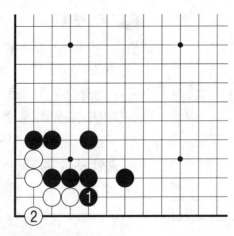

☞ **어드바이스**

물론 흑1로 막으면 백2로 살게 된다는 것은 앞서 설명한 대로이다. 좀더 공부가 필요하다.

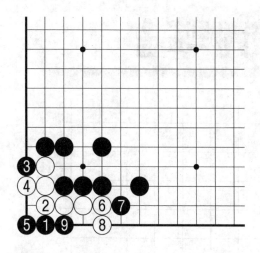

1도(정해·귀곡사)

흑1의 치중이 필살의 급소. 백2로 이으면 흑3으로 궁도를 좁히고 백4 때 흑5가 안형을 빼앗는 긴요한 수. 백6·8로 최대한 궁도를 넓히려 해도 흑9까지 귀곡사의 모양이다. 수순중 흑5로 6에 막는 것은 백5로 집어넣어 살게 되니 요주의.

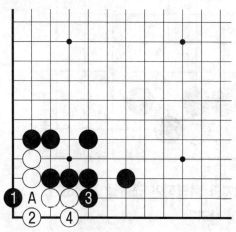

2도(실패1)

언뜻 흑1쪽의 치중도 급소 같지만 백에게는 멋진 대응책이 준비되어 있다. 백2의 마늘모가 호착으로 4까지 살 수 있는 것. 백2로 A에 이어주면 흑3, 백4, 흑2로 귀곡사지만 그것은 혼자만의 달콤한 수읽기.

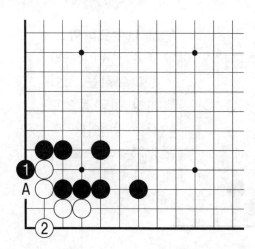

3도(실패2)

흑1의 젖힘도 실격. 백2가 역시 급소의 수비로 거뜬히 살게 된다. 단, 백2로 A에 막는 것은 흑2로 치중당해 상황역전.

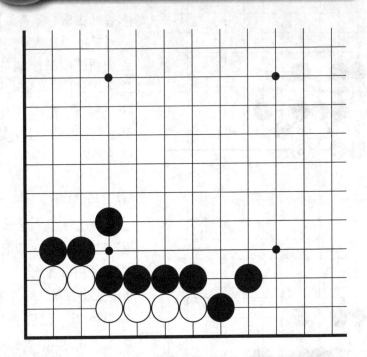

 백의 궁도가 꽤 넓지만 치명적인 결함을 지니고 있다. 어떻게 추궁해야 할까?

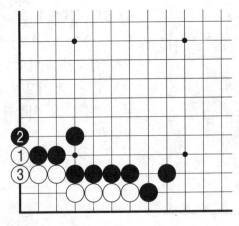

☞ 어드바이스

백이 먼저 둔다면 1로 젖히는 것이 가장 효과적으로 사는 방법이다. 흑 2에는 백3으로 이어서 좋다.

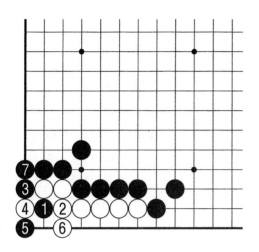

● 1도(정해 · 배붙임)

이런 형태에서는 흑1로 배붙임하는 맥을 꼭 알아두기 바란다. 백이 3으로 차단하는 것은 흑2로 끊기므로 백2의 이음은 절대인데 흑3으로 건너면 백은 사는 궁도가 모자란다.

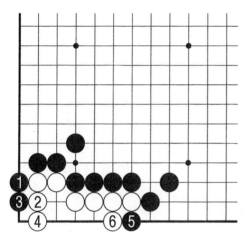

● 2도(실패)

흑1로 젖히는 것으로는 역부족. 백2로 늦추어 받을 여유가 있어 이하 백6까지 곡사궁으로 알뜰히 살게 된다.

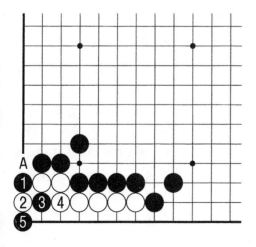

● 3도(참고 · 백의 주의)

흑1 때 백으로서도 선불리 2에 막다가는 낭패를 본다. 흑3·5로 **1도**에 환원. 백4로 A에 따내면 물론 흑4의 끊음이다.

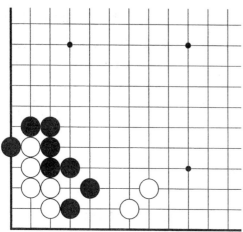

▶ 백차례 삶

활용의 맥을 찾아라

단독으로 살 만한 궁도가 모자라거나 살기 위한 급소가 없을 때에는 어딘가에 활용할 수단이 없는지를 살펴보라는 격언. 즉, 아군의 도움을 빌려서 삶을 구하는, 주변 조건과 관계되는 격언이다.

● 1도(실패)

단독적으로는 아무리 발버둥쳐도 사는 궁도라든지 급소가 안 보인다. 백1은 흑2, 백1로 A에 막아도 흑2로 치중당해 살 수 없는 모습. 그런 때에는 최후의 방법으로 주변 아군의 도움을 빌리는 수단을 강구해 본다. ◎를 이용하는 맥점은?

● 2도(활용의 맥)

백1의 내려섬이 활용의 맥. 이에 대해 흑2로 안형을 빼앗는다면 백3의 찝음이 앞선 백1과 관련된 후속 수단이다. 흑4에는 백5로 내려서 흑 한점을 잡는 수와 오른쪽으로 건너는 수를 맞보기로 삼을 수 있다.

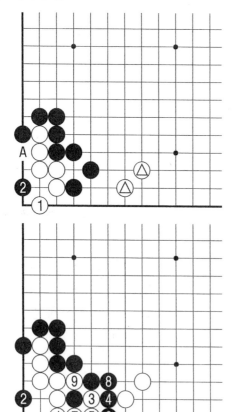

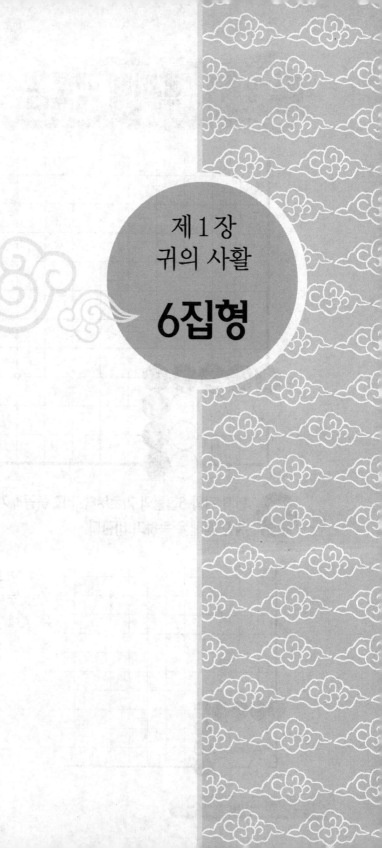

제 1 장
귀의 사활

6집형

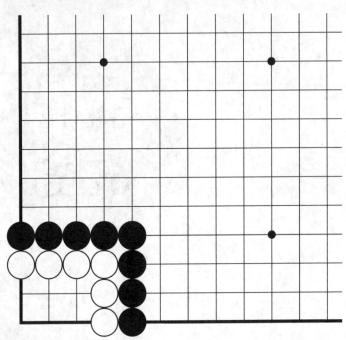

먼저 귀의 6집형의 기초부터. 바깥쪽공배가 전부 메워진 점에 주목하기 바란다.

✍ 어드바이스

백이 둔다면 1 또는 A에 두어 5집을 내고 산다.

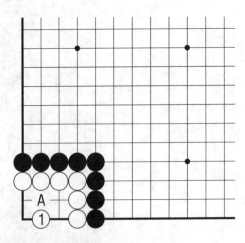

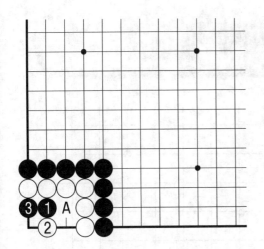

🔵 1도(정해·붙임)

바깥쪽공배가 전부 메워져 있을 때는 흑1로 붙이는 수가 맥이 된다. 백2로 되붙여 오면 흑3으로 내려서 백은 자충 때문에 A에 두지 못하는 것이 비극이다.

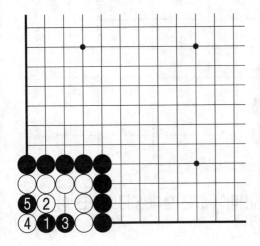

🔵 2도(실패)

흑1도 급소의 하나. 그러나 백2로 응하게 되어 무조건 잡을 수가 없다. 흑3에 백4로 집어넣어 패. 흑이 먼저 따내는 패이긴 하나 이것으로는 불충분하다.

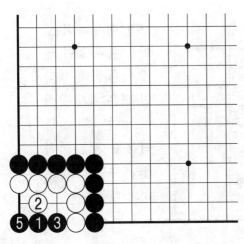

🔵 3도(참고·백의 실패)

백도 전도 4를 게을리하면 흑5의 뻗음. 앞서 누차 설명한 귀곡사로 죽는다.

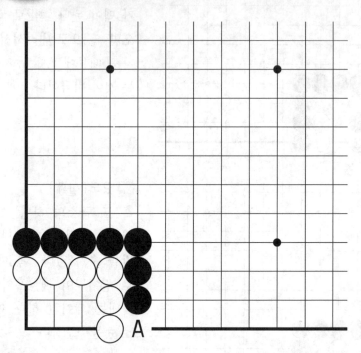

 이번에는 A의 곳이 비어 있는 형태. 이것이라면 어떤 결과를 낳을까?

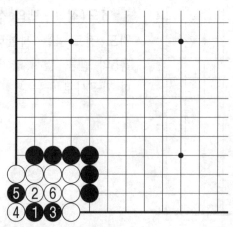

어드바이스

이 그림과 같이 공배가 두군데 있다면 백은 자체로 살아 있다. 흑1로 공격해도 백2 이하 6의 수단이 성립하기 때문.

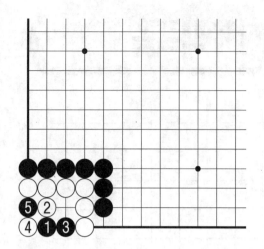

● 1도(정해·치중)

공배가 하나 있을 경우에는
흑1의 치중이 급소가 된다.
백도 2로 응해 이하 5까지의
1수늘어진 패가 정해이다.

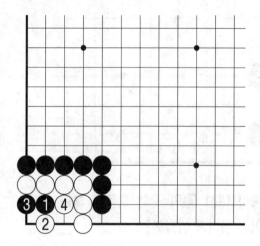

● 2도(실패)

흑1로 붙이는 공격은 실패.
이번에는 백2에서 4로 받을
여유가 있어 백이 무조건 살
게 된다.

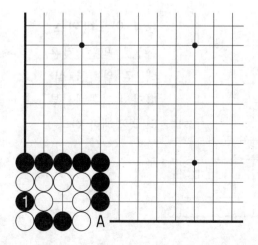

● 3도(참고·1수늘어진 패)

본도는 **1도**를 재게한 그림.
흑은 1로 패를 따낸 이후 다
시 A의 곳 공배를 메워야 비
로소 단패가 된다. 따라서
흑1로 따낸 시점에서는 '1
수늘어진 패'라고 일컫는다.
단패에 비해 백의 부담이 다
소 가볍다고 할 수 있다.

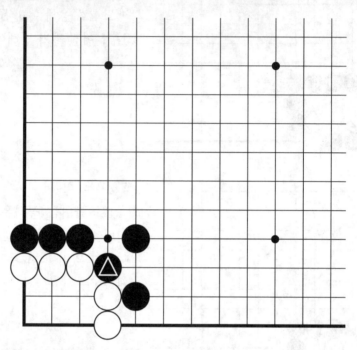

공배가 하나 있으나 대신 ▲의 곳에 흑돌이 놓인
형태. 전형과는 어떤 차이가 생길까?

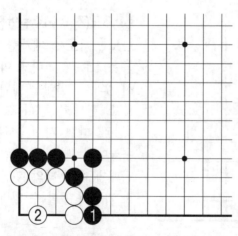

🖐 어드바이스

흑1로 막는 것은
백2로 완벽한 삶.
따라서 안쪽에서부
터 공격해야 한다.

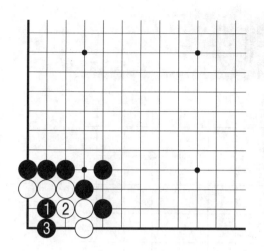

●1도(정해·붙임)

흑1의 붙임이 정해. 백은 단점 때문에 2로 이을 수밖에 없는데 흑3으로 내려서서 죽는 모양이다. 백2로 3에 붙여도 흑2에 끊어 간단히 죽음.

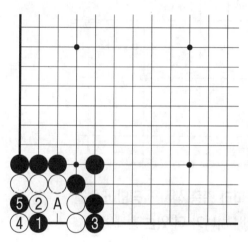

●2도(실패1)

흑1로 치중하는 것은 어떨까? 이것에는 백2가 좋은 수비. 흑3으로 A의 환격을 노릴 때 백4가 최강의 응수로 패가 난다.

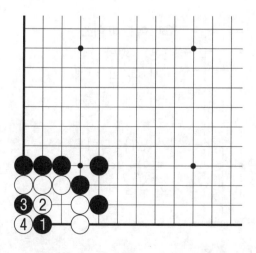

●3도(실패2)

전도의 변화로 백2에 대해 흑3으로 집어넣어도 패가 된다. 하지만 이것은 백이 먼저 따내는 패가 되어 흑이 손해이다.

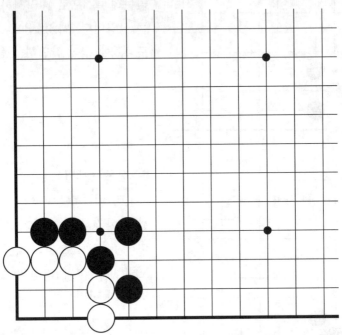

바둑은 공배의 차이에 따라 종종 생사의 명암이 엇갈린다. [제3형]에서 공배 하나가 더 있는 형태이다.

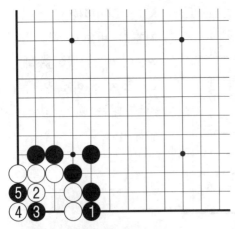

어드바이스

흑1은 실패안. 백2도 실패안의 일례로 이렇게 받았다가는 흑3에서 5로 패가 난다. 그러므로 백2는 3에 두는 것이 무조건 사는 길.

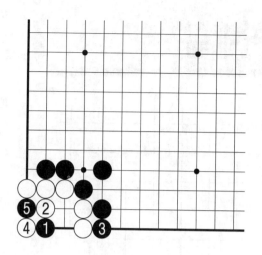

🔵 1도(정해·치중)

먼저 흑1로 치중하고 백2 때
흑3으로 막는 것이 올바른
공격법이다. 백4로 집어넣을
수밖에 없을 때 흑5로 따내
어 패싸움.

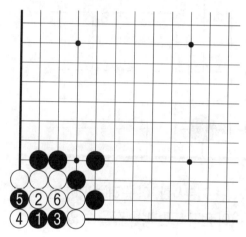

⚫ 2도(실패1)

백2 때 흑3으로 뻗는 것은
주변상황을 고려하지 않은
경솔한 행동이다. 바깥쪽공
배가 두군데나 있기 때문에
백4에서 6으로 사는 수단이
성립한다.

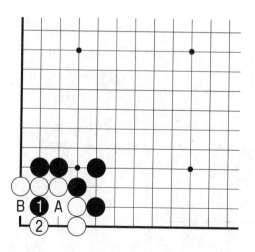

⚫ 3도(실패2)

흑1의 붙임은 최악. 백2의
되붙임이 급소로 백을 무조
건 살려주고 만다. 이후 흑A
에는 백B, 흑B에는 백A.

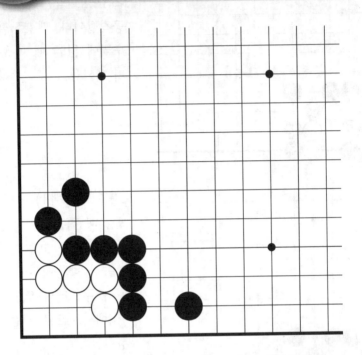

 실전에서 흔히 나타나는 기본사활. 이 형태는 백이 먼저 두면 살게 되고 흑이 먼저 두면 백을 잡을 수 있다.

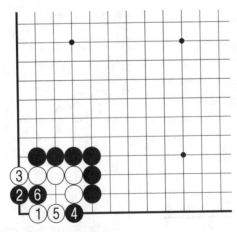

☞ 어드바이스
꼬부림이 없는 이 형태라면 백차례라도 살지 못한다. 백1로 두어도 흑2에서 6까지 백죽음.

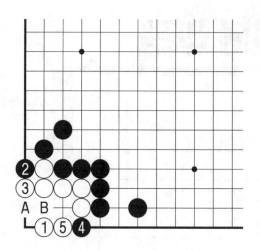

🔵 1도(정해1 · 2의一)

단지 사는 것만이라면 여러 가지 방법이 있다. 그중에서 가장 일반적인 방법이 백1로 2·一의 급소를 두는 수. 흑 2·4의 공격에도 백5까지 곡사궁의 삶이다. 수순중 흑 2로 A면 백B로 그만.

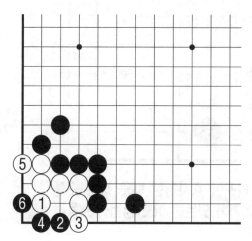

🔵 2도(정해2 · 꼬부림)

백1로 꼬부려도 살기는 산다. 그러나 흑6까지 흑에게 빅을 만드는 수단을 제공한다. 빅도 무조건 사는 방법이긴 하지만 백으로서는 1도와 같이 집을 내고 사는 방법이 이득이다.

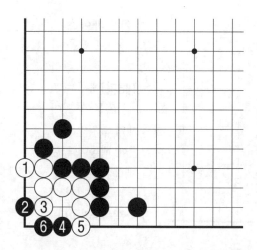

🔵 3도(정해3 · 내려섬)

백1의 내려섬도 가능하다. 그러나 이것도 흑2에서 6까지 빅. 어떻게 사느냐는 주변상황에 따른 문제이겠으나 별다른 작용수단이 없다면 2·3도는 실리로 손해이므로 백으로서는 불만일 것이다.

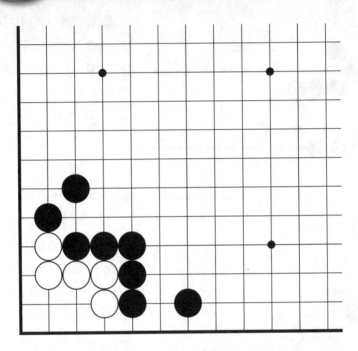

 이번에는 입장을 바꾸어 흑차례로 백을 잡는 수를 생각해보자. 여러가지가 있는데 어느 방법이 효율적 인지도 생각해보길.

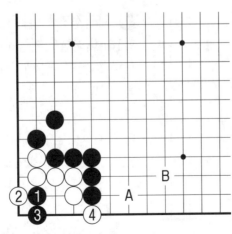

어드바이스

흑1의 붙임도 백을 잡 는 방법 가운데 한가 지. [제6형]에서는 A 의 곳에 흑돌이 있어 별 문제가 없지만 가령 B 부근에 백돌이 놓여 있어 백4의 젖힘이 선 수로 듣는 경우라면 이 수단으로는 불가하다.

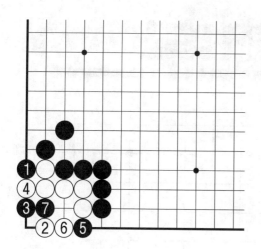

◯ 1도(정해1 · 젖힘)

흑1의 젖힘이 주변상황에도 별 영향을 받지 않는 가장 간명한 방법이다. 백2로 버텨도 흑3의 치중에서 5 · 7까지.

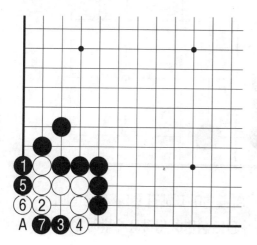

◯ 2도(변화)

흑1 때 백2로 응수하면 흑3의 치중은 당연. 계속해서 백4에는 흑5에서 7의 수순이 좋다. 흑5로는 7, 백5, 흑A라도 잡을 수 있다.

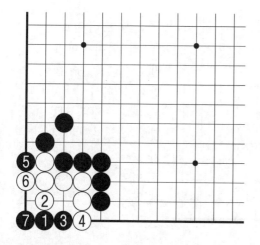

◯ 3도(정해2 · 치중)

흑1로 먼저 치중하는 방법도 가능하다. 백2라면 흑3으로 뻗고 백4에 흑5에서 7의 수순. 1도의 젖힘을 알고 있으면 간단하지만 이런 방법도 있다는 것을 함께 알아두면 금상첨화.

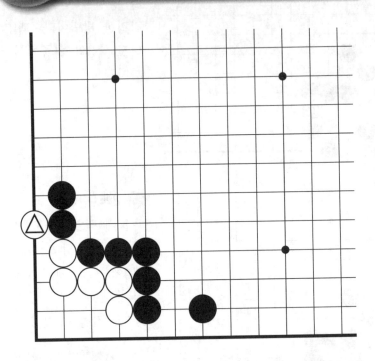

[제6형]에서 백△의 젖힘이 더해진 형태. 이 젖힘이 있기 때문에 흑의 수단도 당연히 달라질 수밖에 없다.

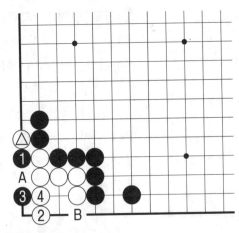

🖐 어드바이스

흑1의 먹여침이야 말로 △의 존재를 망각한 처사. 백A 로 따내주면 흑B로 젖혀 좋겠지만 백2 가 호착. 흑3에 백4 로 이어 △가 작용 해 흑은 A로 둘 수 없다.

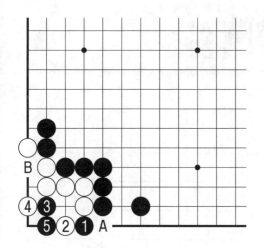

1도(정해1·젖힘)

이번에는 흑1의 젖힘이 정착. 백2에는 흑3에서 5까지 백을 잡을 수 있다. 이후 흑 A면 백B로 먹여쳐 옥집. 수순중 백2로 5면 흑4, 백2, 흑3의 수순으로 역시 백죽음이다.

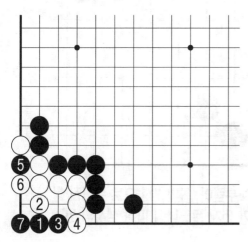

2도(정해2·치중)

흑1의 치중으로도 잡을 수 있다. 백2 이하의 버팀에는 흑7까지 귀곡사. 백2로 3이라면 흑2로 한결 간단하다.

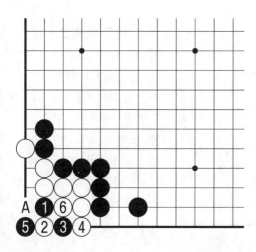

3도(실패)

흑1은 백2의 꺼붙임이 호수여서 무조건 잡지를 못한다. 흑3의 젖힘이 최강의 공격인데 백4·6으로 1수늘어진 패밖에 안된다. 그렇다고 흑3으로 A는 백4로 빅삶.

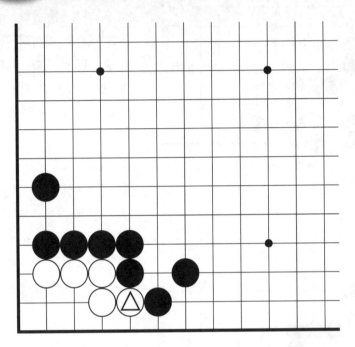

 전형과 달리 백의 꼬부림이 △의 방향으로 두어진 형태. 이것이라면 누가 먼저 두느냐에 따라 생사의 명암이 엇갈린다.

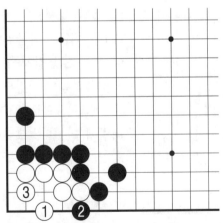

어드바이스

백1의 마늘모도 사는 방법 중의 한가지. 그러나 흑2의 젖힘을 선수로 당해 백집은 4집. 다음 페이지의 정해도에 비하면 집으로 손해이다.

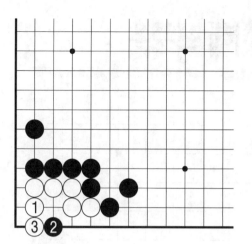

●1도(정해1·꼬부림)

백1의 꼬부림이 최선으로 사는 방법이다. 흑2로 치중해와도 백3으로 막아 백집은 5집이 된다.

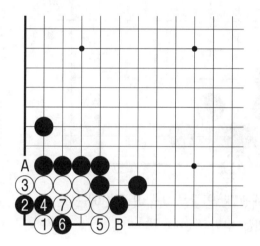

● 2도(정해2·뜀)

백2의 뜀으로도 살 수가 있다. 흑2부터 공격해와도 이하 백7까지 삶. 하지만 흑A, B의 양쪽 내려섬이 놓이면 흑2의 치중으로 잡히는 결함이 있어 약간 엷은 모양이다.

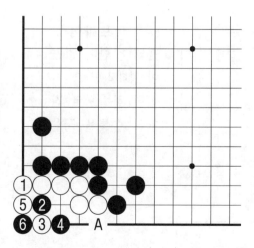

● 3도(실패)

백1로 내려서는 것은 맛이 나쁘다. 흑2의 붙임이 급소로 흑6까지 패가 되고 만다. 그리고 백1로 A에 두는 것도 흑2, 백5, 흑4, 백3, 흑6으로 역시 패.

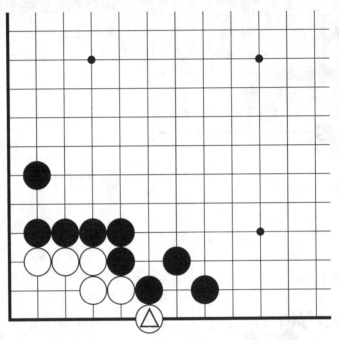

△의 젖힘이 더해졌다. 입장을 바꾸어 이번에는 백을 잡는 수를 생각해 보기로 하자.

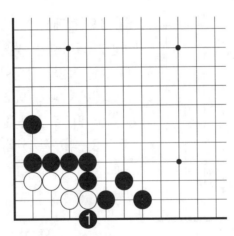

어드바이스

백의 젖힘이 없는 이 형태라면 흑1의 젖힘 한방으로 간단히 숨통을 끊을 수 있다.

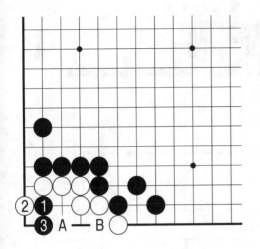

● 1도(정해·붙임)

흑1의 붙임이 급소. 이 수 외에는 백을 잡을 수 없다. 백2라면 흑3으로 내려서서 백A에는 흑B로 먹여쳐 옥집이며, 백B에는 흑A로 오궁도화로 죽는 모양이다.

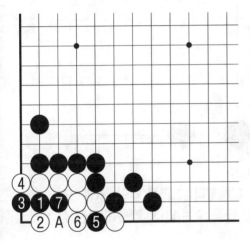

● 2도(변화)

흑1에 대해 백2로 껴붙이면 흑3의 내려섬이 긴요한 수 (흑3으로 4나 A에 두는 것은 백3으로 패). 백4에는 흑5·7로 백죽음이 확인된다.

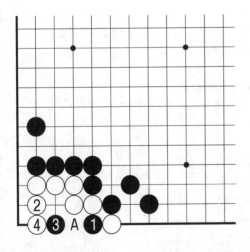

● 3도(실패)

흑1의 먹여침을 먼저 두는 것은 백2의 꼬부림을 당해 백을 살려주고 만다. 흑3에 치중해도 백4로 막으면 흑은 A에 이을 수 없는 모습.

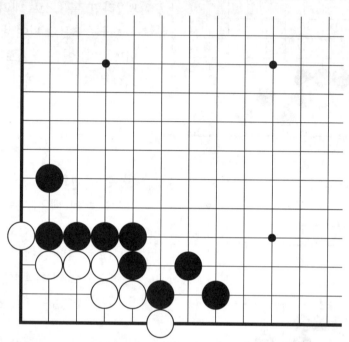

양쪽에 백의 젖힘이 더해졌다. 그만큼 백의 형태에 힘이 붙어 흑도 무조건 잡을 수는 없다. 패를 만들면 성공이다.

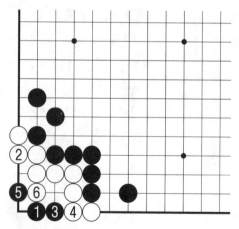

🖑 어드바이스

이 형태라면 백은 살아 있다. 흑1로 공격해도 백6까지 빅. 흑1로 6에 두어도 백5, 흑1, 백2로 삶.

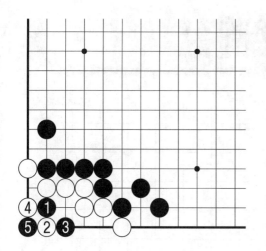

● 1도(정해 · 붙임)

패를 내는 첫걸음은 흑1의 붙임. 쌍방이 최선의 응수로 5까지 패가 된다. 그리고 흑1로 3에 두는 것도 급소로 백2, 흑1, 백4, 흑5로 같은 모양으로 환원된다.

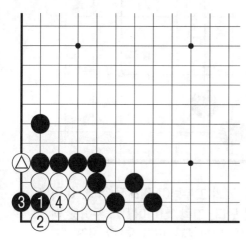

● 2도(실패1)

백2 때 흑3으로 내려서는 것은 욕심. 이 수는 무조건 잡으려는 의도이나 백4가 호착. 이미 △의 젖힘이 있어 흑은 위쪽으로 건너는 수단이 없다.

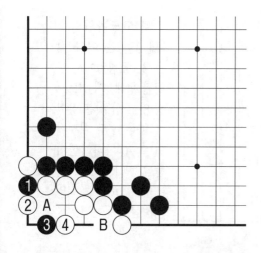

● 3도(실패2)

흑1의 먹여침으로도 성공하지 못한다. 백2의 따냄에 흑3으로 치중해 보지만 백4에 흑은 후속타가 끊기고 만다. 이후 흑A에는 백B, 백B에는 흑A가 맞보기여서 삶. 또 흑1로 B쪽의 먹여침도 백A로 무조건 살게 된다.

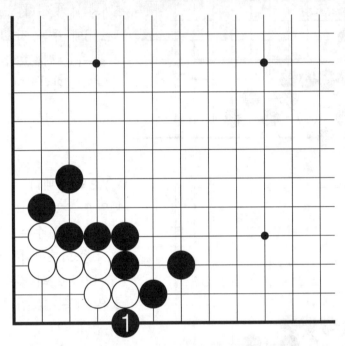

 이번에는 양쪽 모두 백의 꼬부림이 더해진 형태. 이것이라면 이대로 살아 있다. 그럼 흑이 어떻게 두어도 백이 죽지 않는다는 것을 알아보자. 먼저 흑1의 공격.

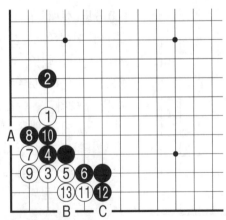

☜ 어드바이스

[제11형]은 이와 같은 3·三침입에서 파생된 형태. 백13으로 꼭 잇고 산 것은 상황에 따른 수로 이것이면 흑A의 내려섬이 듣고, 백13으로 B의 호구이음이면 흑C의 내려섬이 듣는다.

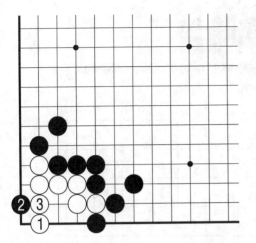

1도(정해1 · 뜀)

백1의 뜀이 급소의 일착. 이 한수로 산다. 흑2로 치중해 와도 백3으로 막으면 두눈이 생긴다.

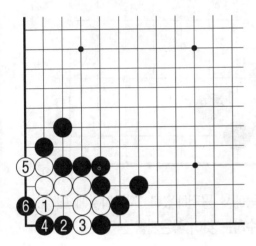

2도(정해2 · 꼬부림)

백1로 꼬부려도 살 수는 있다. 단, 흑2의 치중에서 6까지 흑에게 빅의 수단을 제공한다. 똑같이 사는 것이라면 1도처럼 집을 챙기면서 사는 게 당연히 이득.

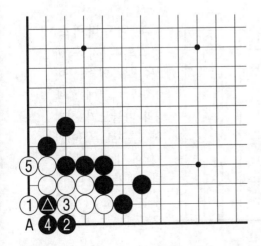

3도(참고 · 역시 삶)

참고로 처음에 흑이 ▲로 공격해오면 어떻게 할까? 이것에 대해서는 백1의 젖힘이 좋다. 흑2는 다음에 A의 패를 노린 것인데 먼저 백3으로 패맛을 없애고 나서 5로 내려서는 것이 좋은 수순으로 무사히 산다.

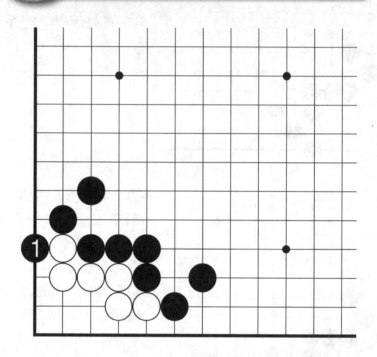

 이번에는 흑이 1쪽에서 공격해왔다. 자, 이것에 대해서는 어떻게 응수하는 것이 좋은지를 생각해보자.

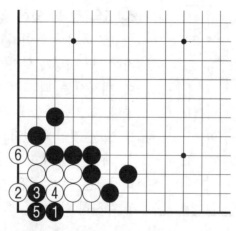

☞ 어드바이스

공격의 위치를 바꾸어 흑1의 치중이라면? 이것에는 백2의 마늘모가 침착한 응수로 흑3이면 백4에서 6으로 산다. 백2로 다른 응수는 무조건 살지 못한다.

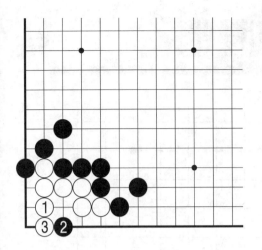

1도(정해1 · 꼬부림)

이번에는 백1의 꼬부림이 가장 알기 쉽게 사는 방법이다. 흑2의 치중에는 백3으로 막아 아무런 문제가 없다.

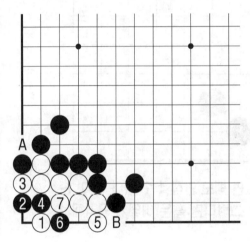

2도(정해2 · 뜀)

백1로도 사는데 이 수를 둘 때는 주위를 잘 살펴야 한다. 흑2 · 4에 백5의 내려섬이 호수여서 삶. 그러나 A, B에 흑돌이 놓일 경우에는 공배메움 때문에 잡히게 되니 조심해야 한다.

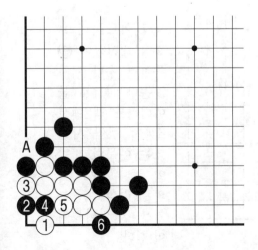

3도(참고 · 백의 주의)

흑4 때 백5로 막는 수에는 더더욱 주의가 필요하다. 흑6으로 젖히는 반격이 있는 것. 이에 백A로 따내는 것이 선수로 듣지 않으면 백은 전멸을 면치 못한다.

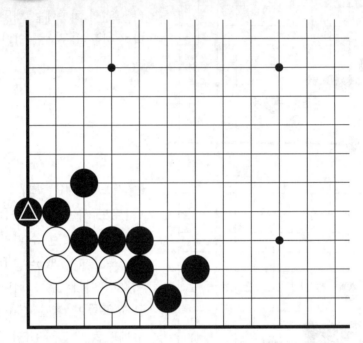

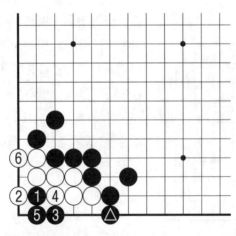

△의 내려섬이 있으면 백도 안심할 수 없다. 백이 손을 빼면 수가 난다. 그렇다면 흑은 어떻게 공격해야 할까?

⚡ 어드바이스

흑의 내려섬이 △ 쪽이면 수가 되지 않는다. 흑1로 붙이더라도 백2에서 6까지 백이 사는데는 아무런 지장이 없다. 어느 쪽의 내려섬이 듣는가를 잘 알아두어야 한다.

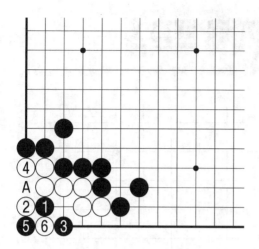

◉ 1도(정해·붙임)

흑1의 붙임에서 3의 마늘모가 끈질긴 수로 백4 때 흑5로 집어넣어 패가 된다. 단, 이 패는 흑이 팻감을 사용하고 나서 5로 따내도 다음 흑A면 패가 해소되는 단패가 아니라 흑A 이후에도 또 한 번 패싸움을 벌여야 하는 '이단패'이다.

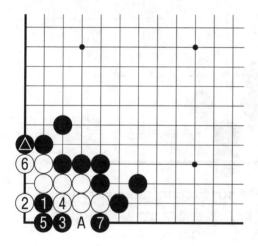

◉ 2도(실패1)

흑3 때 백4를 선수한 다음 6으로 그냥 살려고 하는 것은 무리이다. 흑7로 젖힘당하면 꼼짝없이 걸려든 모습. ▲의 내려섬이 교묘하게 작용, 백은 공배메움 때문에 A의 곳을 둘 수가 없다.

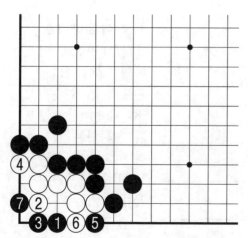

◉ 3도(실패2)

흑1의 치중부터 두어도 실패. 백2의 꼬부림이 좋은 응수로 흑3부터 공격해 보아도 7까지 고작 빅을 내는 데 그친다. 귀곡사의 모양과 혼동하지 않도록.

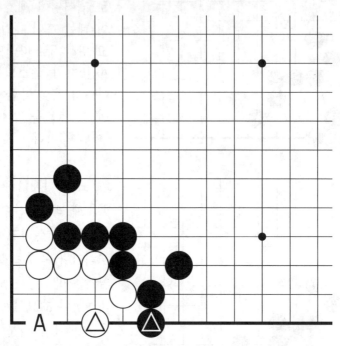

원래 귀의 8집형에 가깝지만 전형과 연관된 모양이어서 6집형에 수록했다. △로 호구잇고 살면 ●의 내려섬이 든다. 백은 A로 살아야 한다.

🖋 **어드바이스**

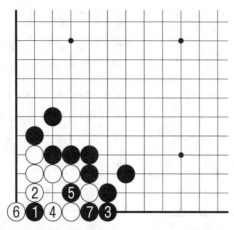

흑의 내려섬이 없다면 살아 있다. 흑으로서도 단순히 3에 내려서서 백1과 교환하는 것보다 이와 같이 흑1로 치중하는 편이 끝내기상 이득이다. 단 흑이 후수.

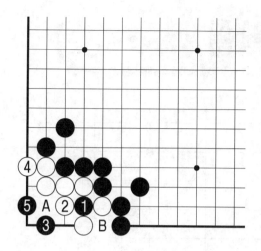

🔵 1도(정해·먹여침)

흑1의 먹여침에서 3의 치중이 손뺌을 응징하는 유일한 수단이다. 백4로 궁도를 넓히더라도 흑5의 마늘모로 좋다. 이후 백A에는 흑B로 귀곡사. 수순중 백4로 A부터 두면 흑은 B.

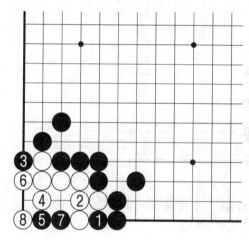

🔵 2도(실패1)

흑1로 몰고 나서 3으로 젖히는 것은 백4로 꼬부려 받는 수가 좋아 무조건 잡을 수 없다. 흑5·7로 공격해도 백8로 집어넣어 패가 되고 만다.

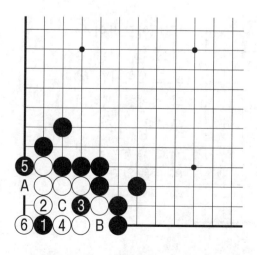

🔵 3도(실패2)

흑1의 치중은 급소 같지만 성급하다. 백2의 치받음이 호착. 계속해서 흑3의 먹여침에도 백4가 중요한 수로 백6 이후 A, B가 맞보기로 무조건 살게 된다. 흑3 때 백C는 흑B로 잡히며, 흑3으로 5에 먼저 두어도 백은 4로 받는 것이 요령이다.

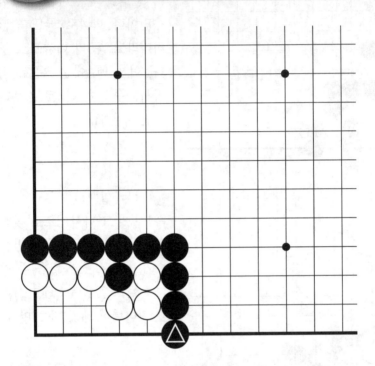

 단순한 형태지만 그래도 끝까지 수를 읽어둘 필요가 있다. ▲의 예봉을 잘 피해야 한다.

어드바이스

백1은 2·一의 급소로 보이지만 ▲의 존재를 생각지 못했다. 흑2가 기민한 끊음으로 백의 삶은 없다.

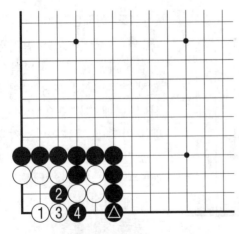

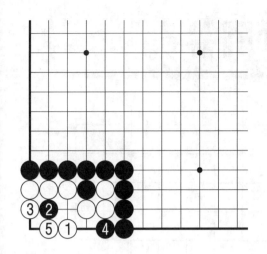

1도(정해·호구이음)

백1의 호구이음이 탄력적인 응수. 백2의 공격에는 흑3의 꼬부림으로 대응해 삶이 확보된다. 흑4로 5라면 백은 4가 맞보기의 곳.

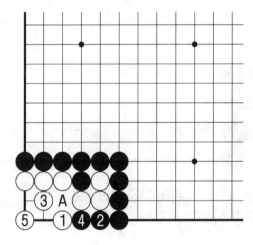

2도(변화)

먼저 흑2로 밀고들어와도 백3으로 문제 없다. 흑4에는 백5로 두눈의 삶. 이후 흑A로 따내더라도 되따내어 무사하다.

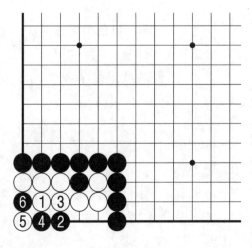

3도(실패)

공배에 여유가 있다면 백1로도 살 수 있지만 지금처럼 공배가 모두 메워진 상황에서는 흑2로 치중당해 그냥은 못산다. 백3·5로 패를 내는 것으로는 불충분. 그리고 최초 백3으로 잇는 것도 흑4로 백죽음.

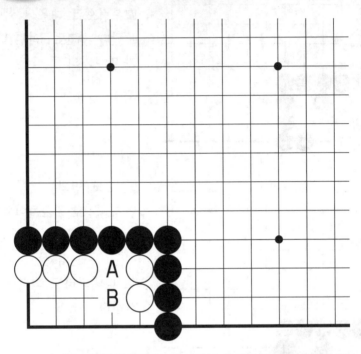

 〔제15형〕에서 흑A, 백B의 수순이 빠진 형태인데 무심코 실수를 저지르기 십상이다. 한눈에 들어오는 급소(?)의 유혹에 빠져들지 않도록 주의해야 한다.

어드바이스

백1로 뛰는 것은 흑2의 붙임에 저항할 수 없다.

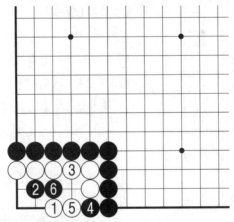

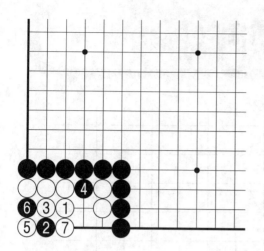

🔵 1도(정해·꼬부림)

백1의 꼬부림이 예상밖의 급소이다. 단, 흑2로 치중해올 때 백3의 응수를 알고 있어야 한다. 흑4로 눈을 빼앗아도 백5의 먹여침에서 7로 모는 맥으로 살 수 있다. 흑4로 5라면 백4로 무사.

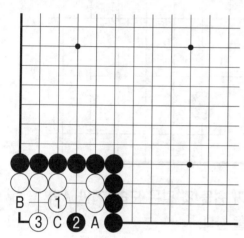

🔵 2도(변화)

백1에 대해 흑이 2쪽을 치중해오면 백3의 마늘모가 급소의 수비. 이후 A와 B가 맞보기이다. 흑2 때 백A로 차단하는 것은 백3, 흑C, 백B로 빅이 된다.

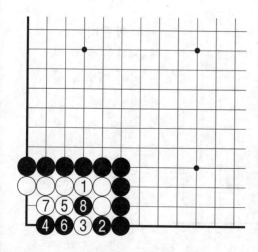

🔵 3도(실패)

단순히 백1로 궁도를 넓히는 것은 흑2·4로 공격받아 사건이 발생한다. 백5가 유일한 버팀목인데 이하 흑7까지 패가 나서는 곤란하다.

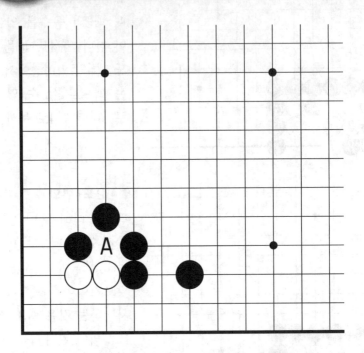

 좀처럼 그냥은 살기 힘들 것 같은 모습이지만 A의 곳 공배 하나가 말을 한다.

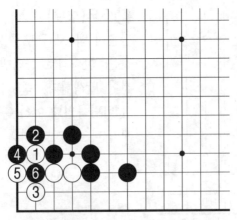

어드바이스
패를 내는 것이라면 굳이 맥점의 힘을 빌릴 필요도 없다. 물론 백의 실패도.

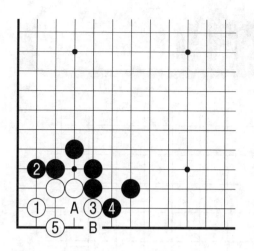

🌑 1도(정해 · 2의二)

첫번째 급소는 백1의 2 · 二. 그리고 흑2 때 백3 · 5가 연이은 콤비네이션. 이것으로 완생이다. 특히 백5의 마늘모가 중요한 수로 이후 흑A에는 백B로 내려설 수가 있다.

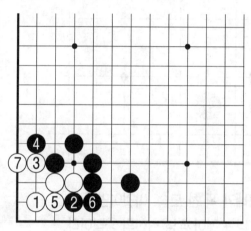

🌑 2도(변화)

백1에 대해 흑이 2쪽을 젖혀오면 백3에서 7까지 한결 간단히 살 수 있다. 백3으로는 그냥 5에 막아도 무방하다.

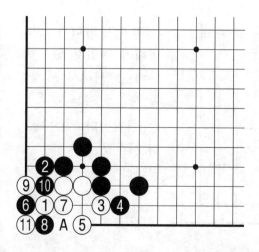

🌑 3도(실패)

단, 백이 주의할 점은 마늘모하는 방향. 본도처럼 백5로 두었다간 흑6의 역습을 받아 무사하지 못한다. 이제 와서 그나마 백7이 최선인데 이하 11까지 고작 패를 내는 정도. 수순중 백7로 9는 흑10, 백11 때 흑A로 무조건 죽는다.

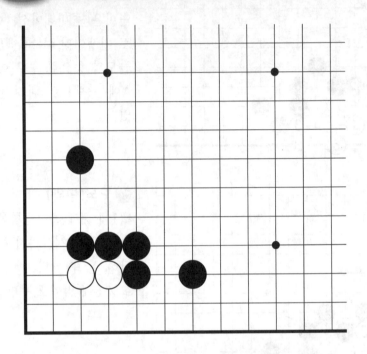

 이번에는 바깥쪽공배가 꽉 찬 모습. 이것이면 무조건
살 수는 없고 패가 나는 것이 쌍방 최선의 응접이다.

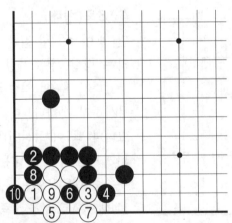

☞ 어드바이스

공배가 메워져 있
음에도 백1에서 5
로 살려고 하는 것
은 어리석다. 흑8
이 선수로 듣기 때
문이다.

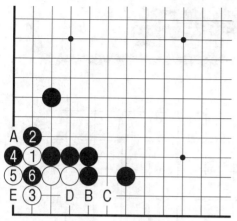

●1도(정해 · 호구이음)

이 형태에서는 백1 · 3으로 호구이어 패로 버틸 수밖에 없다. 이하 흑6까지 패싸움. 흑으로서도 이후 백1의 패따냄에 패싸움을 하지 않고 A로 물러서는 것은 백B, 흑C, 백D로 살려주고 만다. 계속해서 흑6에는 백E로 삶.

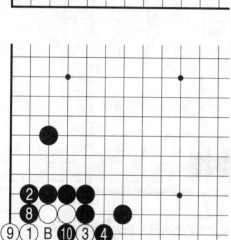

● 2도(실패1)

백1에서 3 · 5로 호구잇는 것은 어떨까? 이것에는 흑6의 내려섬이 필살의 맥. 백7로 버텨도 흑8에서 10으로 먹여쳐 백은 무조건 죽는다. 수순중 백7로 9면 흑A로 붙여서 그만. 단, 흑6의 맥을 몰라 9에 붙이는 것은 백B로 패가 된다.

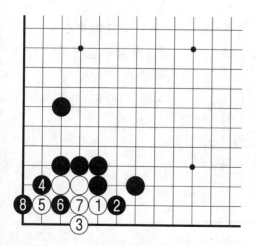

● 3도(실패2)

단순히 백1 · 3으로 젖히고 호구잇는 것은 가장 책략없는 수단. 흑4로 젖히고 나서 6 · 8로 몰아 간단히 백죽음이다.

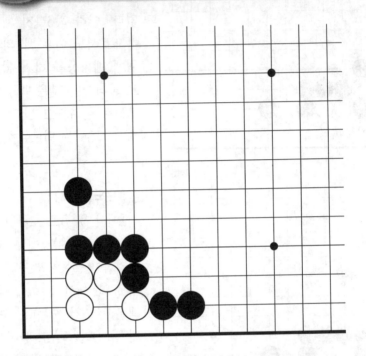

 때로는 멀찌감치에서 급소를 노리는 것도 유력한 공격법. 흑은 주위가 튼튼하기 때문에 무조건 잡을 수 있다.

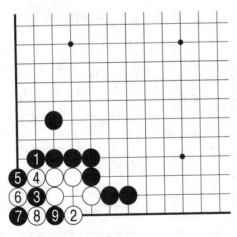

＠ 어드바이스
흑1의 내려섬은 책략부족. 백2로 한 눈을 만들면 패밖에 안된다.

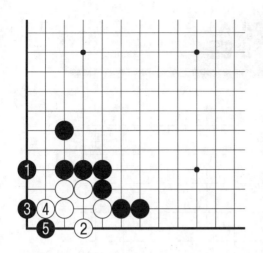

⚫ 1도(정해 · 한칸뜀)

흑1의 한칸뜀이 좀처럼 생각하기 힘든 묘수. 이 수를 발견했으면 이후는 별 어려움이 없다. 먼저 백2로 한눈을 만들면 흑3으로 뛰어들어가 백4에 흑5로 젖혀 백죽음.

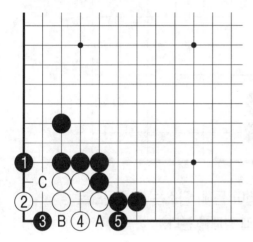

⚫ 2도(변화1)

흑1에 대해 백2로 저항하면 흑3의 치중이 날카로운 급소 공격. 백4에는 흑5의 내려섬이 후속타로 A, B를 맞보기로 삼아 눈을 빼앗을 수 있다. 백2로 C에 두어도 흑은 3에 치중한다.

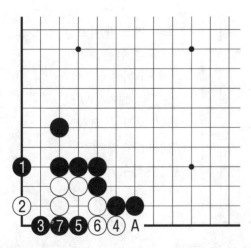

⚫ 3도(변화2)

흑3 때 백4로 젖히는 것은 상대의 실수를 기대한 수. 이에 대해 덥썩 흑A로 받았다간 백5로 패. 그러나 흑5에서 7이 냉정한 응수로 역시 백을 무조건 잡을 수 있다.

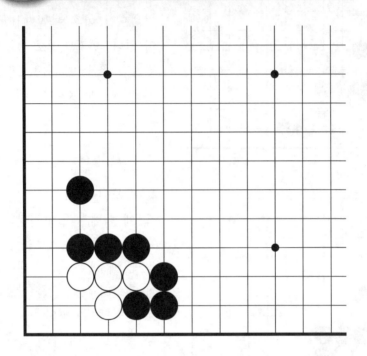

 귀의 백을 살리는 방법이 문제. 급소는 단 한곳으로 욕심을 부렸다가는 되레 낭패를 본다.

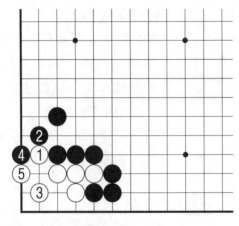

🖒 어드바이스

백1의 젖힘은 흑이 2에 받아주면 백 3·5로 패라도 만들어 보려는 심산. 그러나 흑에겐 멋진 반격수단이 있다. 그에 대한 설명은 참고도에서.

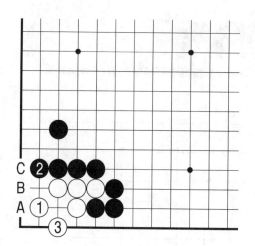

● 1도(정해 · 2의二)

백1로 안쪽으로 마늘모하는 것이 급소. 흑2로 공격해와도 백3으로 안성맞춤의 삶이 확보된다. 이후 흑A에는 B로 이상무. 그리고 흑2로 C라면 백B로 응한다.

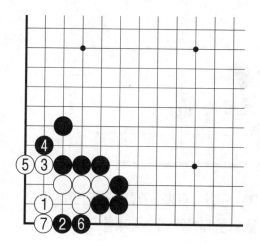

● 2도(변화)

백1 때 흑2로 치중해오면 그 쪽은 외면하고 백3에서 5로 내려서서 끄떡 없다. 백3으로 고지식하게 6에 막았다가는 흑3의 내려섬을 당해 졸지에 잡혀 버리고 만다.

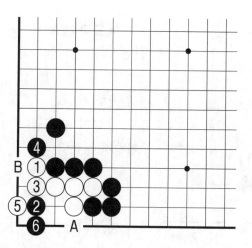

● 3도(실패)

백1로 젖히는 것은 경솔하다. 순간 흑2의 치중이 폐부를 찌르는 급소 일격. 백5에는 흑6으로 내려서서 A로 건너는 수와 B로 눈을 빼앗는 수가 맞보기이다.

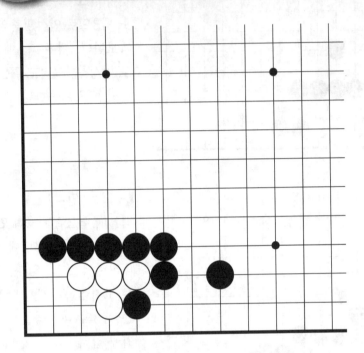

 혼자만의 수읽기로는 곤란. 상대의 저항수단도 고려하면서 끝까지 수를 읽은 다음에 착수해야 할 것이다.

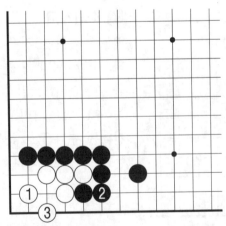

어드바이스
백1은 흑2로 이을 때 백3으로 삶이라는 얄팍한 수읽기. 흑도 이렇게 쉽게 두어주지 않는다.

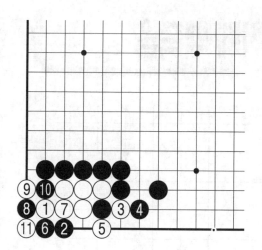

◉ 1도(정해 · 2의二)

역시 이런 모양에서는 백1로 2 · 二의 급소에 마늘모하는 것이 탄력을 불어넣는 좋은 수가 된다. 흑도 2의 치중이 최강의 공격으로 이하 백11까지 패가 되는 것이 쌍방 최선의 응접이다.

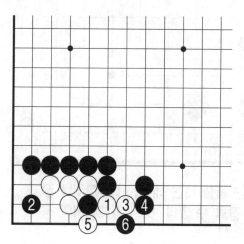

◉ 2도(실패)

백1로 흑 한점을 끊는 것은 상대가 고분고분 응해주지 않는다. 흑2가 '적의 급소는 나의 급소'인 요소. 이하 흑6까지 백은 무조건 잡혀 버린다.

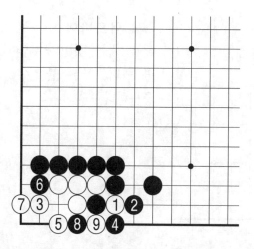

◉ 3도(참고)

백1 때 흑으로서도 2로 대꾸해 주어서는 곤란하다. 역시 3의 곳이 쌍방간의 쟁점으로 패가 나는데 백의 잘못을 용인해준 죄가가 크다.

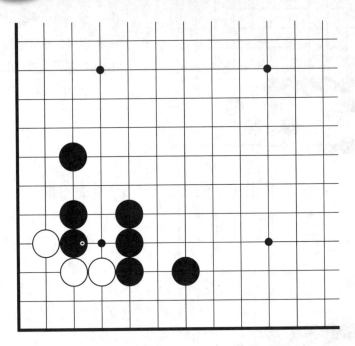

평범하게 두어서는 패를 내는 데 그친다. 그러나 잘 공격하면 무조건 잡을 수 있다. 이런 형태에서의 상용의 콤비블로가 있다.

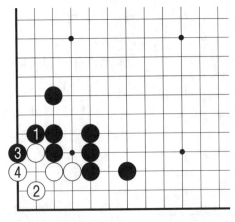

어드바이스

패를 내는 것이라 면 쉽다. 물론 불 충분하다.

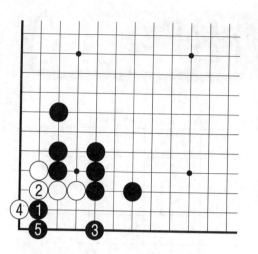

● 1도(정해 · 한칸뜀)

먼저 흑1로 들여다보는 것이 수순. 백2의 이음이 절대일 때 흑3으로 1선에 뛰는 것이 콤비블로의 맥점이다. 계속해서 백4에는 흑5의 내려섬으로 오른쪽과 연결되면서 백은 한눈도 없는 모습.

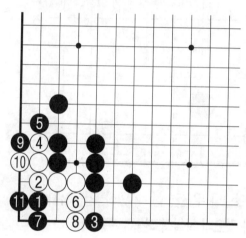

● 2도(변화)

흑3 때 백4 · 6으로 궁도를 넓히는 것도 부질없는 저항이다. 흑7의 내려섬이 간명한 공격으로 11까지 백죽음. 물론 흑7로는 9에 젖혀도, 11에 내려서도 마찬가지 결과가 된다.

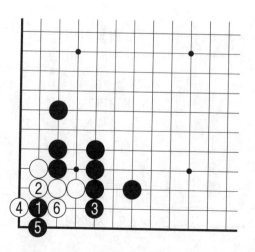

● 3도(실패)

흑1은 좋았으나 백2 때 흑3으로 내려서는 것으로는 역부족이다. 백4의 젖힘에서 6이 호수로 흑의 연결을 저지하면서 귀에서 두눈을 만들 수가 있다.

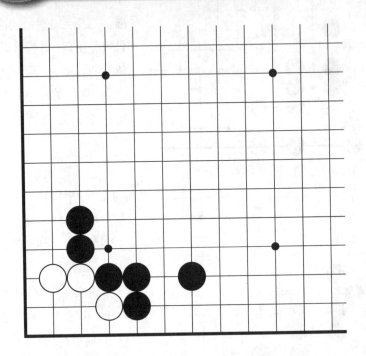

 백은 귀쪽에 몰려 있으나 무조건 살 수 있다. 간단하지만 파생되는 문제가 많으니 확실히 터득해 두어야 한다.

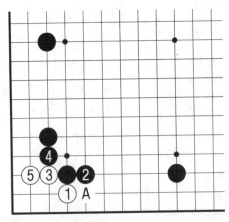

☞ 어드바이스

이와 같은 흑의 포진에서 백1은 상용의 응수타진. 외세를 중시하는 흑2면 백5까지의 귀살이가 보장되어 있다. 여기서 흑A로 막는 장면이 [제23형].

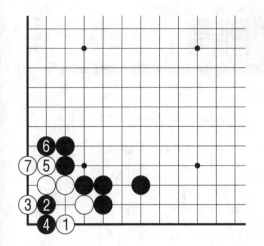

● 1도(정해·호구이음)

백1의 호구이음이 유일하게 사는 수. 흑2의 공격에는 백3으로 젖히고 백4로 안형을 빼앗으면 백5·7로 나머지 한눈을 장만할 수 있다.

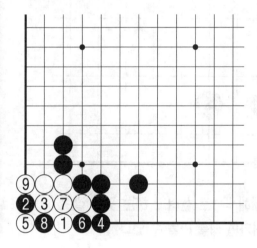

● 2도(변화)

흑2의 치중이 성가시긴 하지만 백3으로 이상 없다. 계속해서 흑4가 노림의 한수인데 백5로 먹여치는 수가 있다. 최후 흑8에는 백9로 뒤에서 몰아서 삶. 흑4 때 백6으로 잇는 것은 흑8로 패가 되니 요주의.

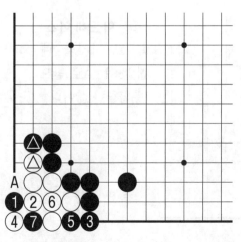

● 3도(참고·자충)

〔제23형〕에서 선수랍시고 백△, 흑▲를 교환하는 것은 어리석다. 이 형태는 백이 손을 빼면 흑1 이하로 패가 된다. 흑7에 자충 때문에 A로 둘 수 없는 게 백의 비극. 따라서 백은 흑3 때 5에 두고 흑7, 백4의 먼저 따내는 패가 그나마 최선.

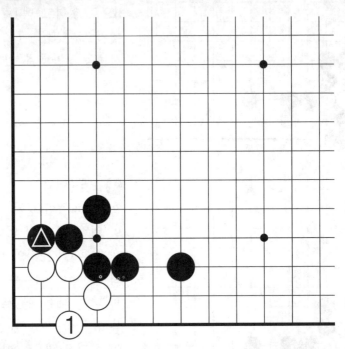

흑△의 막음에 대해 백1로 살려고 하는 것은 잘못. 흑이 맥을 잘 짚어가면 패를 만들 수 있다.

어드바이스

흑1로 막았을 때 백2 또는 A로 받으면 확실한 삶이다.

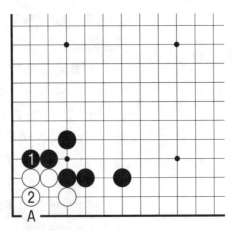

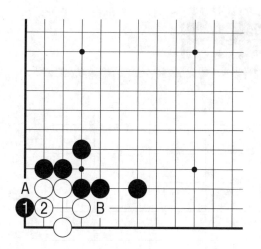

● 1도(정해 · 치중)

흑1의 치중이 모양의 급소.
언뜻 백2로 받아 다음에 A
의 막음과 B 이하로 한눈을
만드는 수가 맞보기인 것 같
으나—

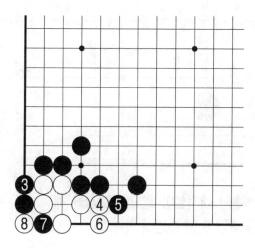

● 2도(정해 · 계속)

전도에 이어서 흑3으로 건너
면 백은 4 이하로 이쪽에 한
눈을 만들 수밖에 없는데 흑
7로 집어넣어 패가 된다.

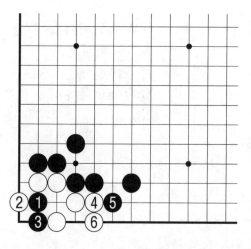

● 3도(실패)

흑1로 붙여서는 아무 일도
일어나지 않는다. 백2가 수
비의 급소로 흑3으로 눈을
빼앗아도 백4 이하로 나머지
한눈을 만들 여유가 있다.

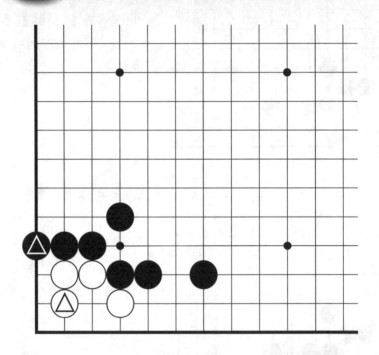

⚪로 꼬부렸어도 ⚫의 내려섬이 있으면 보강을 해야 한다. 백이 손을 빼면 어떤 수단이 있을까?

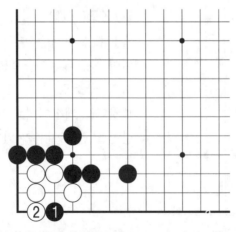

☞ 어드바이스

흑1은 어설픈 공격. 백2로 받고 나면 후속타가 이어지지 않는다.

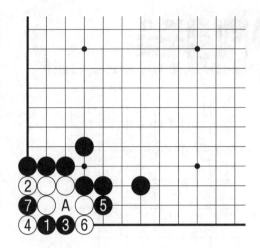

🔵 1도(정해·2의一)

흑1로 2·一에 붙이는 것이 최선의 공격. 이에 대해 백도 2로 넓히는 것이 최강의 버팀으로 흑3의 뻗음에서 5·7로 흑이 먼저 따내는 패가 정해이다. 수순중 흑5로 단순히 7에 따내면 백A, 흑5, 백4로 백이 먼저 따내는 패가 되니 주의할 것.

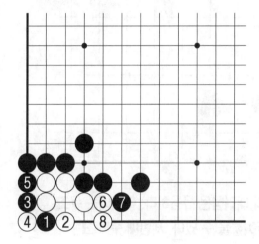

🔵 2도(변화)

흑1의 붙임에 백2로 받아도 패를 피할 수 없다. 이하 9까지 마찬가지로 흑이 먼저 따내는 패. 단, 백은 패를 이기더라도 1도에 비해 귀를 잠식당한 만큼 손해이다.
(9…❶)

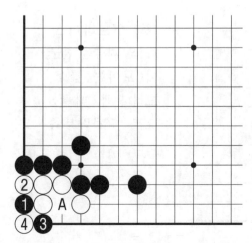

🔵 3도(실패)

흑1쪽으로 붙여도 패는 된다. 그러나 4까지 백이 먼저 따내는 패여서 흑으로서는 불만이다. 게다가 백은 A로 잇는 자체팻감도 자랑이다.

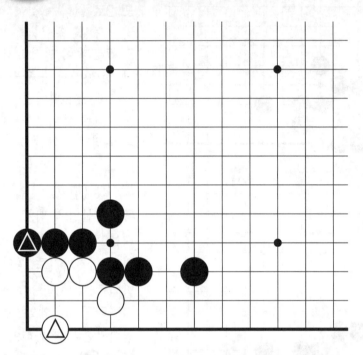

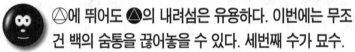
△에 뛰어도 ▲의 내려섬은 유용하다. 이번에는 무조건 백의 숨통을 끊어놓을 수 있다. 세번째 수가 묘수.

✍ 어드바이스
흑1의 치중은 한눈에 보이는 급소. 그러나 백2 때 흑3으로는 책략부족이다.

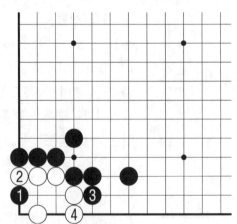

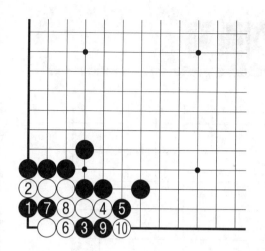

● 1도 (정해 · 껴붙임)

흑1, 백2는 각각 절대. 여기서 흑3의 껴붙임이 묘수로 이 수를 발견하지 못하면 이 문제를 풀지 못한다. 계속해서 백4·6에는 흑7을 결정지은 다음에 9로 키워버리는 것이 또한 좋은 수.
(⑪…⑨)

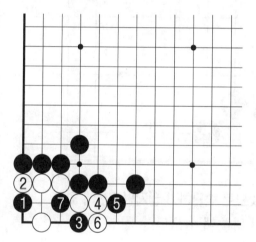

● 2도 (변화)

전도의 변화로 흑5 때 백6으로 막으면 더욱 간단하다. 흑7의 끊음으로 양단수.

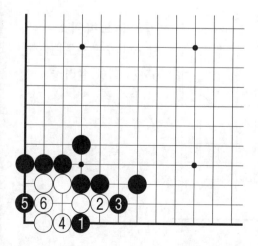

● 3도 (실패)

모처럼의 맥을 발견했어도 수순을 그르치면 수포로 돌아가고 만다. 흑1·3을 먼저 두는 것은 전형적인 수순착오. 백4에 흑5는 뒤늦은 치중으로 백은 6으로 받아 완생이다.

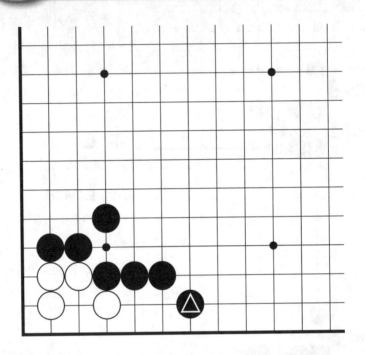

백이 살아 있는 것으로 속단하기 쉽지만 2선에 있는 △를 잘 활용하면 패를 낼 수 있다.

☞ 어드바이스
단순한 수단으로는
6까지 백을 살려줄
뿐이다.

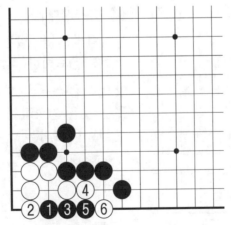

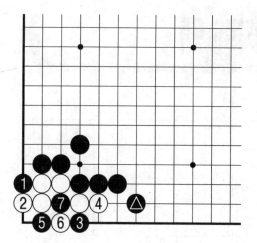

● 1도(정해 · 젖힌 다음 붙임)
먼저 흑1로 젖혀 백의 궁도를 좁힌 다음 흑3의 붙임이 ▲를 활용하는 맥점이다. 백4는 최강의 저항인데 흑5로 뛰어 붙여 결국 7까지 흑이 먼저 따내는 패가 된다.

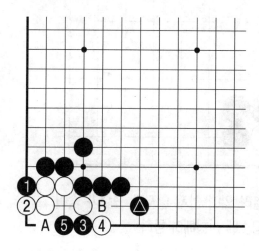

● 2도(변화)
흑3으로 붙였을 때 백4로 젖혀막으면 흑5로 나가서 A, B가 맞보기이다. 백4로 5라면 흑4로 뻗어 ▲와 연결이 가능하다.

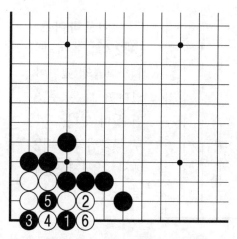

● 3도(실패)
젖힘 없이 붙임부터 서두르는 것은 준비가 부족하다. 백2에 흑3으로 뛰어붙여 패를 노리려고 해도 백4에서 6으로 모는 수단이 있어 백이 무조건 살게 된다.

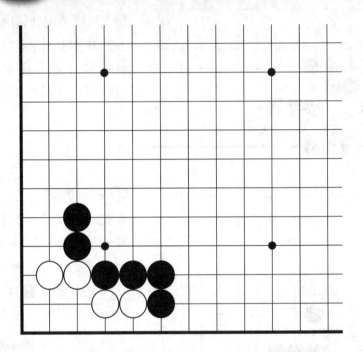

좌변의 뒷문이 열려 있어 쉽지 않지만 묘수가 숨어 있다. 처음부터 급소에 선행해야 한다.

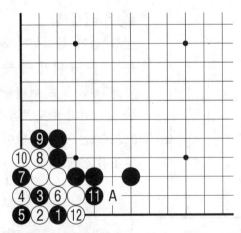

어드바이스

〔제27형〕에서 백 11, 흑A의 교환이 없다면 백은 무조건 살아 있다. 흑1로 공격해와도 백2에서 12까지 양패로 산다.

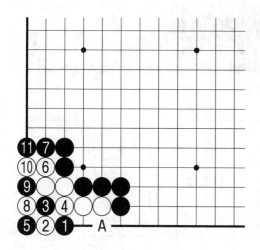

1도(정해 · 치중)

급소는 흑1, 이렇게 치중하
는 수 외에는 없다. 백도 2
로 붙인 다음 흑3에 4에서 6
으로 집어넣는 버팀이 있다.
이하 백12까지 패가 되는데
이 모양은 흑이 A에 1수 더
두어야 비로소 단패가 되므
로 1수늘어진 패이다.
(⑫…⑧)

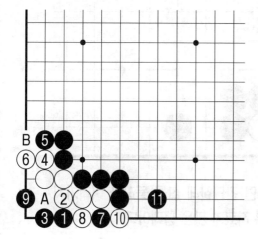

2도(변화)

흑1에 대해 백2로 잇는 저항
은 없다. 흑3의 뻗음부터 이
하의 수순대로 백은 무조건
잡혀 버리기 때문. 흑11 이후
백A에는 흑B로 그만이다.

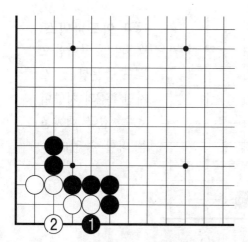

3도(실패)

흑1의 젖힘은 지나치게 평범
하다. 백2로 호구이어 완생.
흑은 더 이상 추궁할 수단이
끊기고 만다.

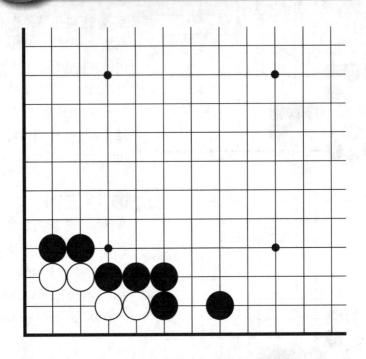

 사는 문제만이라면 간단한데 삶을 둘러싼 여러가지
배워 둘만한 공부 자료가 많은 형태이다.

어드바이스
백1의 호구이음으
로도 충분할 것 같
지만 흑2의 치중이
호수. 결국 패싸움
을 피할 수 없다.

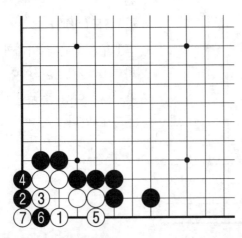

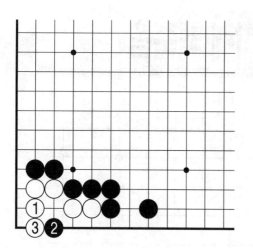

● 1도(정해 · 꼬부림)

백1의 꼬부림으로 아무런 문제가 없다. 흑2로 치중해와도 백3으로 막아 완전한 삶. 이 형태에서의 사는 수단은 백1에 한정된다.

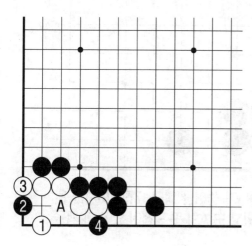

● 2도(실패1)

백1로 뛰는 수는 이 경우에는 좋지 않다. 흑2의 치중에서 4로 젖힘당하면 백의 안형이 일거에 무너진다. 흑2로는 먼저 4에 젖히고 백A때 흑2에 치중해도 같은 결과.

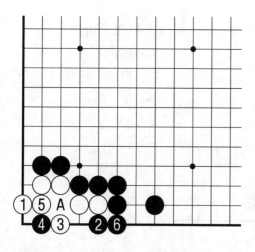

● 3도(실패2)

백1로 두면 흑2로 젖히고 백3 때 4의 붙임이 호수. 백5에 흑6으로 이어 A의 곳은 눈이 되지 않는다. 흑2로는 먼저 4에 치중해도 무방하다.

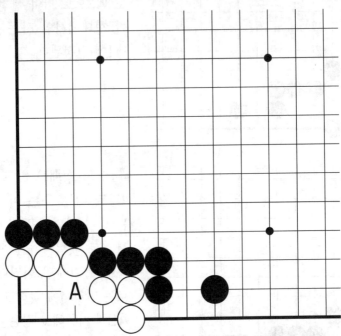

6집형에서 궁도 하나가 늘어난 형태. 7집형이지만 왼쪽 공배가 메워져 있고 또 A의 곳 단점이 있어 이 백을 공략할 수 있다.

🖋 어드바이스

흑1은 급소가 아니다. 백2가 탄력있는 호구이음으로 흑5까지 고작 빅을 만드는 정도이다.

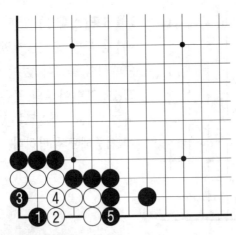

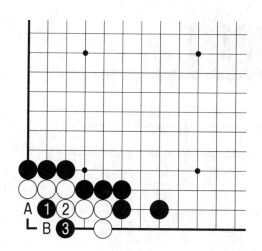

● 1도(정해·붙임)

복잡하게 생각할 필요없이 흑1의 붙임이 정해이다. 백은 2로 이을 수밖에 없는데 흑3으로 젖혀 백죽음. 이후 백A에는 흑B로 이어 넉집치 중수의 모양이다.

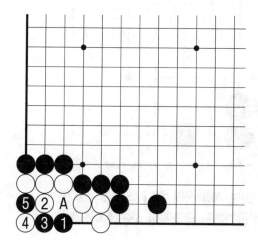

● 2도(실패)

흑1은 백이 A에 이어주면 흑2로 **1도**의 정해에 환원. 그러나 백2로 꼬부리는 저항이 있어 패싸움이 불가피하다.

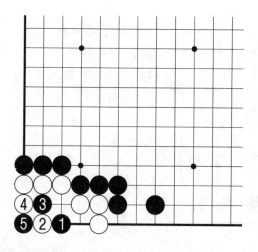

● 3도(참고·패)

흑1 때 백은 2에 붙여도 패를 만들 수 있다. 단, 백의 입장에서는 **2도**처럼 패를 하는 것이 흑5로 따냈을 때 A에 잇는 자체팻감이 들으므로 조금 낮다.

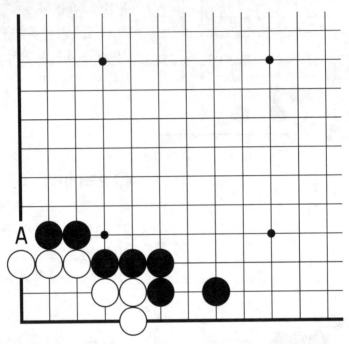

[제30형]과의 차이는 A의 곳이 하나 더 비어 있다는
있다는 점. 당연히 공격법도 달라져야 하는데 이번에는
패가 정답이다.

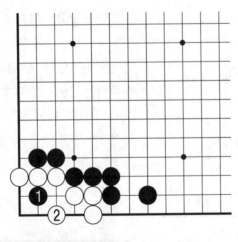

🖊 **어드바이스**

흑1은 공배가 있기
때문에 백2로 받는
수가 성립한다.

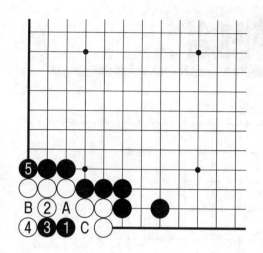

1도(정해 · 치중)

이번에는 흑1로 치중해서 패를 만드는 것이 정해. 백도 2의 꼬부림이 최선의 응수로 흑3에 백4로 집어넣어 패를 다툰다. 흑5를 생략하면 백A, 흑B, 백C의 수단이 있다.

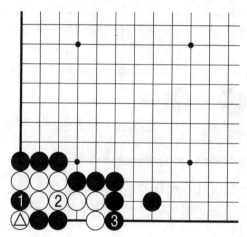

2도(참고 · 1수늘어진 패)

1도 이후 백은 손을 빼는 것도 가능하다. 계속해서 흑1로 따내도 백2로 잇고 흑3에 백4로 패를 따내어 비로소 단패가 되는 것. 즉, **1도**는 1수늘어진 패이다.
(④…⊙)

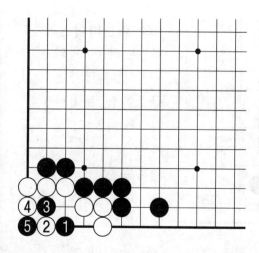

3도(실패)

흑1에 대해 백2로 붙여서 받는 것도 패는 되지만 흑5까지 단패인 모양. **1도**에 비해 백이 불리한 패가 된다.

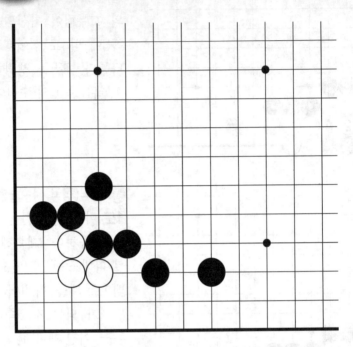

 흑의 포위망이 철벽이어서 어설픈 수단으로는 살릴 수 없다. 첫번째 수와 세번째 수, 급소 두방의 콤비네이션으로 해결한다.

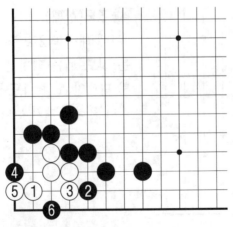

어드바이스

백1은 좌우동형의 중앙에 해당하는 급소처럼 보이나 지금은 흑2부터 공격받아 두눈을 만들지 못한다.

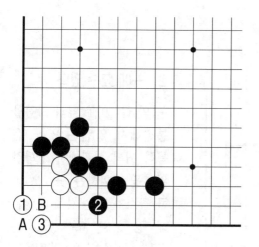

1도(정해·2의— 두방)

백1이 2·—의 급소로 유일하게 사는 맥이다. 흑2의 공격에는 다시 한번 백3의 2·—에 두어 A와 B의 곳에 각각 한눈씩이 확보된다. 실전에서도 통용범위가 넓은 멋진 콤비네이션이다.

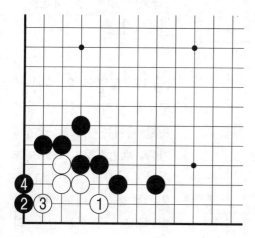

2도(실패1)

백1로 궁도를 넓히려고 해도 쌍방 급소의 곳에 흑2로 눈목자달림을 당하면 일거에 궁도가 줄어든다. 흑4까지 백은 사는 공간이 부족하다.

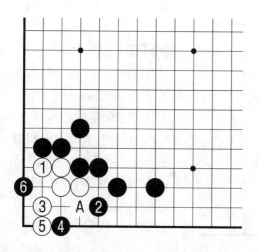

3도(실패2)

백1쪽으로 넓히는 것으로도 살지를 못한다. 흑2로 궁도를 좁힌 다음 4·6이면 역시 백죽음이다. 백3으로 A면 물론 흑3의 치중.

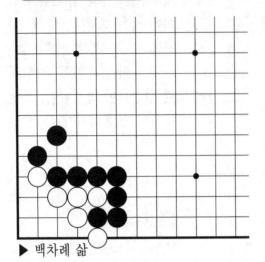

▶ 백차례 삶

2·一에 묘수 있다

'귀의 끝' 바로 옆의 지점을 통괄해서 일컫는 2·一은 특히 귀의 사활에서 상당한 위력을 발휘하는 곳. 그 만큼 급소가 되는 경우가 많은데 '2·一에 묘수 있다'는 '급소의 사활'을 대표하는 격언이다.

●1도(두번의 2·一)

궁도를 넓히는 것으로 살지 못할 때에는 급소를 찾아야 한다. 백1로 2·一에 두는 것이 유일하게 사는 방법. 흑2로 몰았을 때에도 다시 한 번 백3으로 또다른 2·一의 급소를 차지해서 살 수 있다.

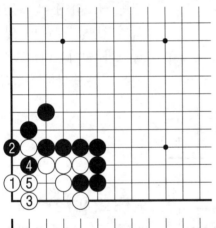

●2도(방향 착오)

같은 2·一이라도 백1쪽을 먼저 두는 것은 방향 착오. 순간 흑2의 붙임을 당해 생사의 운명이 뒤바뀌어 버리고 만다. 귀의 2·一은 두군데가 있기 때문에 어느 쪽을 선택하는 것이 옳은가를 항상 면밀히 살펴보아야 한다.

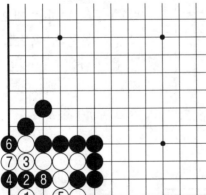

제 1 장
귀의 사활

8집형

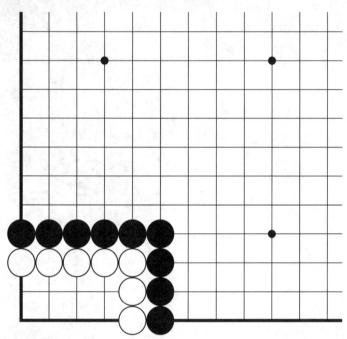

귀의 8집형의 가장 기본적인 형태로 이와 같이 완벽하게 8집을 가지고 있으면 무조건 살아 있다. 단, 공배가 모두 메워지면 흑이 빅을 만드는 수는 있다.

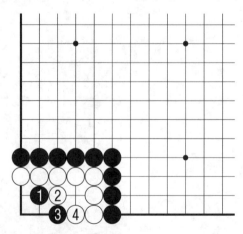

어드바이스

흑1은 급소를 벗어난 수. 백2로 막혀 아무 것도 안된다.

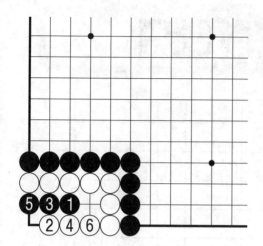

● 1도(정해·선수빅)

흑1부터 두어가는 것이 올바른 공격. 백도 패를 방지하려면 2로 뛰어. 받을 수밖에 없는데 흑3에서 백6까지 흑의 선수빅이 되는 것이 쌍방 최선의 응접이다. 수순중 백2로 3은 흑2로 패의 맛이 생긴다.

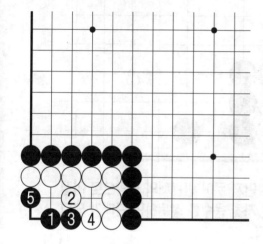

● 2도(실패1)

흑1의 치중도 급소의 하나지만 백2로 응하는 수가 좋아 이하 5까지 흑의 후수빅이 되고 만다. 선수냐 후수냐는 실전에서 매우 중요한 문제이다.

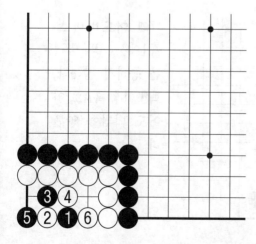

● 3도(실패2)

흑1로 치중하는 것은 가장 나쁜 공격법. 백2·4가 흑의 실수를 꾸짖는 좋은 응수로 6까지 빅도 아니고 무조건 살게 된다.

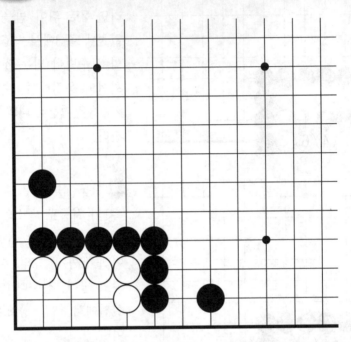

이 형태라면 흑이 먼저 두어 만년패의 모양으로 이끌 수 있다. 단, 백은 자칫 응수를 잘못하면 단패가 되니 경솔함은 금물이다.

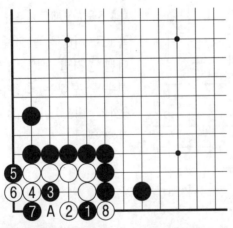

어드바이스

흑1에서 3의 공격은 통하지 않는다. 백8 이후 흑A로 이어도 빅밖에 안된다.

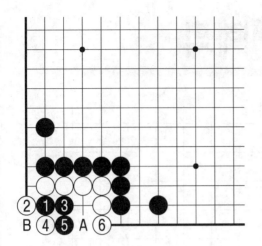

● 1도(정해·붙임)

흑1의 붙임이 정확한 공격. 백2에는 흑3으로 뻗어 이하 백6까지가 '만년패'로 불리는 모양으로 정해이다. 수순 중 백6이 중요한 수로 자칫 A로 두었다간 흑B로 단패가 되니 조심해야 한다.

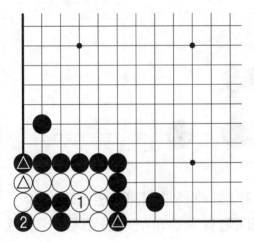

● 2·3도(참고·만년패)

만년패에 대한 설명. 1도에서 ●, ◎가 더해진 이후 백 차례에서 2도 1로 몰면 간단히 패. 그러나 백1은 팻감이 절대 유리한 상황이 아니고서는 함부로 둘 수가 없다. 그리고 흑차례에서 3도 1로 따내도 백은 손을 뺀다. 다음에 흑A로 한번 더 두면 단패가 되지만 흑도 2수나 들인데다 백이 먼저 따내는 패가 되므로 이렇게 패를 걸기가 껄끄럽다(단, 흑은 1로 따낸 이후 ◎에 이어 빅을 만들 선택권을 갖고 있다). 이와 같은 모양을 만년패라고 부르며 쌍방 패를 걸 수 없을 때는 3도처럼 빅으로 종국한다.

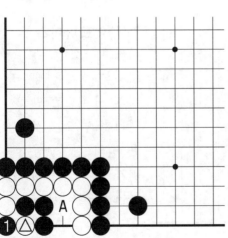

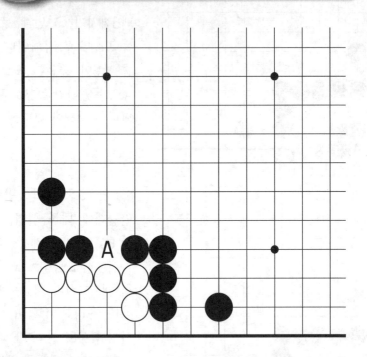

 〔제2형〕과 달리 A의 곳이 비어 있는 상황이라면 결과도 달라진다. 흑이 먼저 두면 빅. 즉 백이 죽는 일은 없다.

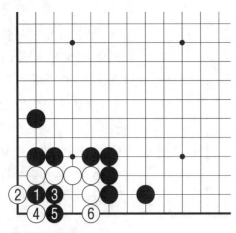

🖝 **어드바이스**
어쨌든 급소는 흑1의 붙임. 그런데 백2에서 6으로 만년패를 만드는 것은 백의 잘못. 공배가 하나 있기 때문에 묘수가 있다.

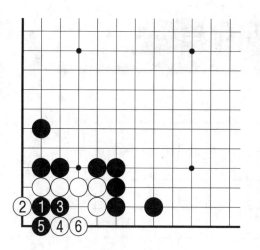

📀 1도(정해·흑의 선수빅)

백1에서 흑3까지는 필연. 여기서 백4로 붙이는 수가 좀처럼 생각해내기 힘든 기사회생의 묘착이다. 흑5로 막고 백6의 뻗음까지 흑의 선수빅이 쌍방 최선의 응접이다.

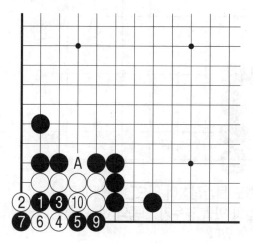

📀 2도(변화1)

백4에 대해 흑5쪽에서 막는 것은 욕심이다. 백6으로 키워버리는 수가 또한 묘착. 흑7로 두점을 따내도 백8로 되따내어 이하 10까지 몰아떨구기로 백이 망외의 소득을 올린 결과이다. A의 곳이 비어 있기 때문에 성립한다.

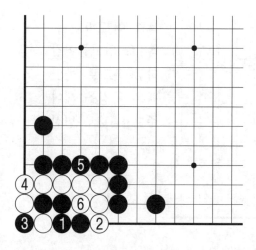

📀 3도(변화2)

2도 흑9의 변화로 만일 흑1로 몰아 몰아떨구기를 방비하면 백2로 차단해서 좋다. 계속해서 흑3으로 따내도 백4로 이어 그만. 바깥쪽공배가 비어 있기 때문에 흑5로 메워도 백6의 눌러몰기로 삶이다.

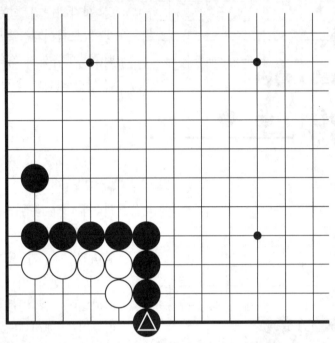

 귀의 8집형이라 해도 불완전함이 있으면 완생이 아니다. 흑△의 내려섬이 있을 경우가 그중의 하나. 흑은 백을 무조건 잡을 수 있다.

✑ 어드바이스

흑1로 밀고들어간 다음 3으로 몰면 백은 두점을 떼어 주고 6·8로 변신 한다.

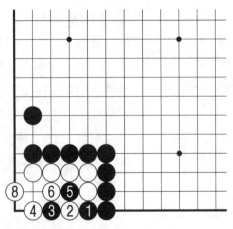

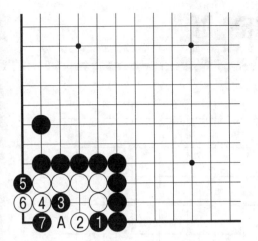

●1도(정해 · 안형의 급소)

흑1, 백2는 각각 절대. 여기서 흑3이 안형의 급소이다. 백4로 막아도 흑5로 궁도를 좁힌 다음 7로 젖히는 것이 상용의 수법. 백은 A로 둘 수 없는 것이 슬픔이다.

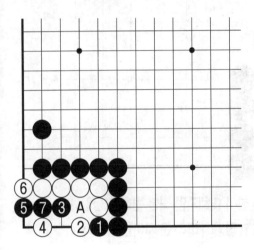

●2도(변화)

흑3으로 치중했을 때 백4로 뛰어 지켜도 삶에는 하등 보탬이 되지 않는다. 흑5의 치중에서 7까지. 백은 A의 곳에 약점이 있으므로 결국 석 집치중수로 죽는 모양이다.

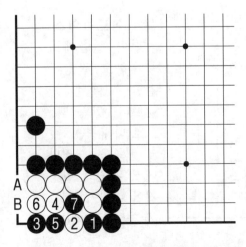

●3도(실패)

백2 때 흑3으로 치중해서는 나쁘다. 백4가 끈끈한 응수로 이하 7까지 패가 된다. 단, 백도 4로 6에 두는 것은 흑A, 백B, 흑4로 **1도**에 환원되니 주의할 일.

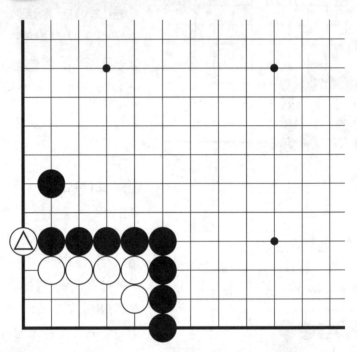

 〔제4형〕에서 ◎의 젖힘이 더해지면 어떤 변화가 생길까?
사활에서는 젖힘이 있고 없음에 따라 큰 차이를 낳는다.

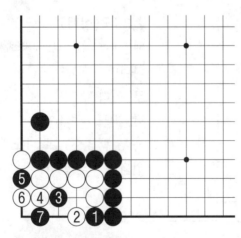

☞ **어드바이스**

젖힘이 있음에도
불구하고 전형과
같이 흑1에서 5는
나쁘다. 만일 백6
으로 따내주면 흑7
로 백죽음. 그러나
이것은 흑의 일방
적인 수읽기. 서로
가 잘못 두고 있다.

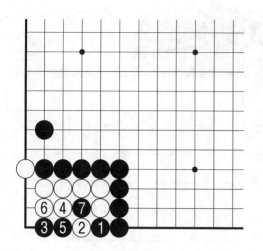

● 1도(정해·들어간 다음 치중)

젖힘이 있는 경우에는 흑1로 들어간 다음 3으로 치중하는 것이 올바르다. 백4에 흑5·7로 흑이 먼저 따내는 패가 정해.

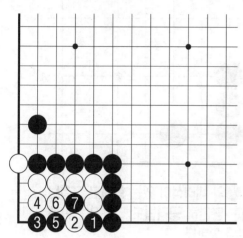

● 2도(변화)

흑3으로 치중했을 때 백4로 치받아도 마찬가지 결과가 된다. 흑5에서 7로 역시 패. 백은 달리 버티는 수단이 없다.

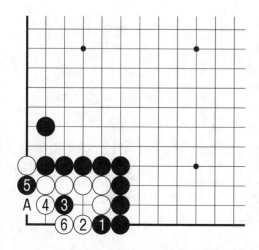

● 3도(실패)

흑1·3으로 공격하는 것은 생각이 짧다. 흑5로 먹여쳤을 때 A로 따내지 않은 백6이 냉정한 응수. 백이 무조건 살게 된다.

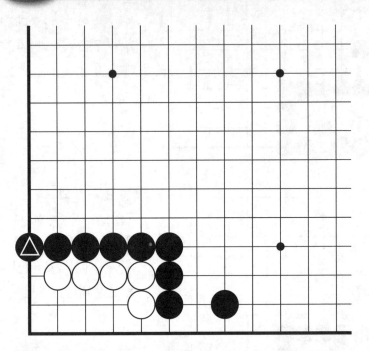

이번에는 반대쪽에 ◎의 내려섬이 있는 형태로 전형보다 한층 위력이 있다. 당연히 공격법도 달라지는데 패가 되지 않도록 주의를 요한다.

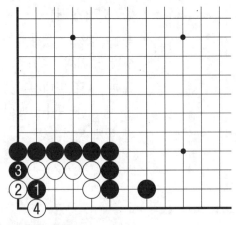

🖎 어드바이스

흑1로 붙이는 것은 백2로 젖히는 반발에 부딪힌다. 흑3에 백4로 패. 먼저 흑3, 백2, 흑1로 끊어도 백4로 마찬가지 결과.

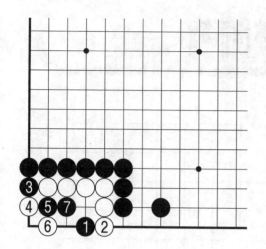

1도(정해1·치중)

백을 잡는 방법에는 두가지
가 있다. 첫번째는 흑1의 치
중. 백2와 교환한 다음에 흑
3으로 들어간다. 백4·6으
로 패를 노리려고 해도 흑7
로 뻗어서 그만이다. 자충이
된 백은 어느 쪽으로도 둘
수 없는 모습.

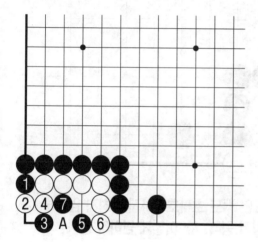

2도(정해2·오궁도화)

먼저 흑1로 들어가도 좋다.
단, 백2 때 흑3의 치중이 중
요한 수. 백4면 흑5에서 7까
지 오궁도화. 수순중 백4로
7은 흑4로 끊고 백A 때 흑6
으로 젖혀서 잡는다.

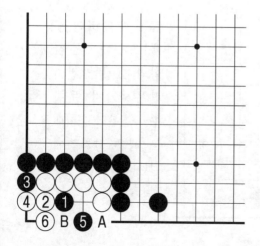

3도(실패)

흑1로는 백2로 받는 수가 있
어 역부족이다. 흑3에서 5로
두어도 백6의 내려섬이 냉정
한 호수로 삶(백6으로 A면
흑6으로 오궁도화). 그리고
흑5로 6은 백5로 마늘모해
이후 흑B면 백의 선수빅이
된다.

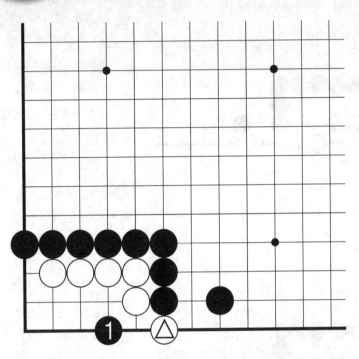

 △의 젖힘이 있으면 백도 호락호락하게 잡히지 않는다. 흑은 1이 최강의 공격. 자, 어떻게 받아야 할까?

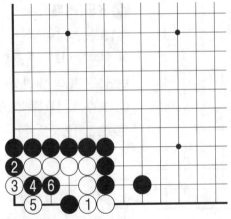

어드바이스

백1로 잇는 것은 젖힘의 효과를 전혀 작용시키지 못한 수. 흑2부터 순서대로 백은 양자충에 걸린다.

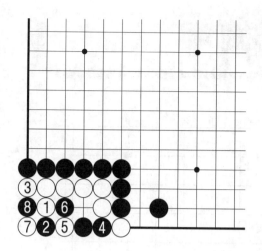

1도(정해 · 꼬부림)

다소 낯선 곳으로 보이는 백
1의 꼬부림이 유일한 타개의
맥. 흑2의 붙임에 백3으로
궁도를 넓히고 흑4에 백5로
먹여친다. 최후에는 백7로
집어넣어 가까스로 패를 만
들 수 있다.

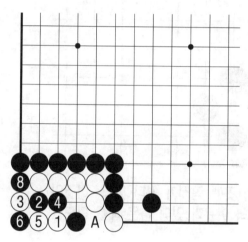

2도(실패)

백1로 붙이는 것은 안이하
다. 흑2가 급소의 치중으로
백3에 젖혀도 흑4로 백죽음.
계속해서 백5 이하의 수단은
흑8까지 불가하다(흑8로는
A도 마찬가지 결과).
(⑦…⑤)

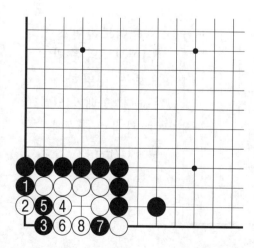

3도(참고 · 백삶)

젖힘이 있음에도 불구하고
흑1 · 3으로 무조건 잡으려
고 덤비는 것은 무모하다.
젖힘의 효과로 흑7에 백8로
따낼 수가 있는 것이다.

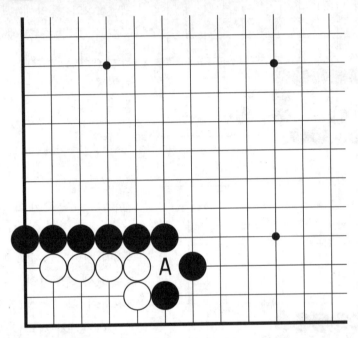

[제6형]에서 A의 곳에 공배가 하나 있다. 이것이면 백에게도 약간의 여유가 있어 흑은 패를 만드는 것이 최선이다.

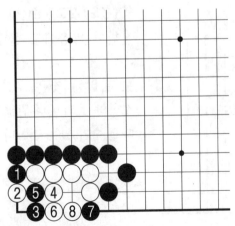

어드바이스

흑1에서 3의 수법으로는 성공하지 못한다. 공배가 있는 관계로 흑7에 백8이 가능.

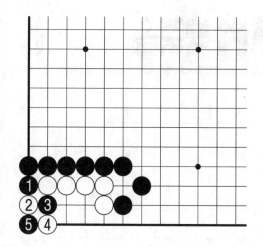

● 1도(정해1 · 끊음이 최선)

공배가 있는 형태라면 알기 쉽게 흑1로 들어간 다음 3으로 끊는 것이 최선이다. 백도 4로 몰아 패가 된다.

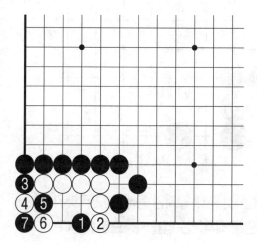

● 2도(정해2 · 질 경우 손해)

흑1에서 3·5의 수단을 동원해도 무조건 잡을 수는 없다. 이하 흑7까지 패. 하지만 흑1이 먼저 보태주는 수여서 패에 질 경우 손해이므로 흑으로서는 1도처럼 패를 만드는 편이 낫다.

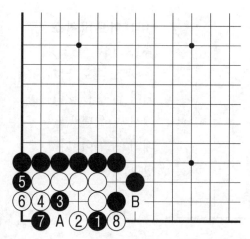

● 3도(실패)

흑1에서 3으로 공격하는 것은 경솔하다. 백8 다음 흑A로 이어도 빅에 불과하며, 또 백은 B부터의 수단이 남아 있어 이 그림은 명백한 실패이다.

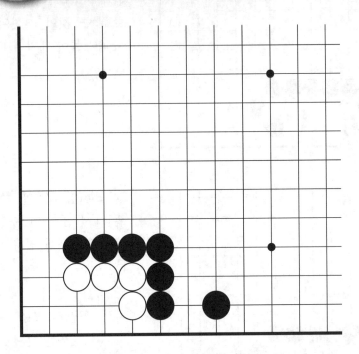

도저히 잡을 수 없을 것 형태 같지만 공배가 모두 메워져 있다는 점에 착안해 최후에는 백을 자충으로 이끈다.

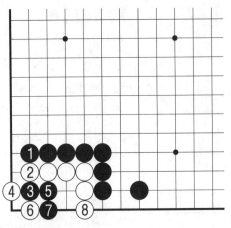

어드바이스

흑1로 내려서는 것은 백도 2로 막게되어 앞서 〔제2형〕에서 나왔던 만년패의 모양이 되고만다.

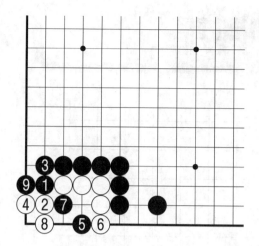

◉ 1도(정해 · 젖혀이음)

간단히 흑1 · 3으로 젖혀잇는 수로 해결한다. 백4로 내려서면 백의 궁도가 넓어 보이지만 흑5에서 7이 백의 자충을 이용하는 상용의 수법. 백8에는 흑9로 메워 백은 어느 쪽으로도 둘 수 없는 모습이다.

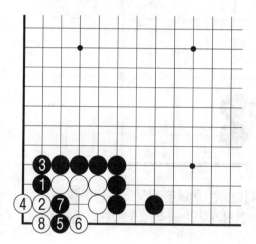

◉ 2도(실패)

젖혀잇는 데까지는 좋았으나 백4 때 흑5쪽에 치중하는 것은 백6의 마늘모붙임이 호수. 흑7에 끊어도 백8까지 완생이다. 자충을 이용하는 맥을 모르면 잡을 수 없는 문제이다.

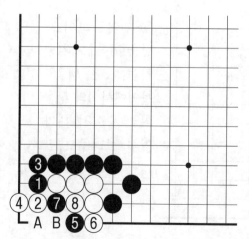

◉ 3도(참고 · 백삶)

이처럼 공배가 하나 있으면 백은 죽지 않는다. 흑1 · 3에서 5 · 7의 수법에는 백8이 성립하기 때문이다. 물론 흑7로 A에 두어 백7, 흑B로 빅을 만들 수는 있지만.

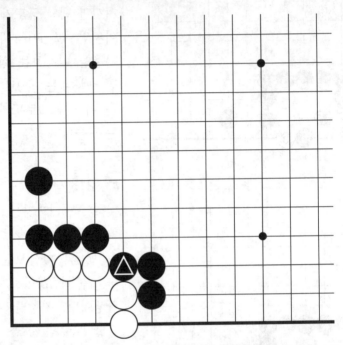

실전에서 빈번히 나타나는 형태로 파생되는 변화를 꼭 알아두어야 한다. 여러가지의 공격법이 있는데 ▲가 흑돌이라는 점이 커다란 원군이다.

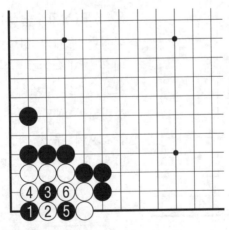

☞ **어드바이스**

단순히 흑1로 치중 하는 것은 백2의 붙임에서 4의 끊음 이 호수여서 대가 없이 살려주고 만 다.

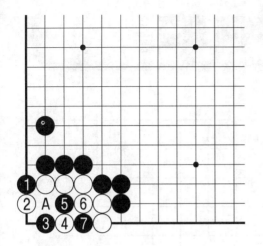

◉ 1도(정해1 · 젖힌 다음 치중)

3의 곳에 치중하려면 먼저 흑1로 젖혀 백2와 교환한 다음에 두는 것이 정확한 수순이다. 백도 4의 붙임이 최선으로 흑7까지 패가 된다. 수순중 백4로 5는 흑4로, 백6으로 A는 흑7로 백이 무조건 죽는다.

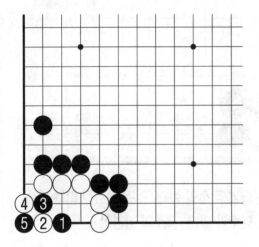

◉ 2도(정해2 · 치중)

또 한가지, 흑1에 치중하는 수도 일책이다. 백은 2로 붙일 수밖에 없으며 흑3에 백4로 받아 역시 패가 된다.

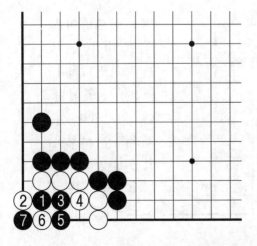

◉ 3도(정해3 · 배붙임)

마지막으로 흑1로 배붙임하는 수로도 패를 만들 수 있다. 백2로 젖힐 때 흑3에서 5로 내려서면 백6으로 집어넣어야 하는데 흑7로 패를 다투게 된다.

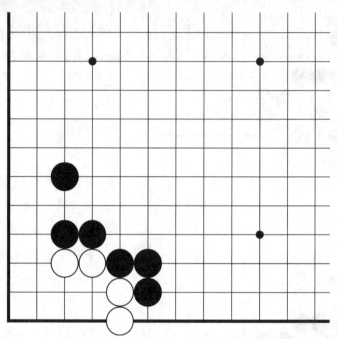

[제10형]이 완성되기 직전의 형태. 언뜻 무조건 잡는 것은 무리 같지만 묘수가 있다. 급소의 발견이 급선무.

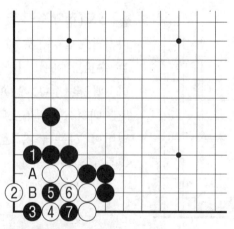

☞ **어드바이스**
흑1로 내려서는 것은 백A면 [제11형]에 환원된다. 단, 여기서는 백2의 막음을 예로 들었는데 이것도 패(흑3으로는 4나 B로도 마찬가지).

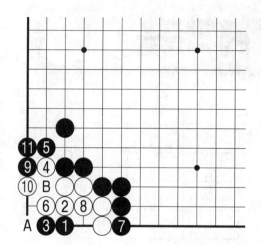

1도(정해·치중)

흑1의 치중이 모양의 급소. 백2로 받을 때가 가장 난해한데 흑3으로 뻗는 것이 좋은 수이다. 이하 흑11까지 된 후 백A로 집어넣어 패를 노리려고 해도 흑B로 따내어 양패로 잡는다. 수순중 백4로 6이면 흑7.

2도(변화)

흑1로 치중했을 때 백2로 내려서면 흑3으로 나란히 뻗는 것이 냉정한 호수. 백4의 이음에는 흑5로 막고 계속해서 백6에는 흑7이 오궁도화를 만드는 요령이다.

3도(실패)

백2의 내려섬에 대해 흑3으로 끊는 것은 성급하다. 이후 백A라면 흑4로 좋겠지만 백4로 붙이는 저항을 받아 패가 되고 만다.

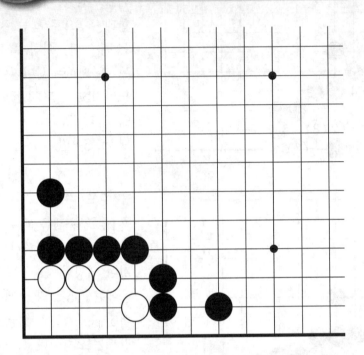

이런 형태는 실전에서 자주 나타나므로 한눈에 풀 수 있는 감각을 키워야 한다. 패가 나서는 곤란하다.

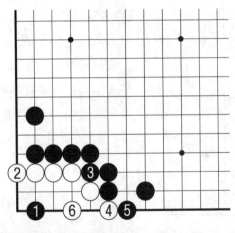

어드바이스

흑1로 안쪽에서부터 치중하는 것은 백2로 내려서게 되어 순탄치 않다. 흑3이 급소지만 백4·6으로 패가 된다.

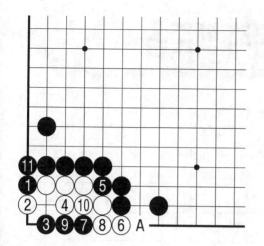

🔵 1도(정해·젖힌 다음 치중)

'죽임은 젖힘에 있다'는 격언대로 첫수는 흑1. 백2의 막음에는 흑3이 연관된 맥이며 백4에 흑5의 찝음이 급소. 수순이 길지만 이하 흑11까지 석집치중수로 잡는다. 도중 백6이 현혹수단으로 흑A는 백7로 패. 그리고 백6으로 7이면 흑6으로 그만.

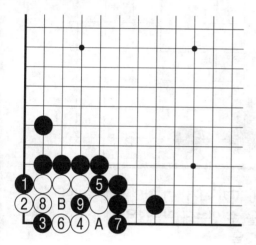

🔵 2도(변화)

흑3에 대해 백4로 저항할 때도 흑5가 급소이다. 백6에는 흑7·9가 상용의 수법. 수순중 백4로 A에 내려서면 흑B로 마늘모하는 것이 요령이다.

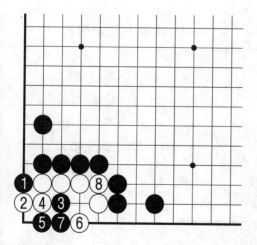

🔵 3도(실패)

흑3으로 붙이는 것은 나쁘다. 백4로 이으면 흑5로 젖혀야 하는데 백6·8로 빅이 된다. 흑5로 6에 두면 백5로 삶.

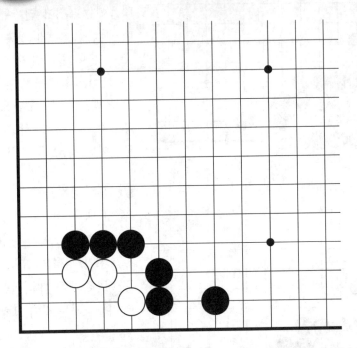

[제12형]이 이루어지기 직전. 그 형태를 떠올리면 간단히 정답을 얻을 수 있는데 만만찮은 백의 저항에도 대비를 해두도록.

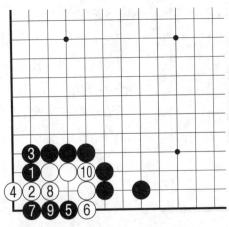

어드바이스

흑1·3으로 젖혀 잇는 공격은 백4로 내려서게 되어 백을 잡을 수 없다. 흑5의 치중은 10의 곳 공배가 있어 성립불가.

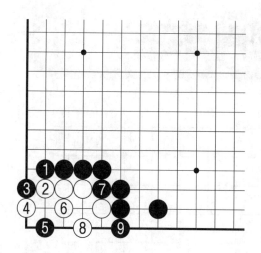

1도(정해·내려섬)

잠자코 흑1로 내려서는 수로 좋다. 백2로 막으면 흑3에서 5로 [제11형]과 같은 형태. 이것이라면 가장 간명하다.

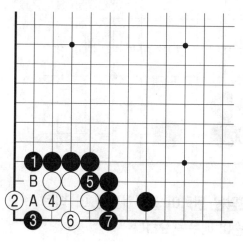

2도(변화1)

흑1 때 백2로 버티면 흑3의 치중이 냉정한 수. 백4에는 흑5에서 7의 수순으로 잡는다. 흑3으로 A는 백B, 흑4, 백3으로 패가 되니 주의해야 한다.

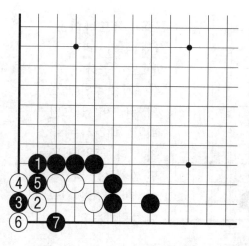

3도(변화2)

백2의 마늘모응수에 대한 대비책도 알아두어야 한다. 이것에는 흑3의 붙임이 안형을 빼앗는 급소로 이하 7까지 백죽음이다.

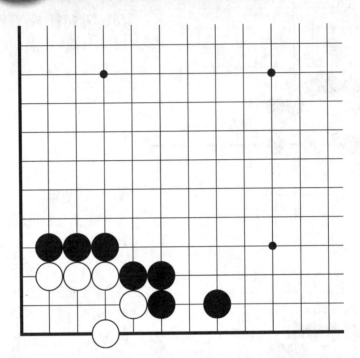

백이 호구이은 모양은 탄력이 풍부하므로 이 백을 잡기 위해서는 수순이 매우 중요하다.

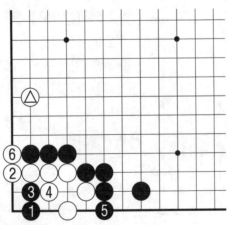

☜ 어드바이스
[제14형]이라면 흑 1로도 가능하다. 단, 본도처럼 주위에 △의 원군이 있으면 백2로 내려서는 수가 있다. 흑3에서 5면 자체로는 백죽음이지만 백6의 건넘이 성립하는 것.

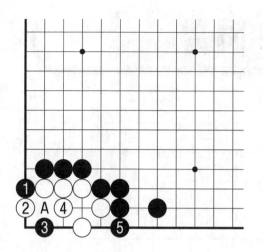

1도(정해 · 젖힌 다음 치중)

흑1의 젖힘에서 3으로 치중하는 것이 백을 잡는 유일한 수순이다. 백4에는 흑5의 내려섬으로 마무리. 백4로 A에 두더라도 흑은 5에 내려선다.

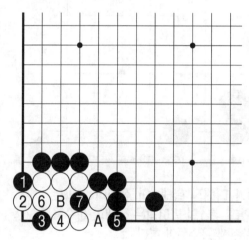

2도(변화)

흑3으로 급소에 치중했을 때 백4로 치받아도 살지 못한다. 흑5 · 7이 활용빈도가 높은 콤비블로의 맥. 백4로 A도 흑B로 역시 죽음을 면치 못한다.

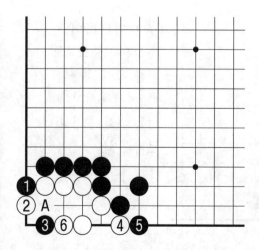

3도(참고 · 패)

흑의 오른쪽 모양이 이와 같다면 백에게도 버팀수가 있다. 흑3 때 백4로 젖히는 저항이 있는 것. 계속해서 흑5로 막아야 하는 상황이라면 백6으로 패. 단, 백은 A에 손질해야 단패가 되므로 이대로는 1수늘어진 패이다.

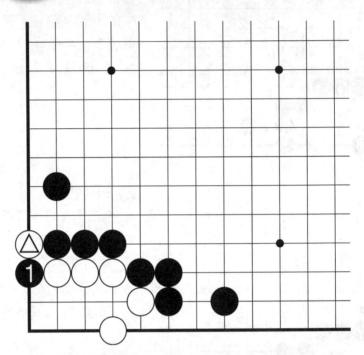

[제14형]에서 ⬨가 더해진 형태. 이 젖힘의 효과로 백은 무조건 살아 있다. 흑1의 먹여침은 상대의 실수를 바라는 '미끼'. 침착하게 응수해야 한다.

☞ 어드바이스

흑1의 치중으로도 백을 잡지 못한다. 백2에서 6까지 된 다음 A와 B가 맞보기로 삶.

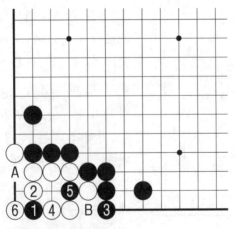

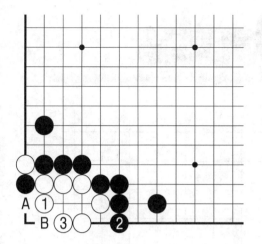

1도(정해·꼬부림)

백1의 꼬부림이 침착한 응수
이다. 계속해서 흑2의 내려
섬에는 백3으로 좌우에 각
한눈씩이 확보된다. 백3으로
A에 막는 것은 흑B로 잡혀
버리니 욕심 부리지 않도록.

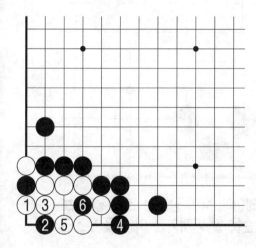

2도(실패)

흑의 먹여침에 대해 섣불리
백1로 따냈다가는 낭패를 본
다. 흑2의 치중을 당한 백은
이제 와서 후회해도 때가 늦
다. 흑6까지 비명횡사.

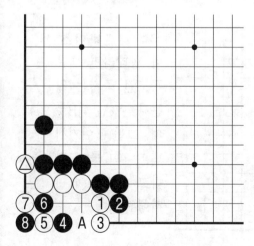

3도(참고·젖힘의 유무)

젖힘이 있음에도 백1·3으
로 내려서는 것은 나쁘다.
흑4의 급소를 얻어맞아 백
5·7에는 흑6·8로 패. △
가 없으면 백1·3으로 두어
패를 내는 것이 최선이며,
△가 있는 경우에는 백3으
로는 A에 호구이면 무조
건 살 수 있다.

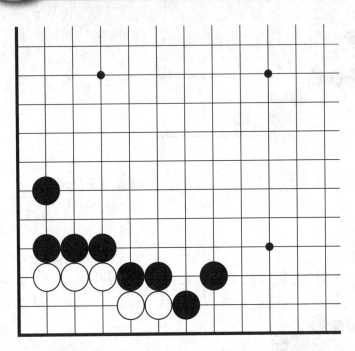

전형과 유사한 형태인데 백의 궁도가 조금 넓어 보인다. 그렇지만 수순을 잘 가져가면 이 백을 무조건 잡을 수 있다.

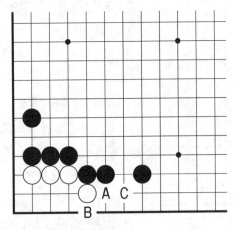

어드바이스

이 형태라면 백은 무조건 죽지는 않는다. 흑A, 백B로 패. 그런데 여기서 백A, 흑C를 교환하고 손뺀 것이 이 적행위.

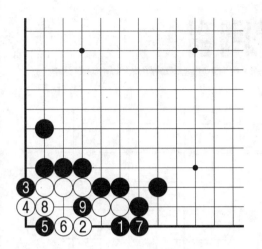

● 1도(정해·젖힘)

흑1로 젖혀 백2와 교환하고
나면 전형과 유사한 형태. 이
것이라면 이후는 어렵지 않을
것이다. 흑3의 젖힘에서 5의
치중. 지금 상황이라면 흑3으
로는 단순히 5에 치중해도 무
방하지만 정해도쪽이 깔끔하
다.

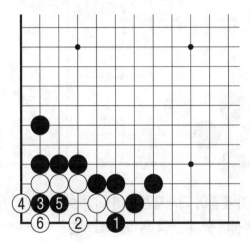

● 2도(실패1)

흑1의 젖힘은 좋았으나 백2
때 흑3으로 붙여가는 것으로
는 수가 안된다. 백4의 젖힘
에서 6으로 두눈의 삶.

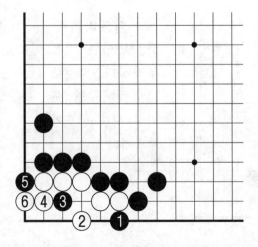

● 3도(실패2)

흑3에 붙여가는 수도 맥이
아니다. 백4의 꼬부림이 수
비의 급소로 흑5로 젖혀도
백6으로 막아 거뜬히 살게
된다.

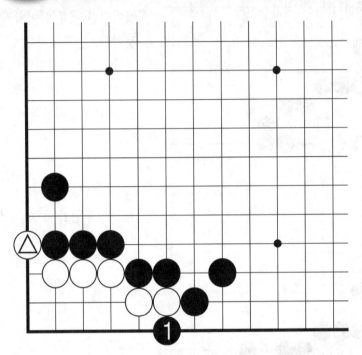

 〔제16형〕에서 ⬤의 젖힘이 더해지면 흑이 어떤 식으로 공격해와도 백은 살아 있다. 그럼 흑1에 대해서는?

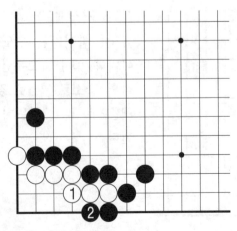

✄ 어드바이스

백1로 잇는 것은 우직하다. 흑2로 밀고들어가면 도저히 사는 궁도가 부족하다.

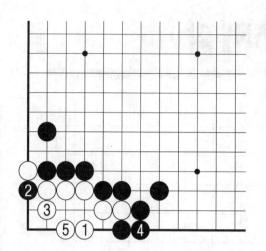

●1도(정해·호구이음)

백1의 호구이음이 탄력적인 응수. 흑2의 먹여침에는 백3 이, 백4의 이음에는 백5가 냉정한 응수로 무조건 살 수 있다.

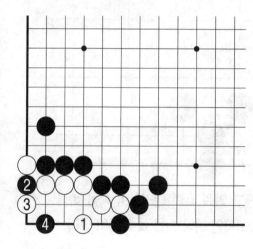

●2도(실패1)

흑2의 먹여침에 대해 백3으로 따내는 것은 흑4의 치중 한방에 숨통이 끊어진다. 더 이상 설명이 필요 없는 사활의 기본형태이다.

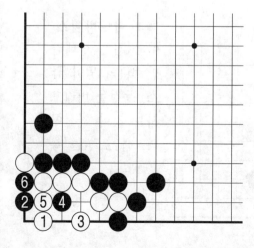

●3도(실패2)

백1의 뜀도 언뜻 급소 같지만 흑2의 치중에 운다. 뒤늦게 백3으로 호구쳐도 흑4·6의 수순으로 백은 비명횡사.

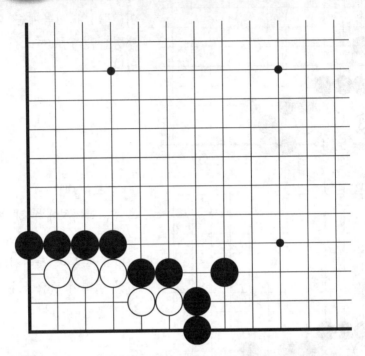

 공배가 전부 메워졌고 양쪽 흑의 내려섬이 백을 바짝 압박하고 있는 모양이지만 아직 손을 쓸 겨를이 있다.

어드바이스

이와 같은 형태라면 백1의 뜀이 급소. 두점을 버리고 사는 것이 최선이다. 백1로 A는 흑1로 죽음.

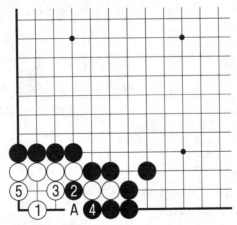

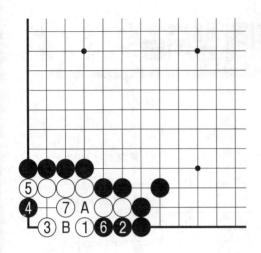

🔵 1도(정해·호구이음)

백1의 호구이음이 삶의 급소이다. 흑2로 이쪽 눈을 없애면 백3으로 뛰어서 좋다. 계속해서 흑4·6은 부질없는 공격. 최후 백7이 침착한 응수로 자칫 A에 잇는 것은 흑B로 잡혀 버린다.

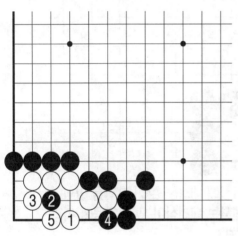

🔵 2도(변화)

백1의 탄력적인 응수에 흑은 뾰족한 공격수단이 없다. 흑2·4는 백3·5로 간단히 삶.

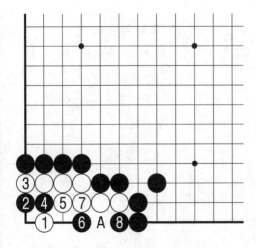

🔵 3도(실패)

백1의 뜀이 급소로 보이지만 흑2에서 4가 백의 자충을 노리는 좋은 수순이 된다. 백5로 막으면 흑6의 치중으로 백은 어떻게 운신할 수 없다. 백7에는 흑8로 그만이며, 백7로 A에 두어도 흑은 8.

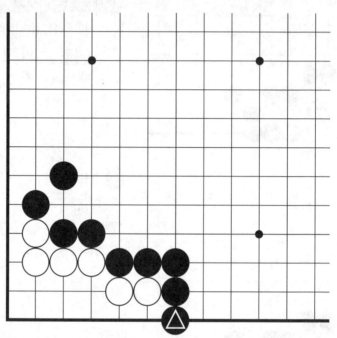

백의 궁도가 넓지만 1선에 내려선 ◬가 효과를 발휘한다. 이와 같이 사활에서는 내려섬이 있고 없음에 따라 전혀 다른 결과를 낳는다.

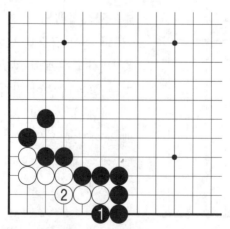

🖎 어드바이스
궁도를 좁히는 흑 1은 백2로 잇기만 해도 후속수단이 끊긴다.

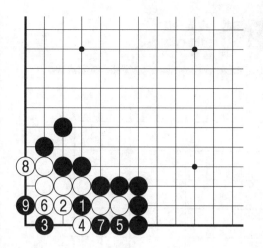

1도(정해·끊음 한방)

우선 흑1의 끊음이 긴요한 일착. 1선에 내려선 점이 있으므로 이 맥이 생긴다. 백2와 교환한 다음 흑3의 치중이 연관된 후속공격으로 이하 9까지 귀곡사로 잡는다.

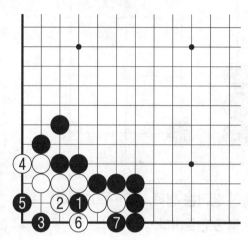

2도(변화)

흑3으로 치중했을 때 백4로 넓혀도 흑5로 눈을 빼앗는다. 결국 흑7까지 귀곡사의 모양임에는 변함이 없다.

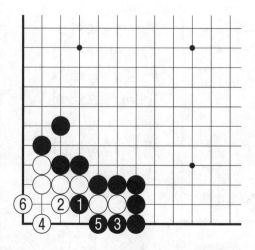

3도(실패)

백2 때 흑3으로 먼저 모는 것은 수순착오이다. 흑 한점을 따내지 않고 백4의 마늘모로 두는 것이 좋은 응수여서 백에게 삶을 허용하고 만다.

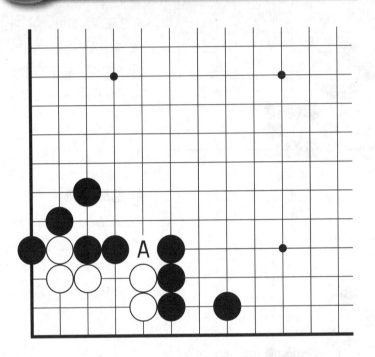

화점정석 이후에 많이 생기는 형태. A의 곳이 비어
있는 점이 주시해야 될 포인트이다.

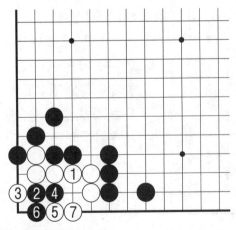

☞ 어드바이스

백1의 이음은 차선
책. 흑4 때 백5의
붙임이 맥으로 이
하 7까지 빅. 하지
만 이것으로는 약
간 불충분하다.

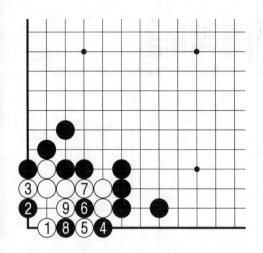

1도(정해·몰아떨구기)

백1의 뜀이 수비의 급소. 흑 2의 치중에서 4로 젖혀오는 수가 두렵긴 하지만 공배가 하나 있기 때문에 백5로 바로 막을 수가 있다. 흑6에는 백7쪽을 이어 9까지 몰아떨구기가 성립한다.

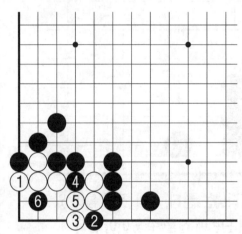

2도(실패)

단순히 궁도를 넓히는 백1은 무책임한 행동이다. 흑2에서 4로 좁혀가는 것이 좋은 공격법. 최후 흑6으로 치중하면 백은 두손을 들 수밖에 없다.

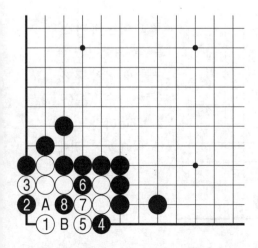

3도(참고·공배 관계)

이와 같이 공배가 메워진 상황이라면 무조건 살지는 못한다. **1도**처럼 백1로 두는 것은 흑6·8의 공격으로 백죽음. 백1로는 6에 잇고 흑A, 백2, 흑8, 백1, 흑B, 백4로 만년패를 만들 수밖에 없다.

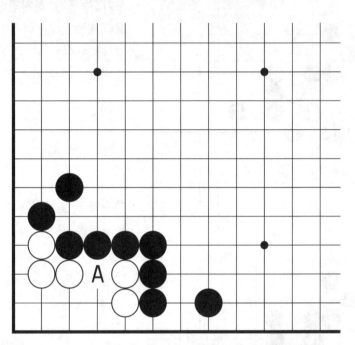

접바둑에서 종종 나타나는 형태. A의 곳에 틈이 있는 백의 약점을 찔러 단번에 잡을 수 있어야 한다.

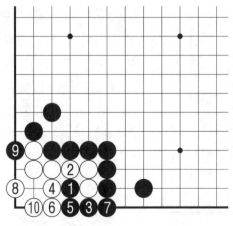

☞ 어드바이스

흑1의 꺼붙임은 하수들이 쉬이 저지르는 속수. 흑3으로 건너더라도 이하 백10까지 귀에서 두눈을 허용한다.

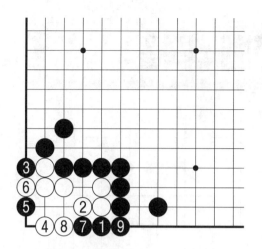

●1도(정해·젖힘 두방)

흑1의 젖힘이 급소이다. 백2
에는 다른 한쪽을 다시 한번
흑3으로 젖히면 백은 두눈을
만들지 못한다. 백4 이하는
그저 두어본 것에 불과한 수
순이다.

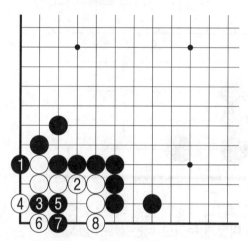

● 2도(실패1)

단, 흑1쪽을 먼저 젖혀가는
것은 좋지 않다. 백2의 이음
이 끈질긴 응수로 흑3으로
붙여도 백4부터 만년패를 만
드는 버팀이 남는다.

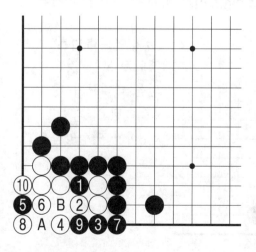

● 3도(실패2)

흑1로 찌르는 것은 속수이
다. 백2와 교환한 다음에 흑
3으로 젖히면 백4가 탄력적
인 응수. 흑5의 치중이 공격
의 급소지만 흑9에 백10으
로 따내어 완생이다. 흑9로
A에 따내도 백10으로 마찬
가지이며, 백10으로 B에 잇
는 것은 흑A로 패.

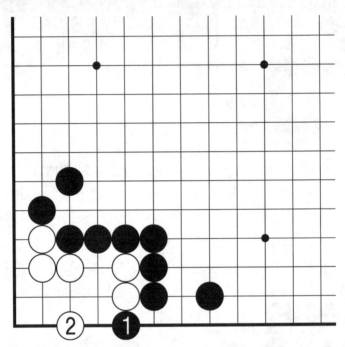

[제21형]의 변화로 흑1의 젖힘에 만일 백2로 받으면 어떻게 될까? 물론 이렇게 두어도 백은 살 수 없지만 여기에 대한 변화도 알아두어야 한다.

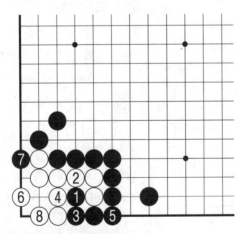

🖋 **어드바이스**

흑1로 모는 것은 앞을 내다보지 않은 속된 공격법. 백8까지 안성맞춤으로 살게 된다.

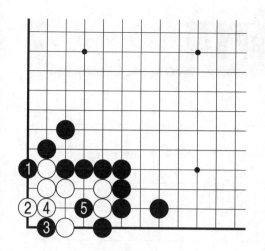

●1도(정해·젖힘)

이 형태도 흑1의 젖힘으로 잡을 수 있다. 백2가 생각한 응수지만 흑3의 붙임으로 더 이상의 저항은 없다.

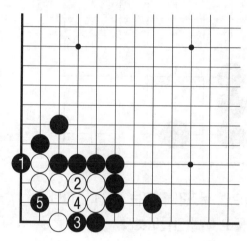

●2도(변화)

흑1로 젖혔을 때 백2로 잇는 변화도 생각된다. 하지만 흑3으로 궁도를 좁힌 다음 5에 치중하면 백은 역시 항서를 쓸 수밖에 없다.

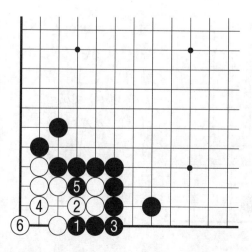

●3도(실패)

흑1·3으로 공격하는 것은 무책임다. 백4로 눈을 만들어 완생. 계속해서 흑5의 묾에는 백6이 침착한 응수이다.

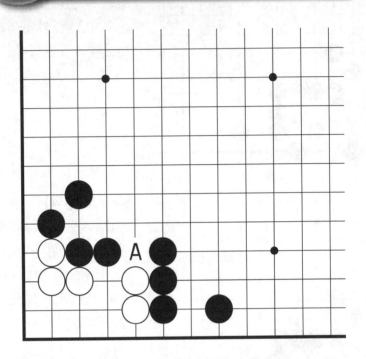

 A의 곳이 비어 있으면 무조건 잡지는 못한다. 만만 찮은 백의 저항을 뚫고 패를 만들어보자.

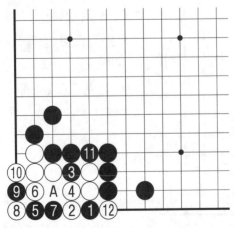

어드바이스

흑1에서 5는 유력한 수단 같지만 흑 7 때 백8의 먹여침이 기사회생의 맥점. 백12 이후 흑이 8에 이어도 백A로 따내어 무조건 삶이다.

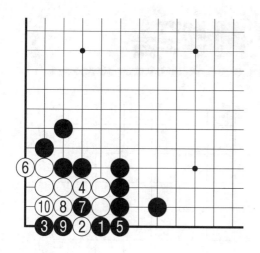

🔵 1도(정해1 · 젖힌 다음 치중)

흑1로 젖혀 백2 때 흑3으로 치중하는 것이 최강의 공격이다. 백도 4로 잇고 흑5 때 6으로 내려서는 것이 최선. 여기서 흑7로 먹여치고 나서 9의 수순으로 패를 만들면 만점이다. 수순중 백6으로는 8에 두어도 패가 되지만 약간 손해. (⑪…❼)

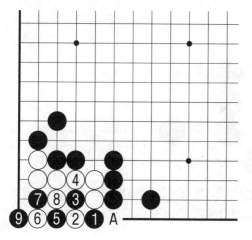

🔵 2도(정해2 · 약간 미흡)

백2 때 흑3으로 끊어도 패를 만들 수는 있다. 하지만 이 모양은 백이 패에 이겨 A로 따내게 되면 집으로 이득이므로 흑으로서는 1도를 따르는 게 옳다. (⑩…②)

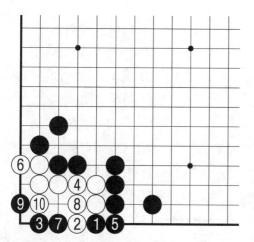

🔵 3도(실패)

1도에서 백6으로 내려섰을 때 무심코 흑7로 몰기 쉬운데 그랬다간 낭패를 본다. 백8로 잇고 흑9 때 백10이면 빅의 모양. 귀곡사와 혼동하지 않도록.

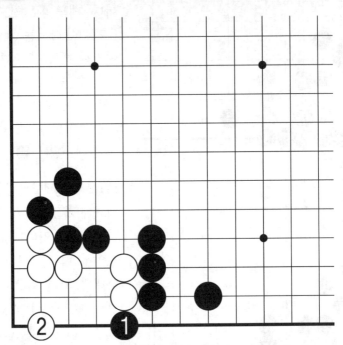

[제23형]의 변화로 흑1의 젖힘에 백이 2로 뛰어서 지킨 장면이다. 이것이라면 오히려 흑으로서는 환영. 이번에는 그냥 잡을 수 있다.

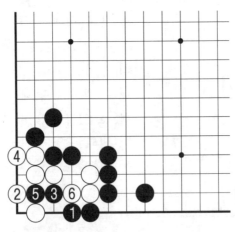

어드바이스

백이 막지 않았다고 흑1로 들어가는 것은 어리석다. 백2·4가 호수. 흑5로 옥집을 만들려 해도 백6으로 몰아떨구기.

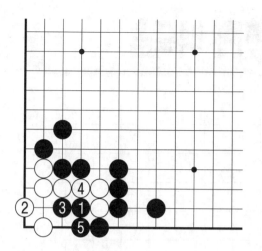

● 1도(정해 · 젖혀올림)

이 형태에서는 흑1로 젖혀올리는 것이 정착이다. 백2로 요소에 지키더라도 흑3으로 들어가고 백4 때 흑5가 침착한 이음으로 백은 두눈을 만들지 못한다.

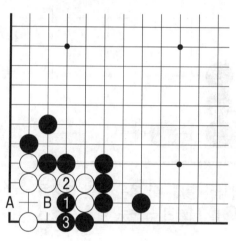

● 2도(변화)

흑1로 젖혀올렸을 때 백2로 받으면 역시 흑3의 이음이 냉정침착한 공격법이다. 흑3으로 섣불리 A나 B로 공격하는 것은 백3으로 먹여침당해 살려주게 된다.

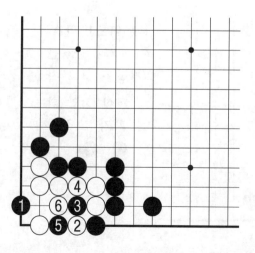

● 3도(실패)

흑1이 급소의 치중 같으나 백2로 막는 수가 있다. 흑3으로 끊어도 백4 이하의 몰아떨구기로 삶.

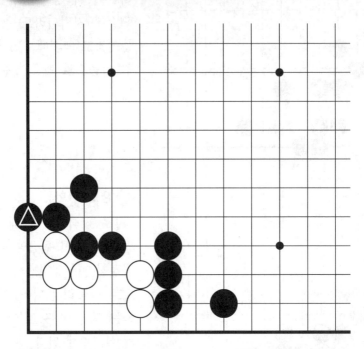

△의 내려섬이 더해진 형태. 이 돌은 어떤 작용을 할까? 마지막에 △를 이용한 묘수로 백을 무조건 잡을 수 있다.

🖋 **어드바이스**

흑1·3의 공격은 내려섬을 전혀 작용시키지 못한 실착. 패가 고작이다. (⓫…❼)

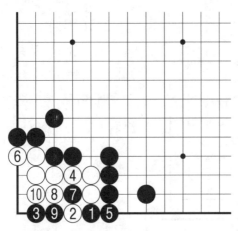

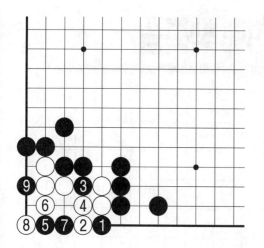

🔵 1도(정해 · 포인트는 붙임)

내려섬이 있는 경우에는 흑1 에서 3 · 5로 공격하는 것이 좋다. 백6에 흑7로 안형을 빼앗는 것은 당연하며, 문제 는 백8로 붙였을 때인데 흑9 의 뛰어붙임이 포인트이다.

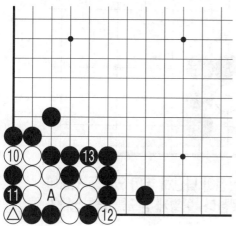

🔵 2도(정해 · 계속)

1도에 이어서 백10으로 막 을 수밖에 없는데 흑11로 자 살하는 수가 백의 자충을 이 용하는 요령이다. 백12에 흑 13으로 공배를 메운 것은 백 A의 눌러몰기에 대한 방비. 최후 백14에 흑15로 되따내 어 귀곡사의 모양이 된다. (⑭…△ ⑮…⑪)

🔵 3도(참고 · 흑의 주의)

흑이 주의할 점은 백8로 집 어넣었을 때 흑9로 따내면 안된다는 것. 백10에 흑11 로 공배를 메울 수밖에 없는 데 백12로 따내어 패가 되고 만다. (⑫…⑧)

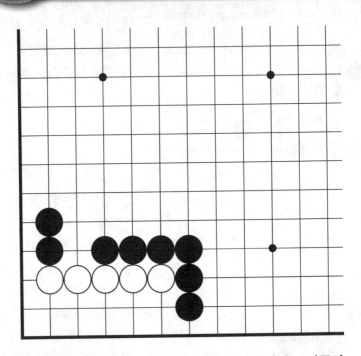

귀로부터 3선에 다섯점이 나란히 놓여 있어도 뒷문이 열려 있으면 살지 못한다. 어떻게 궁도를 좁히느냐가 관건이다.

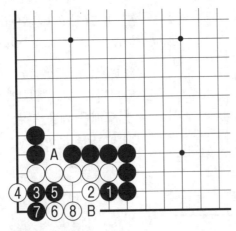

어드바이스

흑1로 좁히고 흑3으로 붙이는 것은 백4, 흑5 때 백6이 묘수로 빅삶. 만일 A의 곳이 메워져 있으면 백6으로는 7, 흑6, 백B로 만년패.

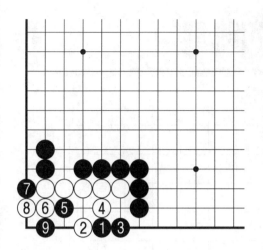

● 1도(정해·날일자달림)

흑1의 날일자로 좁혀서 잡을 수 있다. 백2·4가 최대한으로 궁도를 넓히는 수지만 흑5가 안형을 빼앗는 급소. 백6에는 흑7에서 9로 젖혀 백 죽음이 확정된다.

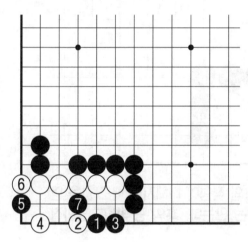

● 2도(변화)

흑3 때 백4로 수비하면 흑5로 치중해서 좋다. 백6으로 막아도 흑7로 몰면 백은 한 눈뿐이다.

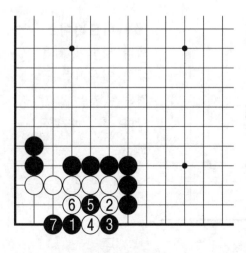

● 3도(실패)

흑1의 눈목자로 달리는 것은 엷은 수. 백2에서 6으로 몰려 무조건 잡을 수 없다. 흑7이면 백8로 따내어 패. 흑7로 4에 이으면 백7로 무조건 살게 된다. (⑧…④)

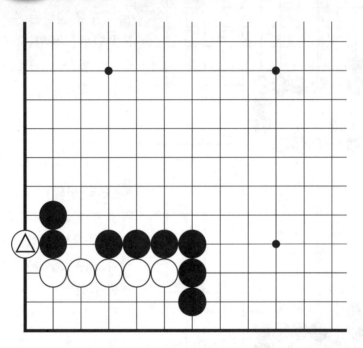

 [제26형]에서 ◎의 젖힘이 더해지면 백도 힘을 얻어 무조건 잡히지는 않는다. 흑의 공격법도 달라질 수밖에 없다.

어드바이스

백의 젖힘이 있음에도 전형처럼 공격하는 것은 옳지 않다. 흑7 때 백8로 삶.

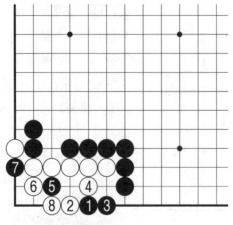

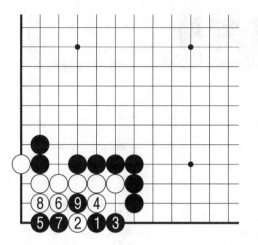

1도(정해1 · 날일자달림)

첫수는 역시 흑1의 날일자달림. 백2·4 때 이번에는 흑5의 치중이 정착이다. 백도 6으로 응해 이하 흑9까지의 패싸움이 쌍방 최선의 응접이다.

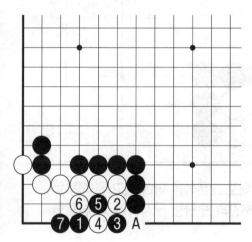

2도(정해2 · 눈목자달림)

흑1의 눈목자달림으로도 가능하다. 백2에서 6일 때 흑7로 빠져 역시 패. 단, 이 패는 백이 이겼을 때 A로 해소하게 되므로 흑으로서는 **1도**에 비해 손해이다.

(⑧…④)

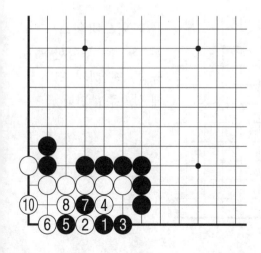

3도(실패)

백4 때 흑5로 몰아도 마찬가지로 패일 것이라는 생각은 독단이다. 백은 6으로 뒤에서 몰고 흑7 때 8·10으로 딱 두눈을 내고 살게 된다.

(❾…②)

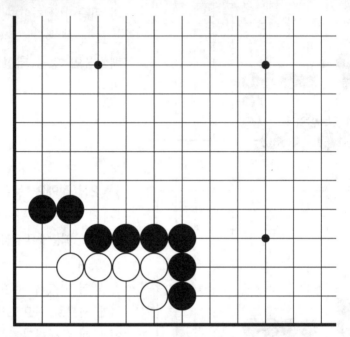

〔제27형〕과는 반대로 오른쪽은 막혀 있고 왼쪽의 뒷
문이 열린 형태. 최강의 수단을 구사하면 패를 만들
수 있다.

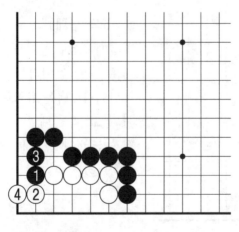

어드바이스

흑1·3은 무심한
공격. 백4까지 크
게 살려주고 만다.

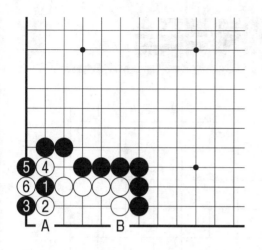

🔵 1도(정해 · 이단젖힘)

흑1로 붙이고 백2 때 흑3으로 이단젖혀가는 것이 강수이다. 일단 백6까지 패인데 이후 흑이 1로 따내고 백A로 후퇴하면 흑B의 젖힘으로 두눈이 없는 모양. 물론 도중에 백이 살려고 하는 수는 팻감이 되겠지만 단패임에는 틀림없다.

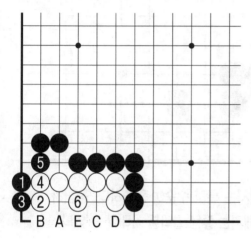

🔵 2도(실패1)

흑1의 날일자달림으로는 미흡하다. 백2의 마늘모로 받게 되어 흑3으로 밀고들어가도 백4에서 6으로 사는 모양이다. 이후 흑A로 치중해도 백B 이하 부호순으로 후수 빅을 만드는 데 그친다.

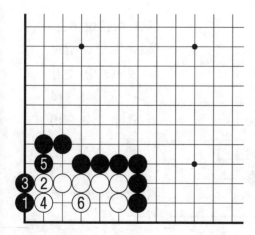

🔵 3도(실패2)

흑1의 눈목자달림으로도 역부족이다. 백2가 긴요한 수순으로 흑3일 때 백4로 막으면 **2도**와 같은 모양으로 환원된다. 단, 백2로 단순히 4에 받는 것은 흑2로 패가 되므로 주의해야 한다.

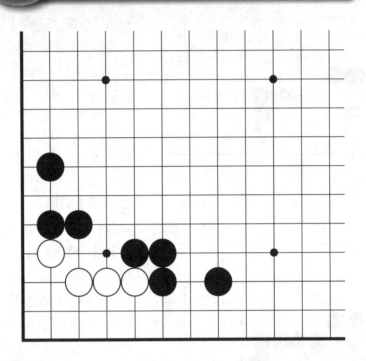

 이 백을 잡기 위해서는 특히 수순이 중요하다. 성급하게 급소에 현혹당해서는 좋은 결과를 기대할 수 없다.

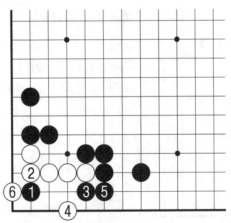

🖎 **어드바이스**

흑1은 당연한 급소로 보이지만 성급하다. 흑3 때 백4의 뜀이 호수. 백5의 끊김에 대비해 흑5가 절대일 때 백6으로 살게 된다.

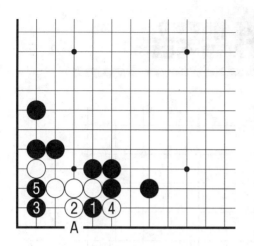

● 1도(정해·젖힌 다음 치중)

먼저 흑1로 젖혀 백2와 교환
한 다음에 흑3으로 치중하는
것이 올바른 수순이다. 백4
로 한점을 끊어잡으면 흑5의
건넘까지. 수순중 백2로 A
라면 흑2로 들어가 백에게
두눈이 생기지 않는다.

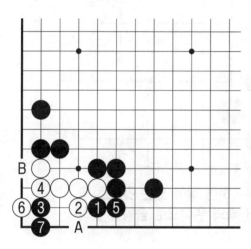

● 2도(변화)

흑3으로 치중했을 때 백이 4
로 건넘을 방해하면 흑5로
이어서 좋다. 백6에는 흑7로
내려서 이후 A의 건넘과
B의 안형탈취가 맞보기이다.

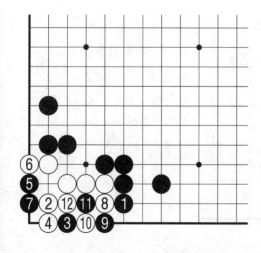

● 3도(실패)

흑1로 내려서는 것은 백2로
급소를 지키게 되어 백을 잡
을 수 없다. 흑3부터의 공격
도 백12까지 별무신통이다.

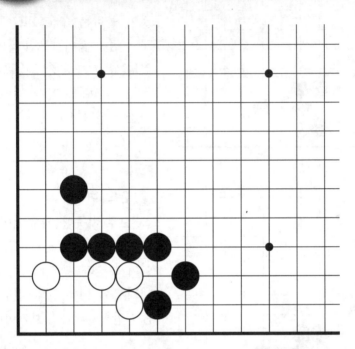

형태에 대한 감각이 부족하면 살아 있는 것으로 속단하기 쉽다. 그렇지만 맥의 위력으로 숨통을 끊어 놓을 수 있다.

어드바이스

흑1은 백의 결함을
노린 수지만 백2로
튼튼히 잇게 되면
후속공격이 이어지
지 않는다.

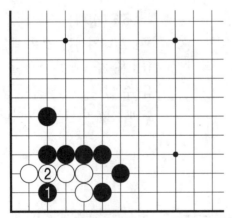

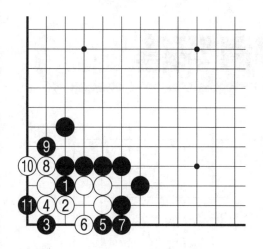

1도(정해 · 찌른 다음 치중)

먼저 흑1로 찔러 백2 때 흑3으로 2 · 一의 급소에 치중하는 것이 정착이다. 백4로 이으면 흑5부터는 일사천리의 수순으로 귀곡사.

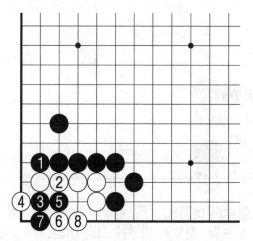

2도(실패)

흑1로 막는 것은 무책임하다. 백2로 잇게 되면 이미 잡을 수 없는 돌. 흑3부터 공격해도 백6의 붙임이 좋은 수로 8까지 빅으로 살게 된다.

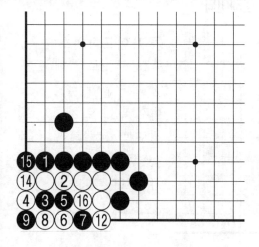

3도(참고 · 무조건 삶)

2도의 변화. 백6으로 붙였을 때 흑7로 두면 어떻게 될까? 이것에는 백8로 키워죽이는 것이 묘수. 이후 흑11이 강인한 공격 같지만 공배가 두 군데 있어 이하 백16까지 눌러몰기의 수단이 기다리고 있다. 백, 무조건 삶.

(⑩…⑧ ⓫…⑥ ⓭…⑨)

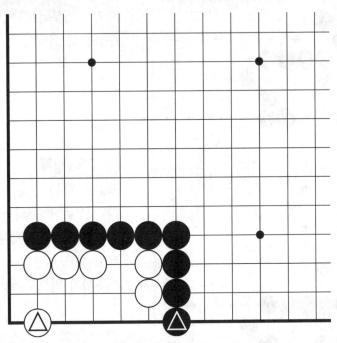

백△로 귀의 요소를 차지하고 있어도 △의 내려섬이 있으면 공격이 듣는다. 첫수의 발견은 그리 어렵지 않지만 그후가 문제이다.

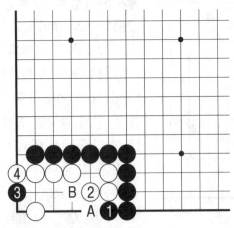

✍ 어드바이스

흑1은 백2로 응해 궁도가 넓어진다. 이후 흑3으로 치중해도 백4로 삶. 흑1로 A에 뛰어들어 가도 백B, 흑1, 백3으로 삶.

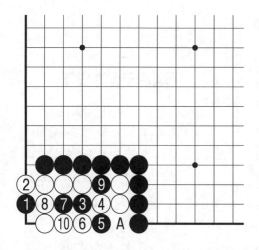

1도(정해·붙임이 포인트)

일단 흑1의 치중이 급선무. 백2 때가 문제인데 흑3의 붙임이 포인트. 백4로 건넘을 차단하면 흑5가 긴요한 수이며 백6에도 흑7로 키우는 것이 중요하다. 최후 흑11의 먹여침이 눈을 빼앗는 테크닉. 흑5로 a는 백6, 흑7로 10은 백7로 삶.(❶…❸)

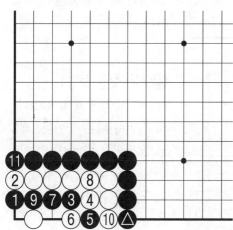

2도(변화)

흑7로 키웠을 때 백이 8에 이으면 한결 간단하다. 흑도 9에 이어 백10에 흑11까지. ▲로 내려서 있는 점이 공배를 메우는 역할을 한다.

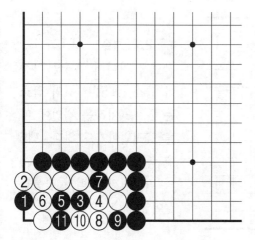

3도(참고·후절수)

백4에 대해 흑5에서 7로 두어도 마찬가지일 것 같지만 백8이 묘수. 흑9로 둘 수밖에 없는데 백10으로 키워죽이고 흑11로 따낼 때 백12로 되끊는 후절수의 막이 기다리고 있는 것이다.
(⑫…④)

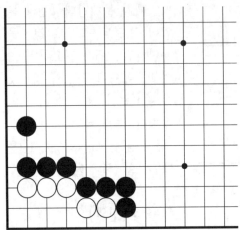

▶ 흑차례 백죽음

죽임은 젖힘에 있다

사활의 기본은 급소와 궁도. 초점이 분명치 않은 사활에서는 우선 궁도를 좁히는 수부터 생각해보는 것도 한가지 방법. 평범한 것 같지만 '죽임은 젖힘에 있다'는 잡을 때의 가장 대표적인 수법이다.

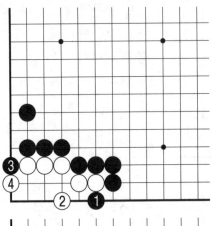

● 1도(젖힘 두방)

흑1이 '죽임은 젖힘에 있다'의 격언에 따른 수이다. 백2로 호구이을 수밖에 없는데 다시 한번 흑3으로 젖혀 백의 궁도를 좁힌다.

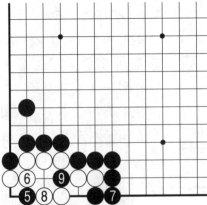

● 2도(계속)

전도에 이어서 흑5의 치중이 급소. 흑5는 '귀의 급소는 2·一'이라는 격언에 따른 공격법이기도 하다. 백6에 흑7로 잇고 백8에는 흑9의 먹여침까지 백의 숨통을 끊어놓을 수 있다.

제 1 장
귀의 사활

빗형

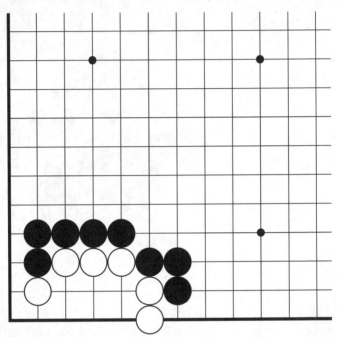

먼저 가장 대표적인 귀의 빗형부터. 완전한 빗형이면 살지만 백은 아직 형태가 덜 갖추어져 있다. 귀의 특수성을 이용한다.

🖋 어드바이스

흑1로 젖히면 백2. 전형적인 빗형의 삶. 흑3에는 4, 흑3으로 4면 백3.

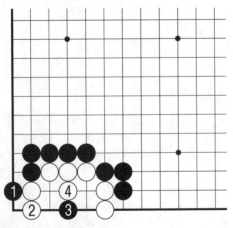

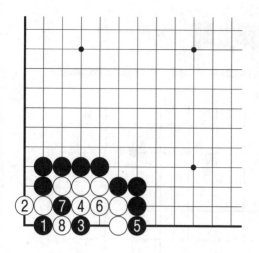

🔵 1도(정해·껴붙임)

흑1의 껴붙임이 귀의 특수성을 이용하는 맥점으로 패를 만들 수 있다. 백2로 빠지면 흑3으로 뛰고 백4에 흑5를 선수한 다음 7로 집어넣어 패가 된다. 흑3으로는 7에 끊고 백4, 흑3으로도 패지만 5의 곳을 선수하지 못한 것이 약간 미흡.

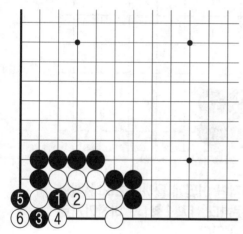

🔵 2도(실패1)

흑1로 끊는 것은 생각한 수지만 이것으로는 불충분하다. 백2 때 흑3으로 모는 수가 맥이긴 한데 이하 백6까지는 이단패의 모양. 흑으로서는 마땅히 **1도**를 따르는 편이 옳다.

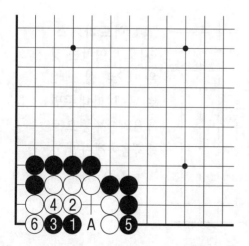

🔵 3도(실패2)

흑1로 치중하는 것은 백2의 꼬부림이 호수. 흑3에도 백4가 중요한 수로 이하 6까지 완생이다. 단, 백4로 6에 막지 않도록 주의해야 한다. 만일 그랬다간 흑A로 백은 무조건 죽음을 면치 못한다.

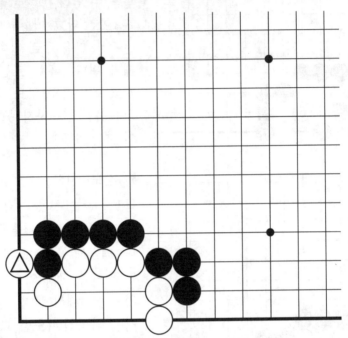

백△의 젖힘이 더해지면 어떻게 될까? 그러나 백의 젖힘은 별 역할을 못한다. [제1형]과 마찬가지로 흑은 패를 만들 여지가 있다.

☞ **어드바이스**
흑1로 먹여치는 것은 백2로 삶. 백2로 A에 따내주면 흑B의 치중으로 백죽음이겠지만.

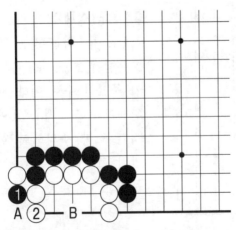

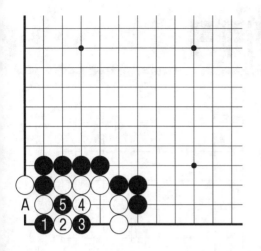

🔵 1도(정해 · 껴붙임)

역시 흑1로 껴붙이는 수가 급소의 일착이다. 백2로 막았을 때 흑A의 수단은 없어졌지만 흑3으로 모는 수가 있다. 백은 4로 받을 수밖에 없는데 흑5로 따내어 패가 된다.

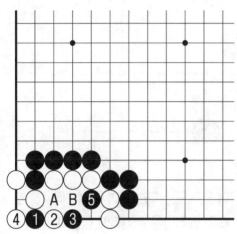

🔵 2도(변화1)

흑3으로 몰았을 때 백이 4로 따내는 것은 흑5에 끊겨 무조건 죽는다. 단, 바깥쪽이 한곳이라도 비어 있는 상황이라면 흑1의 수단은 성립하지 않는다. 흑3에 백A로 잇고 이후 흑5로 끊어도 백B로 삶.

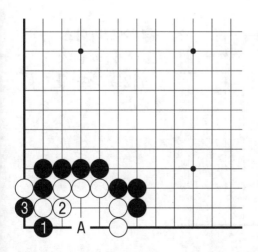

🔵 3도(변화2)

흑1에 대해 백2로 이으면 흑3으로 집어넣어 간단히 패. 백2로 3도 흑A로 뛰어 [제2형]과 같은 수순으로 역시 패가 된다.

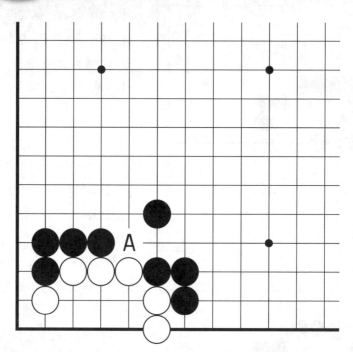

이와 같이 A의 곳이 비어 있어도 결과는 변하지 않는다. 단, 〔제1형〕과는 달리 흑의 공격법은 한가지에 한한다.

☞ 어드바이스
흑1로 치중하는 것은 백2로 받아 완전한 삶.

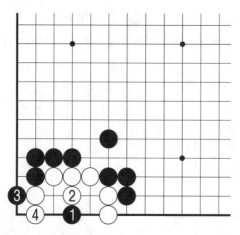

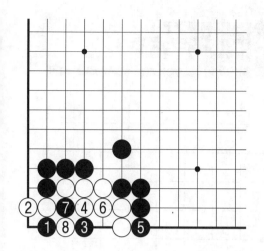

🔵 1도(정해 · 껴붙임)

공배가 하나 있어도 흑1로
껴붙이는 공격은 유효하다.
백2로 내려서면 흑3의 뜀이
유일한 공격법. 백4 이하는
쌍방 필연적인 응접으로 결
국은 패가 된다.

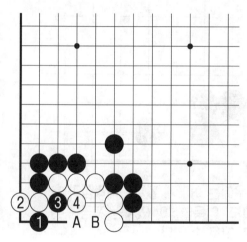

🔵 2도(실패)

백2 때 흑3으로 끊는 공격은
통하지 않는다. 백은 당연히
4로 받고, 이후 흑A로 젖혀
패를 만들려고 해도 이번에
는 공배가 있기 때문에 백B
로 막아 무조건 살게 된다.

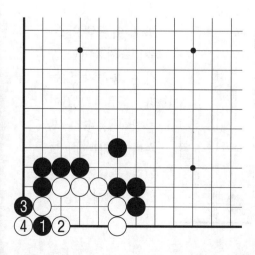

🔵 3도(변화)

흑1로 껴붙였을 때 백은 직
접 2로 막을 수도 있는데 흑
3으로 몰아 역시 패가 되는
것에는 변함이 없다.

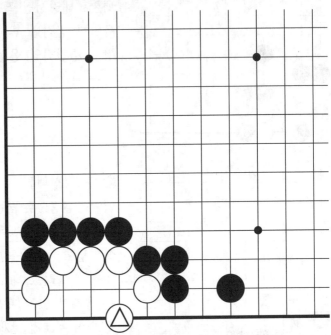

△로 호구이은 경우에는 어떻게 될까? 내려섬과 호구이음은 상황에 따라 일득일실이 있지만 지금은 실착으로 백을 무조건 잡을 수 있다.

어드바이스

흑1로 껴붙이는 공격은 통하지 않는다. 흑5에 백6이 침착한 응수로 후수빅을 내는 데 그친다. 백6으로 7은 흑6을 당해 죽음.

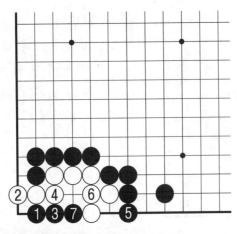

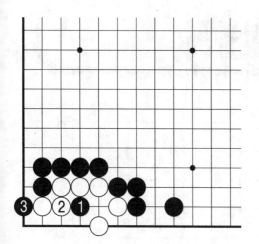

1도(정해 · 치중부터)

호구이은 경우에는 흑1의 치
중부터 두어가는 것이 올바르
다. 백2에는 흑3으로 젖혀 백
은 두눈을 만들 공간이 없다.

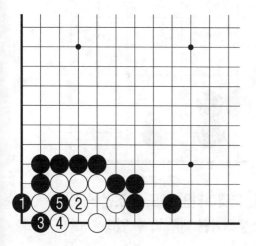

2도(실패)

사전공작 없이 흑1로 젖히는
것은 백2가 끈끈한 버팀이어
서 무조건 잡지 못한다. 흑3
에는 당연히 백4의 패로 받
는다.

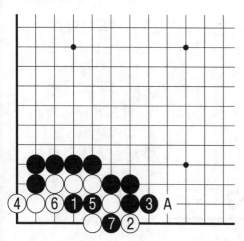

3도(참고 · 상황에 따라)

단, 이와 같이 A부근에 흑돌
이 없어 백2의 젖힘에 흑3
등으로 받아야 하는 상황이
라면 백도 패로 버티는 수단
이 있다.

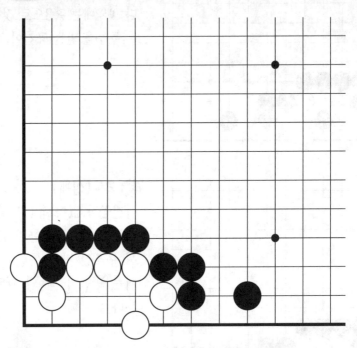

젖힘이 있는 형태. 이것이라면 백도 무조건 죽지는 않는다. 첫수를 잘 찔러가면 패를 낼 수 있다.

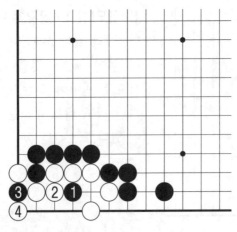

☞ **어드바이스**

젖힘이 있음에도 흑1로 치중하는 것은 나쁘다. 백2로 이으면 흑3으로 먹여쳐 궁도를 좁히는 정도인데 백4로 따내는 순간 백은 무조건 살아 있는 모양이다.

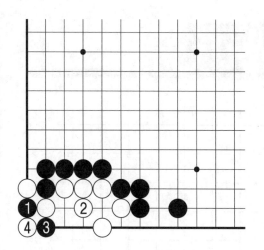

🔘 1도(정해·먹여침)

먼저 흑1로 먹여치는 것이
올바른 수순이다. 백도 2로
눈을 만드는 것이 최선으로
흑3, 백4까지의 패가 정해.

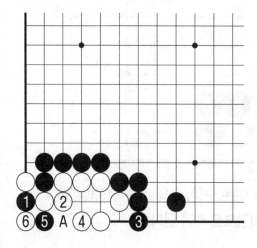

🔘 2도(변화1)

흑1 때 백2의 이음은 상대를
유혹하는 수. 이에 대해 흑5
는 백A로 막아서 무조건 삶.
그러나 흑3으로 내려서는 수
가 냉정한 공격으로 백4 이
하 6까지 패가 된다. 수순중
백4로 6에 따내면 흑A로 무
조건 죽는다.

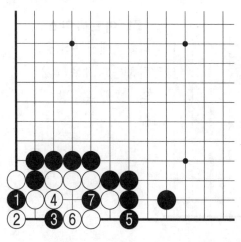

🔘 3도(변화2)

흑1 때 무심코 백2로 따내서
는 안된다. 흑3이 급소의 치중
으로 백은 무조건 죽음을 면
치 못한다. 백4·6에는 흑5·
7이 눈을 빼앗는 상용의 맥.

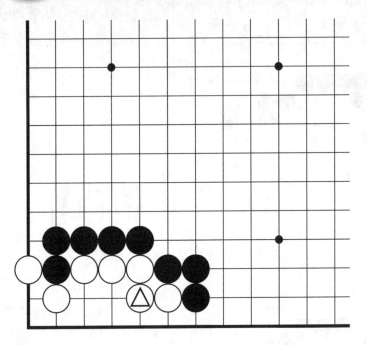

이번에는 ◎로 꽉 이은 모양. 흑의 첫수는 평범한데 백2가 실전적인 버팀으로 패가 난다.

☞ **어드바이스**

바깥쪽에서부터 공격하는 흑1은 백2의 호구로 받아 삶.

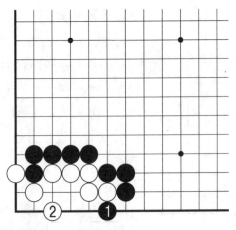

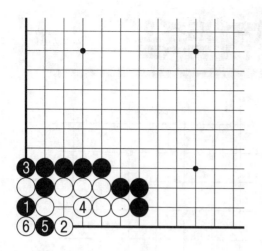

● 1도(정해 · 먹여침)

흑1의 먹여침이 정착이다. 백도 2의 호구로 받는 것이 최선으로 이하 백6까지의 수순으로 패가 된다. 단, 이 패는 흑이 이기기까지 두번의 패를 다투어야 하는 이단패이다.

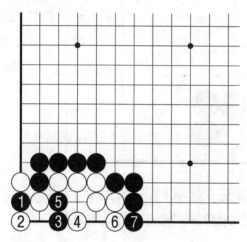

● 2도(변화)

흑1 때 백2로 따내는 것은 저항부족이다. 흑3에 치중당하면 백은 그대로 잡혀 버리고 만다. 백4에서 6으로 버티더라도 흑7이면 꼼짝 없이 양자충에 걸려든 모습.

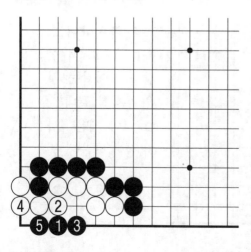

● 3도(실패)

흑1로 치중부터 서두르는 것은 좋지 않다. 백2에 흑3은 절대인데 백4의 요소를 차지해 살게 된다. 계속해서 흑5로 두더라도 후수빅에 지나지 않는다.

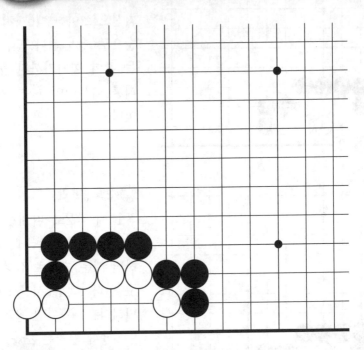

 귀쪽에 내려섬이 있어도 오른쪽이 불완전하면 이 백은 완생이 아니다. 흑은 어떻게 공격하는 것이 좋을까?

☞ 어드바이스

흑1·3으로 백 한 점을 끊어잡는 것 은 무심한 끝내기. 그 사이 백은 4까 지 살아 버린다.

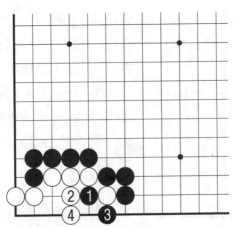

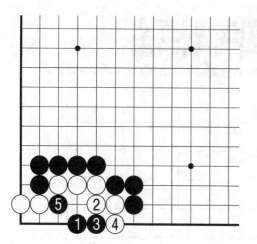

● 1도(정해·석점의 중앙)

흑1의 치중이 '석점의 중앙'에 해당하는 급소 일격. 이한방으로 백은 두손을 들 수밖에 없다. 백2에는 흑3을 선수한 다음 5로 끊으면 백은 어떻게 둘 수가 없는 모습. 그리고 백2로 3이라면 흑5의 끊음까지.

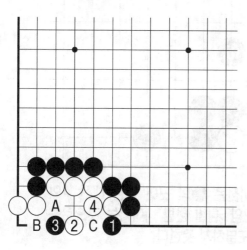

● 2도(실패1)

흑1로 뒤에는 모는 수는 때로는 유력한 공격이지만 지금은 백2로 받게 되므로 실패. 계속해서 흑3에 치중해도 백4로 이으면 A와 B가 맞보기로 살게 된다. 물론 백2로 4에 이어주면 흑2, 백C, 흑A로 백죽음이겠지만 어디까지나 혼자만의 수읽기.

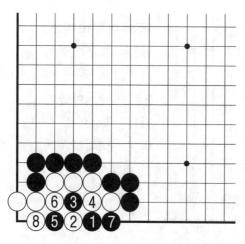

● 3도(실패2)

흑1의 치중은 맥을 잘못 짚은 수. 백2의 붙임이 좋은 응수로 흑3 이하 공격해 보아도 결국은 백8까지 몰아떨구기에 걸린다. 이런 형태에서는 거의 2의 곳이 급소가 된다는 것을 명심하도록.

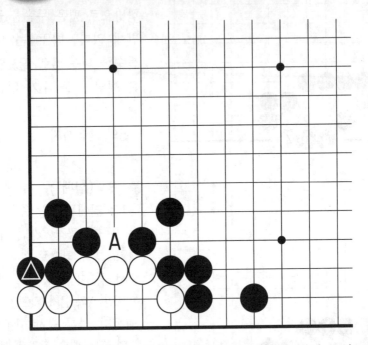

[제7형]과의 차이점은 ▲의 곳이 막힌 대신 A의 곳이 비어 있는 모양. 한발 한발 나아가는 것으로는 상대의 생명선에 도달하지 못한다.

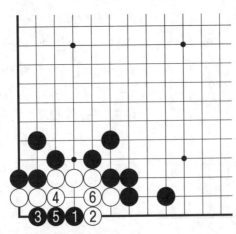

어드바이스

흑1의 치중은 공배가 있기 때문에 백2로 받을 여유가 있다. 흑3으로 붙여도 백4에서 6까지 빅삶.

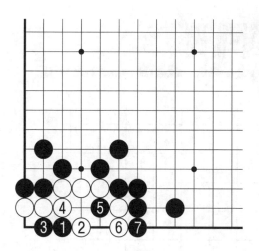

1도(정해·치중)

귀쪽의 공배가 막힌 점을 이용, 흑1의 치중(들여다봄)이 선수가 된다. 백2가 효율적인 방비지만 흑3을 이용하고 나서 5로 끊으면 백은 살 수 없다. 백6으로 빠져도 흑7로 연단수.

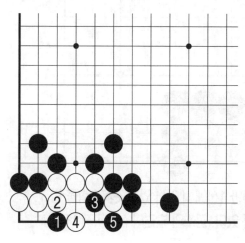

2도(변화)

흑1에 대해 백2로 이어주면 문제는 한결 간단하다. 흑3·5로 한점을 끊어잡는 순간 백죽음이 확정된다.

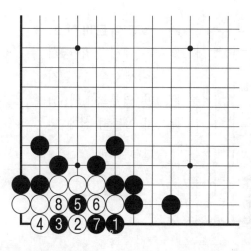

3도(실패)

흑1로 뒤에서 모는 것은 좋지 않다. 백2가 수비의 급소. 흑3의 붙임이 후속수단이지만 백4로 막아서 끄떡없다(백4로 6은 흑8로 백죽음). 흑5·7에는 백6·8로 몰아떨구기.

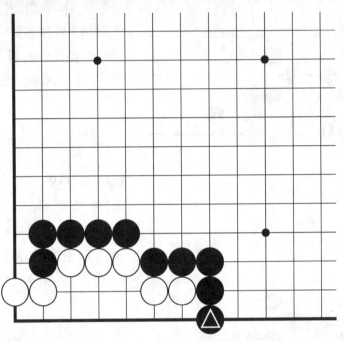

 백의 궁도가 꽤 넓지만 1선에 내려서 있는 ▲가 힘을 발휘해서 패를 낼 수가 있다. 급소의 발견이 선결과제이다.

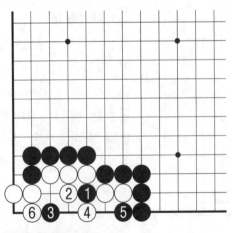

✎ **어드바이스**

흑1에서 3의 공격은 생각한 수 같지만 역부족. 백6까지 알뜰히 살게 된다.

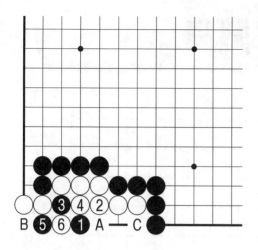

1도(정해·석점의 중앙)

역시 흑1이 '석점의 중앙'인 급소 치중. 백2로 이으면 흑3으로 끊고 백4에 흑5로 젖혀 패가 된다. 만일 백이 6으로 패를 따내지 않고 A로 몰아서 그냥 살리고 하는 것은 흑6, 백B, 흑6, 백C 때 흑3으로 끊겨 양자충. 도리어 잡혀 버리고 만다.

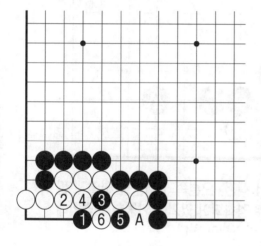

2도(변화1)

흑1 때 백이 2쪽을 이으면 흑은 당연히 3쪽을 끊는다. 백4에 흑5로 젖혀 역시 패. 그리고 백2로 4에 꼬부려 받으면 흑6, 백3, 흑A(또는 흑5)로 오른쪽과 연결해 백은 자연사.

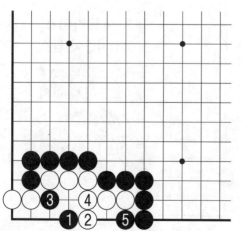

3도(변화2)

흑1에 대해 백2의 호구로 응하면 흑3으로 끊어서 좋다. 백4로 이을 수밖에 없을 때 흑5로 들어가면 백은 양자충이 되어 어느 쪽으로도 둘 수 없는 모습이다.

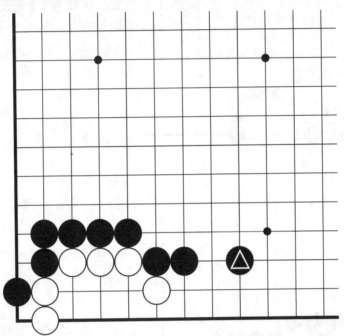

백은 빗형이 완성 직전. 오른쪽의 결함을 어떻게 찔러야 할까? ▲로 강화되어 있기에 가능한 공격인데 귀의 특수성에는 주의해야 한다.

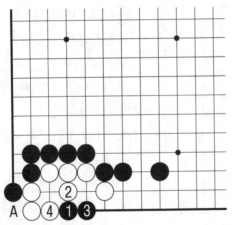

어드바이스

흑1의 치중이 급소 같지만 백2로 응해 삶. 백4 이후 귀의 특수성 때문에 A로 둘 수 없는 게 흑의 슬픔이다.

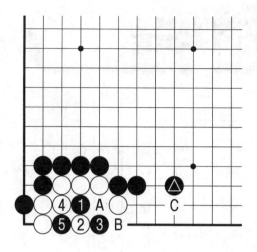

● 1도(정해1 · 붙임)

흑1쪽에 붙이는 것이 정착이다. 백은 2로 껴붙일 수밖에 없는데 흑3에서 5로 패가 된다. 단, 이 형태는 서두에서도 밝혔듯이 흑 ▲의 존재가 관건. 이 점이 없으면 흑5 이후 백A, 흑2, 백B, 흑2로 치중할 때 백C로 달아나는 수가 있기 때문이다.

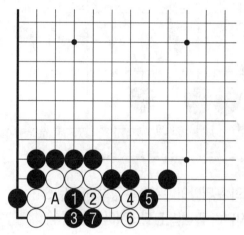

● 2도(변화)

흑1에 대해 백2로 이으면 흑3으로 내려서는 한수. 백4 · 6으로 넓혀도 흑7로 꼬부리면 백은 살 수 없는 모습이다. 백2로 A의 곳에 이어도 흑3으로 내려서서 마찬가지 결과.

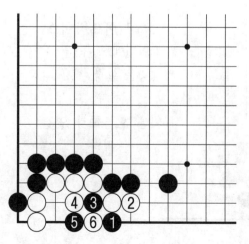

● 3도(정해2 · 약간 미흡)

흑1로 1선에 껴붙이는 수로도 패가 난다. 백2로 나가면 흑3으로 끊고 백4에 흑5의 젖힘까지가 그것. 그렇지만 이것은 백이 먼저 따내는 패이므로 흑으로서는 **1도**에 비해 약간 미흡하다. 수순중 백2로 6은 흑2로 무조건 죽음.

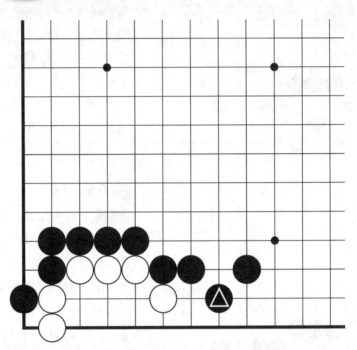

〔제10형〕에서 흑의 포위망이 로 한층 강화되면 무조건 잡을 수 있다. 자연히 공격법도 달라져야 하는데….

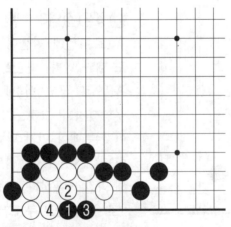

☞ **어드바이스**

이번에도 흑1의 치중은 실격. 백2·4로 응하면 흑 두점은 오른쪽과 연결할 수 없다.

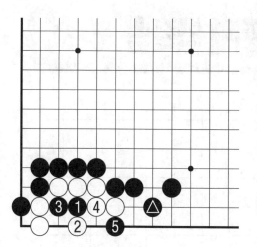

🔵 1도(정해1 · 붙임)

흑1로 붙이는 공격이 유효하다. 백2로 꺼붙였을 때 흑3으로 안형을 빼앗고 백4에 흑5로 붙여 옥집으로 만들 수 있다. ▲가 효과를 나타낸 모습이다.

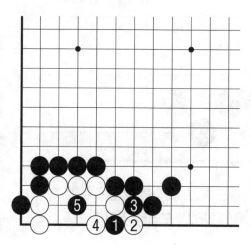

🔵 2도(정해2 · 1선의 붙임)

흑1로 1선에 붙이는 수로도 잡을 수 있다. 백2에 흑3으로 끊어 옥집으로 만들고 백4에 흑5로 치중하면 백은 두 눈을 낼 수 없는 모습.

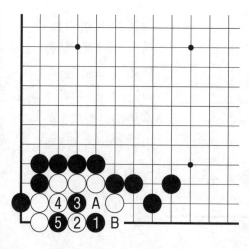

🔵 3도(실패)

흑1로 치중하는 것은 백2의 붙임이 탄력적인 응수. 흑3으로 몰아도 백4의 패로 버티는 빌미를 주고 만다. 백2로 A나 B로는 두어 주지 않는다.

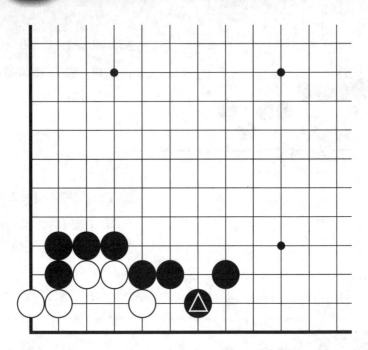

△의 존재가 흑에게는 희망. 첫수를 잘 발견하면 그 후는 자연스럽게 백의 약점이 드러날 것이다.

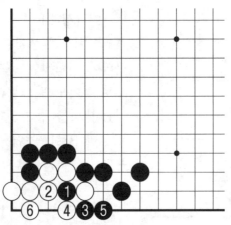

어드바이스

직접 흑1로 끊은 다음 3으로 돌려 치는 것은 준비가 부족하다. 흑1로 3에 붙여도 백5로 크게 살 뿐이다.

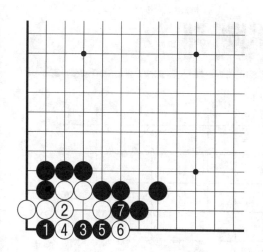

1도(정해·붙임)

흑1로 2·一에 붙이는 수로 해결한다. 백2로 이으면 흑3으로 치중하고 계속해서 백4면 흑5·7로 옥집으로 만들 수 있다. 백4로 5에 막으면 흑4로 이어서 그만이다.

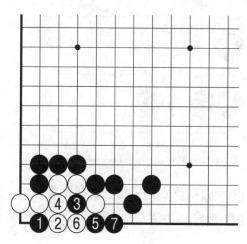

2도(변화)

흑1로 붙였을 때 백2로 막으면 어떻게 될까? 이것에는 흑3에서 5로 돌려치는 수가 준비된 맥점. 흑3으로 6은 백3으로 패. 역시 오른쪽 백의 눈을 빼앗을 수 있다.

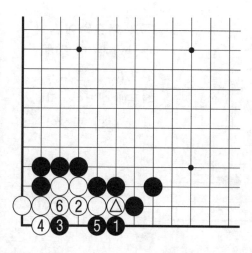

3도(참고·죽지 않는다)

참고로 △가 더해져 있으면 이 백은 죽지 않는다. 흑1로 젖혀도 백2로 이어서 그만. 계속해서 흑3에 치중해도 백4로 한눈을 만들고 흑5에는 백6이면 흑은 한점을 연결해 가지 못한다.

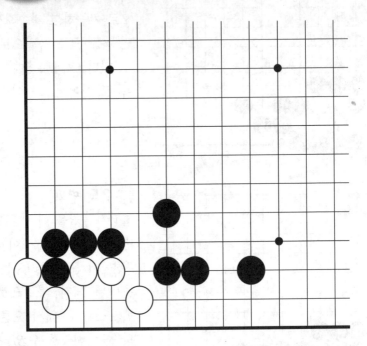

보통이라면 백은 살아 있지만 이와 같이 바깥쪽 흑의 포위망이 막강하면 패를 내는 수단이 있다.

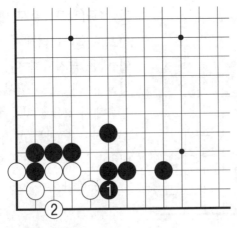

☞ **어드바이스**

수읽기가 안되어 있으면 흑1로 막기 쉬운데 이것이야말로 하수의 발상이다.

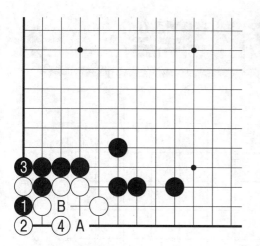

🔵 1도(정해·먹여침)

흑1의 먹여침이 패를 내는 수. 백도 2로 따내고 흑3에 4의 요소를 차지해서 패가 된다. 백4로 A에 두어도 흑 B로 끊어 패에는 변함 없다. (❺…❶)

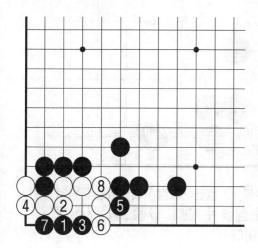

🔵 2도(실패)

흑1로 치중하는 것은 별무신통이다. 백2에 이으면 흑3으로 안형을 빼앗아야 하는데 백4의 이음이 긴요한 수로 이하 백8까지 빅밖에 안된다.

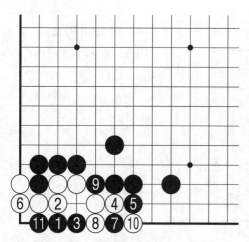

🔵 3도(참고·백의 주의)

전도의 변화로, 흑3 때 백4를 선수하는 것은 스스로 공배를 메우는 자살행위. 이후 백6에 이어도 흑7에서 9가 선수가 되는 것이 백으로서는 괴롭다. 흑11까지 속절없이 잡힌 꼴이다.

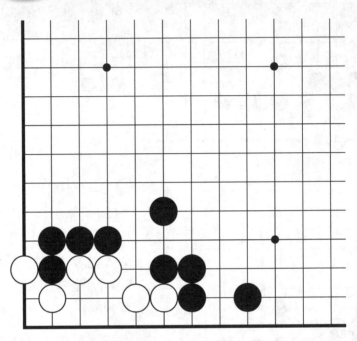

도저히 무조건 잡을 수 없는 것 같지만 맥점의 위력을 빌리면 숨통을 끊을 수 있다. 〔제13형〕에서 잠시 언급했던 형태이다.

☜ 어드바이스

흑1도 하나의 공격법이지만 백2·4로 받아 패를 피할 수 없다.

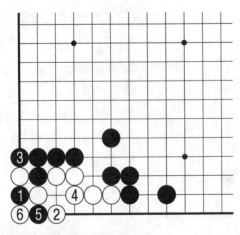

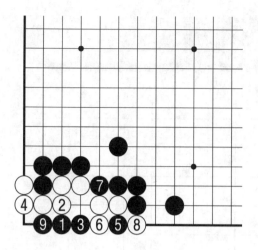

● 1도(정해 · 치중)

흑1의 치중이 무조건 잡는 첫
걸음. 하지만 이후 변화에 방
심해서는 안된다. 백2에 이으
면 흑3은 당연한데 백4 때 주
의해야 한다. 흑5의 젖힘에서
7까지를 선수하는 것이 긴요.
최후 흑9에 뻗으면 결국 석집
치중수의 모양이 된다.

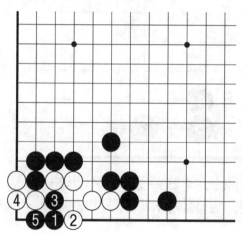

● 2도(변화)

흑1에 대해 백이 2로 붙이면
흑3으로 끊으면 된다. 백4로
이어도 흑5까지 백죽음은 일
목요연하다. 그리고 백2로 5
에 막고 버텨도 흑4의 먹여
침으로 그만.

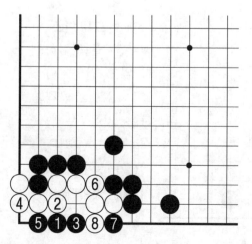

● 3도(실패)

1도에서, 백이 4에 이었을
때 즉각 흑5로 안형을 빼앗
는 것은 성급하다. 백6의 곳
이 제2의 요소. 흑7로 궁도
를 좁혀도 백8로 막아서 살
게 된다. 수순중 백6은 7의
곳에 내려서도 무방하다.

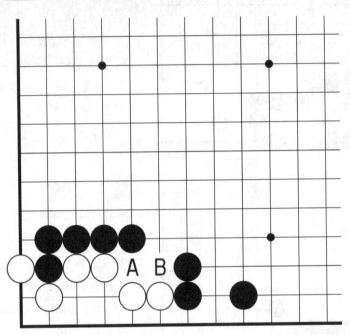

[제14형]과 차이점은 A와 B 두곳이 비어 있다는 것. 따라서 공격법도 달라질 수밖에 없다. 이번에는 패를 내면 만족.

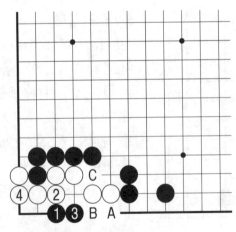

어드바이스

공배관계를 생각하지 않고 전형처럼 흑1·3으로 공격하는 것은 무책. 백4 때 흑A, 백B, 흑C가 선수가 되지 않는 것이다.

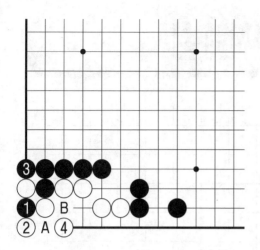

🔵 1도(정해·먹여침)

공배가 두곳 있을 때에는 흑1로 먹여치는 공격이 유효하다. 백은 2에서 4로 호구잇는 것이 최선. 결국 흑5로 따내어 패싸움이 되는데 흑은 패를 이기기 위해서는 A로 따낸 다음 다시 한번 B로 해소해야 한다. 요컨대 이단패의 모양이다.
(**5**···**1**)

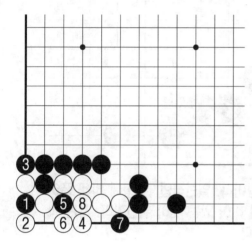

🔵 2도(변화1)

흑3 때 백4쪽으로 호구잇는 것이 언뜻 모양 같지만 실은 좋지 않다. 흑5의 끊음이 급소로 이하 흑9까지 이번에는 단패의 모양이 되고 만다.
(**9**···**1**)

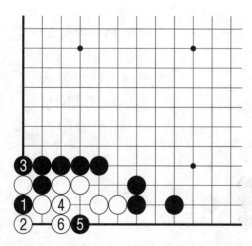

🔵 3도(변화2)

백4로 꽉 이어도 사정이 나아지지 않는다. 흑5의 치중은 당연하며 백6에 흑7로 따내어 역시 단패가 된다. 백은 **1도**를 따르는 편이 옳다.
(**7**···**1**)

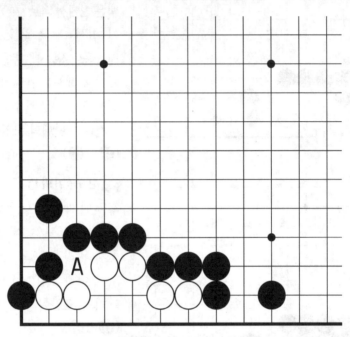

 약간 변형된 빗형이다. 일반적인 빗형에 비해 폭이 좁지만 A의 곳이 비어 있는 것이 위안거리. 사는 방법은 한가지뿐이다.

☜ 어드바이스

무작정 백1로 궁도를 넓히는 것은 흑 2의 급소를 얻어맞아 명줄이 끊긴다.

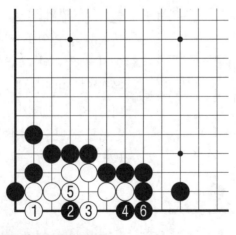

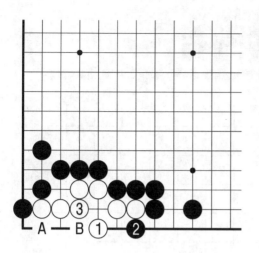

●1도(정해·호구이음)

공배가 메워진 쪽을 흑1로 호구잇는 것이 정착이다. 흑2의 젖힘에는 백3으로 두눈이 확보된다. 단, 백3으로 욕심을 부려 A에 내려서는 것은 흑B로 죽음.

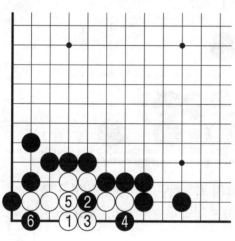

●2도(실패)

백1로 반대쪽에서 호구이어도 마찬가지일 거라는 생각은 잘못이다. 흑2의 끊음이 날카로운 공격으로 백3일 때 흑4의 젖힘이 선수. 결국 흑6까지 잡혀 버리고 만다.

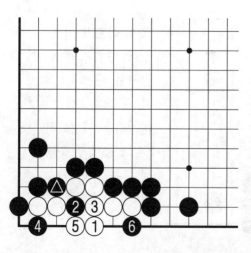

●3도(참고·살지 못한다)

이와 같이 ▲로 메워져 있으면 백은 어떻게 두어도 살지 못한다. 가령 백1로 호구이어도 흑2·4를 선수한 다음 6까지 백죽음이 명백하다.

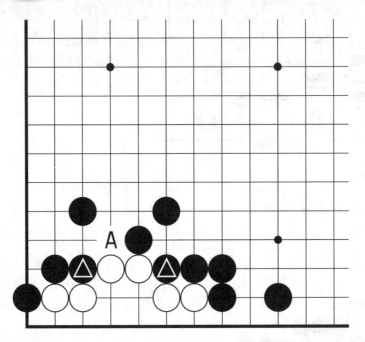

 ●의 요소를 모두 흑이 차지해도 A의 곳이 비어 있으면 살 수 있다. 이번에는 귀의 특수성을 이용해야 한다.

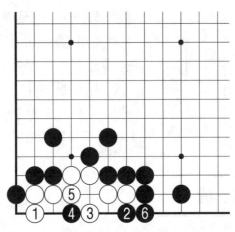

✍ 어드바이스

궁도 넓히기에 급급하는 수로는 살지 못한다. 백1의 내려섬은 흑2에서 4로 급소에 치중당해 두눈을 만들 수 없다.

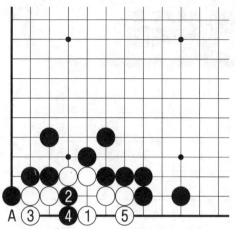

1도(정해·호구이음)

백1로 변쪽에서 호구잇는 것이 올바르다. 2로 끊는 수가 흑의 노림이지만 백3으로 내려서는 수가 준비되어 있다(백3으로 4는 흑3으로 죽음). 흑4에는 백5까지 삶. 귀의 특수성 때문에 흑은 곧장 A로 두지 못한다.

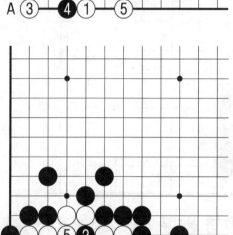

2도(실패)

같은 호구이음이라도 백1쪽은 귀의 특수성을 전혀 살리지 못한 수. 흑2로 끊겨 살수가 없다. 수순중 백3으로 4에 내려서면 흑3.

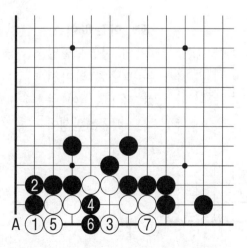

3도(참고·똑같은 요령)

[제17형]을 한줄씩 오른쪽으로 옮겨 놓은 형태. 그렇지만 요령은 똑같다. 단, 백1로 젖혀 흑2와 교환해 두는 것이 긴요한 수순. 역시 귀의 특수성 때문에 백7 이후 곧장 흑A로 둘 수 없다.

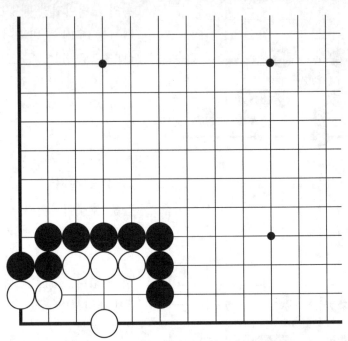

형태가 약간 바뀌었지만 성질은 지금까지와 매한가지이다. 귀쪽의 공배가 메워져 있는 점을 작용시켜 백을 자충으로 이끌 수 있다.

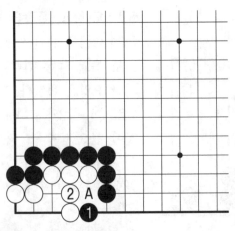

ぐ를 어드바이스

흑1의 마늘모붙임은 백2로 받아서 삶. 흑1로 A에 두어도 백2로 완생이다.

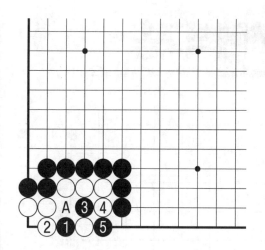

● 1도(정해 · 붙임)

흑1의 붙임이 급소이다. 백2
로 귀에서 한눈을 만들어도
흑3에서 5로 건너서 그만.
백은 자충이기 때문에 A로
몰아떨구기를 노릴 수 없다.

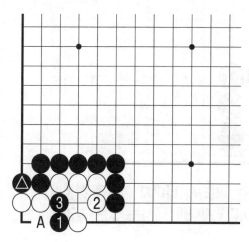

● 2도(변화)

흑1의 붙임에 대해 백2로 궁
도를 넓혀도 흑3으로 끊어서
좋다. 역시 자충인 백은 A로
둘 수 없다. 요컨대 이 백은
△의 곳이 비어 있으면 살아
있다.

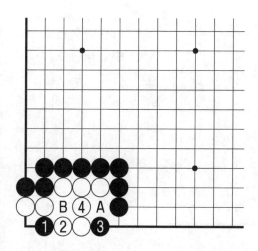

● 3도(실패)

흑1쪽에 붙여서는 안된다.
백2로 급소에 지키고 흑3에
는 백4로 움츠려 받아 완생
이다. 백4로 A는 흑B로 양환
격에 걸려들므로 조심할 일.

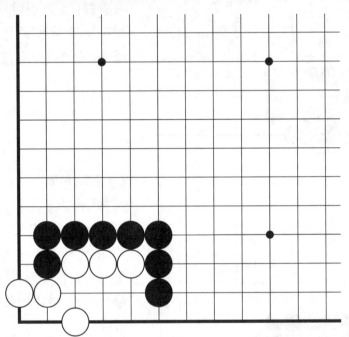

귀쪽은 완전한 한눈. 따라서 나머지 한눈을 어떻게 빼앗느냐가 관건이다. 지나친 대시는 좋은 결과를 얻을 수 없다.

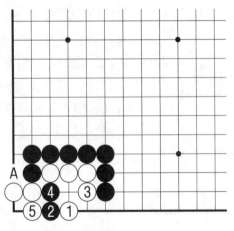

☞ **어드바이스**

A의 곳이 비어 있으면 백은 1로 뛰어 지켜서 완생이다.

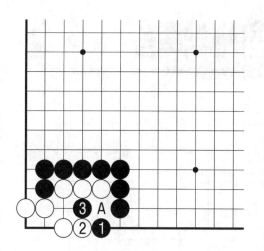

1도(정해·마늘모)
흑1의 마늘모가 안형의 급소. 백2에는 백의 자충을 찔러 흑3으로 젖혀끼우는 수가 성립한다. 백2로 A에 막으면 흑2로 두어 옥집으로 만든다.

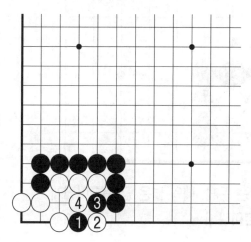

2도(실패1)
흑1의 날일자달림은 돌입이 지나치다. 백2의 건넘붙임에 의해 흑1의 한점이 잡혀 버리면 공연히 보태준 꼴이다.

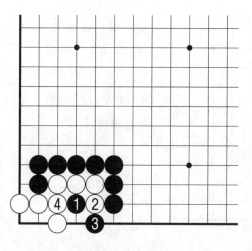

3도(실패2)
흑1로 한칸 뛰어붙이는 수도 실패. 백2로 찌르고 나서 4로 몰면 흑은 1의 한점을 살릴 수 없는 모습이다.

빗형 20 흑차례 백죽음

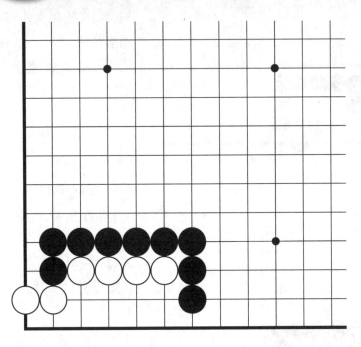

이번에는 백을 잡는 문제. 백의 넓은 궁도를 어떻게 좁히느냐가 포인트이다.

어드바이스

단순히 흑1로 들어가는 것은 백2로 삶. 앞서 [제18형]과 동형이다.

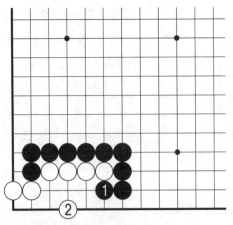

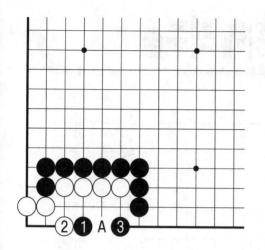

1도(정해 · 눈목자달림)

흑1의 눈목자달림 한방으로
백은 명줄이 끊긴다. 백2로
호구잇더라도 흑3 또는 A로
오른쪽과 연결해서 그만이다.

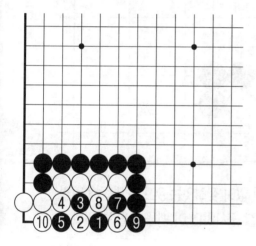

2도(실패1)

흑1의 날일자달림으로는 돌
입부족이다. 백2로 붙여막는
것이 강수이며 흑3으로 버텨
보아도 백4, 흑5 때 백6의
건너붙임이 호수. 이하 백10
에 이르러 흑 두점이 몰아떨
구기에 걸려든다.

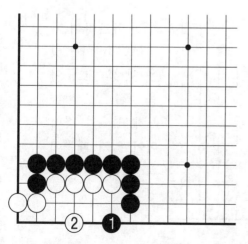

3도(실패2)

흑1의 마늘모도 역부족이다.
차분히 백2로 급소에 지키고
나면 후속수단이 이어지지
않는다.

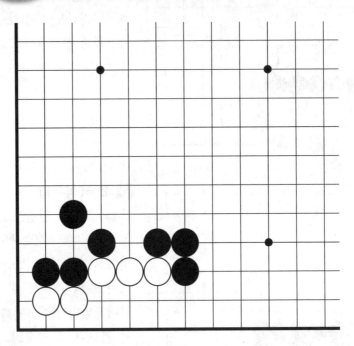

 실전에서는 별 생각 없이 젖혀잇는 것으로 만족해 버릴 지도… . 테크닉을 잘 구사하면 이 백을 잡을 수 있다.

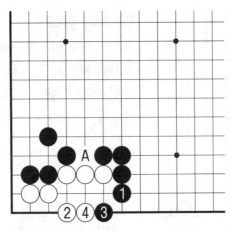

🖎 **어드바이스**

흑1로 내려서는 것은 백2의 호구이음. 흑3으로 마늘모해도 A의 곳이 비어 있기 때문에 백4로 받을 여유가 있다.

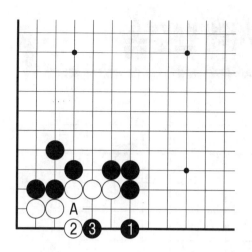

● 1도(정해·1선에 뜀)

흑1로 1선에 뛰는 수가 후속 수단을 내다본 맥점이다. 백 2의 호구로 지키더라도 흑3 의 한칸뜀이 앞선 흑1과 연 계된 후속타. A의 곳은 옥집 이 된다.

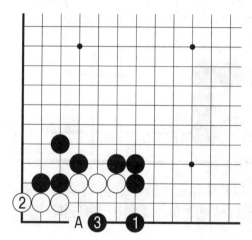

● 2도(변화)

흑1에 대해 백2로 내려서더 라도 흑3으로 뛰어들어가서 좋다. 흑3은 A까지 깊숙이 돌입하는 수도 성립한다.

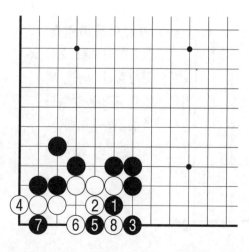

● 3도(실패)

흑1에서 3의 호구이음은 생 각한 수지만 뒤가 순탄치 않 다. 백4 때 흑5로 집어넣어 패를 노릴 수는 있지만 이것 으로는 명백한 실패이다.

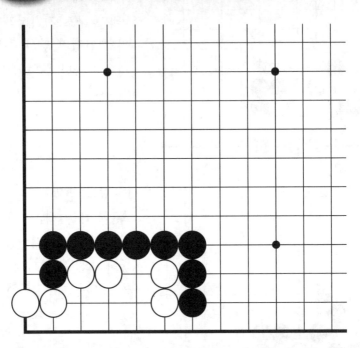

젖힘이 우선인지, 그렇지 않으면 안쪽에서부터 공격해야 하는지. 실전에서 빈번히 등장하는 형태인데 과연 급소는?

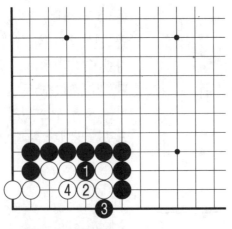

🖎 어드바이스

흑1로 찌르는 것은 전형적인 속수. 백 2 때 흑3에 젖혀도 백4로 완생이다.

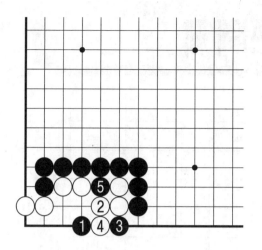

⬤ 1도(정해·치중)

흑1이 날카로운 치중. 오른
쪽으로 건너는 수와 5쪽을
찌르는 수를 노리고 있다.
백2로 건넘을 차단하면 흑3
으로 공배를 메우고 나서 5
로 찔러 백은 속수무책이다.

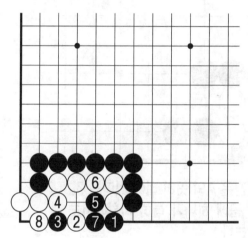

⬤ 2도(실패1)

흑1의 젖힘은 백2의 급소를
빼앗겨 잡을 수 없다. 계속
해서 흑3으로 공격해 보아도
백4 이하 8까지 선명하게 산
다. 물론 백2로 5에 늦추어
받으면 흑2로 **1도**의 정해에
환원되겠지만.

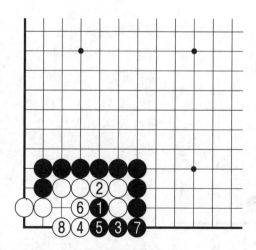

⬤ 3도(실패2)

흑1로 붙이는 수는 하수의
발상. 백2 때 흑3으로 건널
수밖에 없는데 백4로 뛰어
지키는 수가 호착으로 8까지
완생이다. 백4로 6에 모는
것은 흑4로 패가 되니 요주
의.

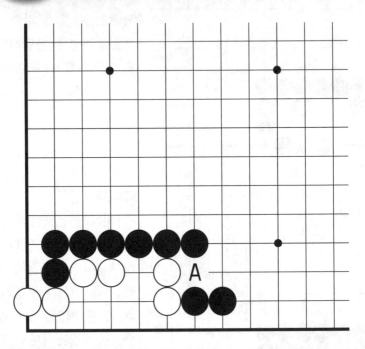

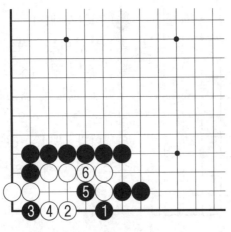

[제22형]과 차이점은 A의 곳이 비어 있다는 것. 대수롭지 않은 듯한 공배 하나가 특히 사활에서는 전혀 다른 결과를 낳는다.

☞ 어드바이스

흑1로는 추궁부족. 백2로 급소를 지키고 나면 더 이상의 추궁은 무의미하다.

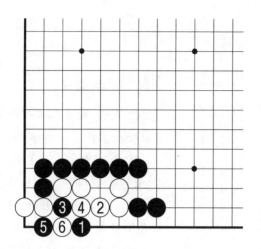

● 1도(정해·치중)

공배가 있어도 일단 흑1의 치중은 유효한 공격이다. 백도 2로 건넘을 차단하는 것이 최선의 응수로 흑3의 끊음에서 백6까지의 패가 정해이다.

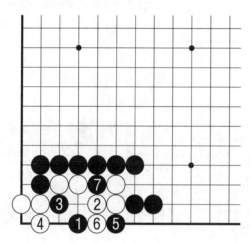

● 2도(변화)

흑3으로 끊었을 때 백이 4로 내려서는 것은 버팀이 지나치다. 흑5의 젖힘에서 7로 찌르면 백은 꼼짝 없이 두손을 들어야 한다.

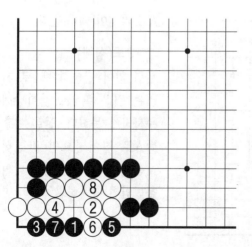

● 3도(실패)

흑도 끊는 맥을 모르면 3으로 붙이는 정도일 것이다. 그렇지만 이것은 백4 이하 흑7까지일 때 8에 잇는 수순이 백의 차지가 되어 빅의 모양이다.

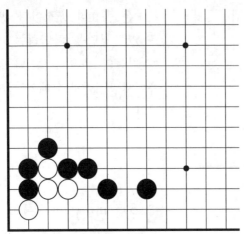

▶ 백차례 삶

젖힘 한수로 산다

젖힘은 사는 쪽에 있어서는 보험과도 같은 소중한 재산. 젖힘이 있느냐 없느냐에 따라 사활의 결과는 천양지차가 난다. 그리고 만일 젖힘이 없다면 젖힘을 선수로 만드는 수단이 없는지도 살펴보아야 한다.

● 1도(젖힘 한방)

백1의 젖힘이 살기 위해서는 반드시 먼저 행해 두어야 할 긴요한 수순. 흑2의 이음을 기다려 그때 백3에 호구이으면 살 수 있다. 격언과는 논외지만 백3으로 4에 두는 것은 흑A, 백B, 흑C, 백3, 흑A로 따내어 패가 된다.

● 2도(실패)

젖힘 없이 단순히 백1로 지키는 것은 흑2로 젖힘당해 무사하지 못한다. 물론 이후 백A로 집어넣으면 간신히 패는 만들 수 있겠지만 백의 불만임이 명백하다.

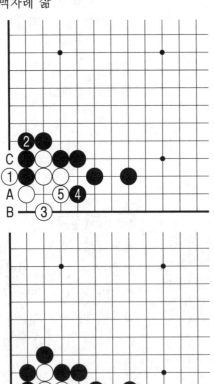

제 1 장
귀의 사활

뒷박형

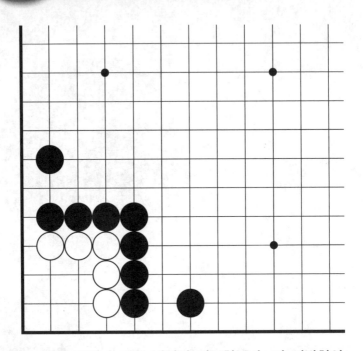

먼저 공배가 모두 메워진 기본형부터. 이 뒷박형의 사활을 전부 마스터하면 고단의 경지에 오를 만큼 상당히 변화가 많은 난해형이다.

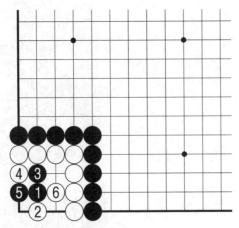

⌘ 어드바이스

실전에서는 거의 나타나지 않겠지 만 이 형태라면 백 은 살아 있다. 흑1 이하는 일례인데 빅삶.

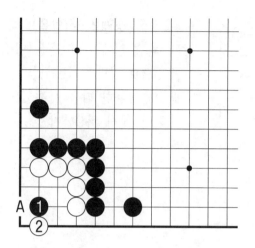

🔵 1도(정해1·치중)

흑1의 치중은 가장 눈길이 끌리는 곳으로 가장 일반적인 공격법이다. 백은 2의 붙임이 타개의 묘수(A쪽도 마찬가지)인데 여기에 대한 흑의 공격수단이 여러가지 있다. 하나 하나 자세히 살펴보기로 하자.

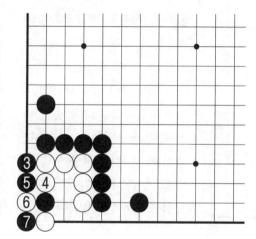

🔵 2도(정해1·계속)

먼저 대표적인 공격이 흑3의 젖힘. 백이 붙인 반대쪽을 젖히는 요령이다. 백도 4로 웅크리고 6에 집어넣어 패로 가져가는 것이 최선의 버팀이다.

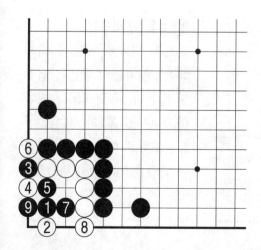

🔵 3도(변화1)

흑3으로 젖혔을 때 백이 4로 받는 것은 위험하다. 흑5에서 7을 선수하고 나서 9에 막으면 오궁도화로 무조건 죽는 모양이다. 단, 흑7로 9는 백7로 패.

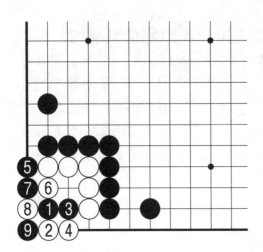

● 4도(정해2 · 치받음)

백2의 붙임에 대해 흑은 먼저 3으로 치받을 수도 있다. 백4와 교환한 다음에 흑5로 젖히면 역시 흑9까지 패가 된다.

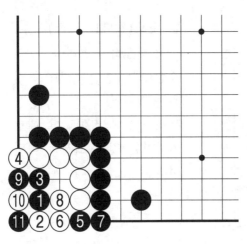

● 5도(정해3 · 반대쪽 치받음)

백2로 붙였을 때 흑3쪽으로 치받는 수도 가능하다. 백은 4로 차단해야 하는데 흑5 · 7의 젖혀이음을 결정하고 나서 9로 웅크리는 것이 호수. 백10으로 집어넣을 수밖에 없을 때 흑11로 따내어 오궁도화를 둘러싼 패가 된다.

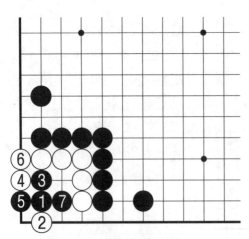

● 6도(변화2)

전도의 변화로, 흑3에 대해 백4로 젖히는 반발은 성립하지 않는다. 흑5, 백6을 교환하고 나서 흑7의 치받음이 오궁도화로 이끄는 급소. 백은 죽음을 면치 못한다.

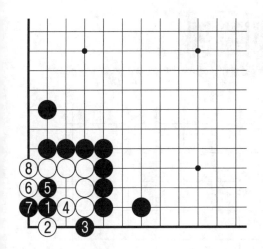

🔴 7도(실패)

백2의 붙임에 대해 흑3으로
붙인 쪽을 젖혀서는 안된다.
백4의 웅크림이 호수로 흑5
로 안형을 빼앗을 수밖에 없
는데 백6·8로 젖혀이어 빅
으로 살게 된다.

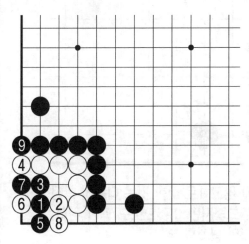

🔴 8도(변화3)

흑1로 치중했을 때 백2로 꼬
부려 받는 것은 백의 실착.
흑3 이하 9까지 공배가 메워
져 있기 때문에 백은 무조건
죽는다. 수순중 백4로 7에 젖
혀도 흑6, 백4, 흑5로 그만.

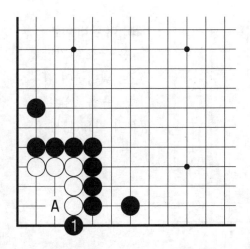

🔴 9도(정해4 · 젖힘,배붙임)

처음으로 거슬러 올라가, 흑
으로서는 치중하는 수 외에
도 1로 젖히거나 A로 배붙
임하는 수로도 패를 만들 수
있다. 변화가 복잡하므로 다
음형에서 다루기로 한다.

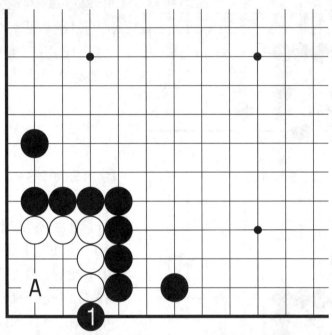

흑이 A에 치중하지 않고 1로 젖힌 것은 다분히 함정
수의 냄새가 짙다. 그렇지만 이것으로도 패가 된다.
백은 응수를 잘못하면 낭패를 본다.

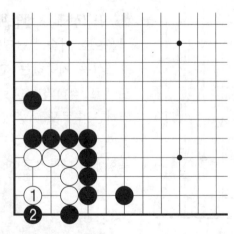

어드바이스

백1은 급소 같지만
흑2로 뛰어붙여 간
단히 죽음. 많은
공부가 필요하다.

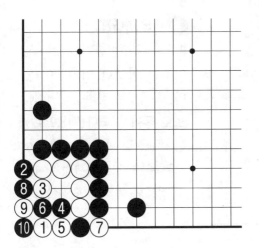

1도(정해·2의一)

알지 못하면 둘 수 없을지도 모르겠지만 백1로 2·一의 곳에 비켜받는 수가 정착. 흑 2의 젖힘에는 백3으로 웅크리고 흑4에는 백5의 끊음 이하 9로 집어넣어 패가 되는 것이 쌍방 최선의 공방이다.

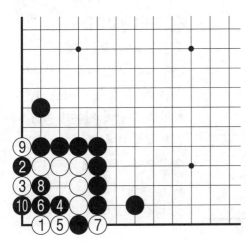

2도(참고·백의 주의)

전도의 변화. 흑2로 젖혔을 때 백3으로 막아서는 안된다. 흑4를 당해 이 백은 이미 살 수 없는 돌. 백5로 끊어도 이하 흑10까지 백죽음이 확인된다.

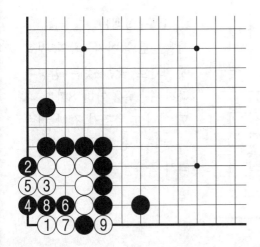

3도(참고·흑의 주의)

1도의 변화로, 백3으로 꼬부렸을 때 흑4로 치중하는 것은 경솔하다. 백은 당연히 5로 차단한다. 흑은 6으로 젖혀올릴 수밖에 없는데 백7에서 9로 따내어 빅으로 살게 된다.

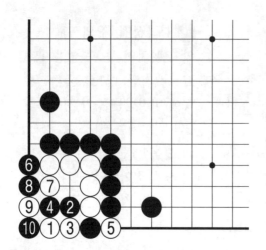

🔵 4도 (변화1)

백1의 호수비를 발견했으면 이후는 아무런 어려움이 없다. 흑이 2로 젖혀올리면 백3으로 끊어서 좋다(백3으로 4는 흑6으로 백죽음). 흑4 이하는 수순만 뒤바뀌었지 **1도**의 정해와 똑같은 모양이다.

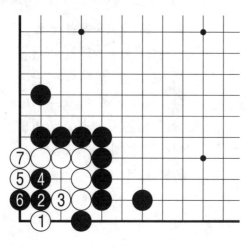

🔵 5도 (변화2)

흑2로 붙여 오는 것은 더욱 환영이다. 백3으로 물러서서 받는 것이 호수. 흑4로 눈을 빼앗을 수밖에 없는데 백5·7로 젖혀이어 빅으로 산다. 수순중 흑2로 4에 붙여 와도 백5, 흑6, 백7, 흑2, 백3으로 똑같은 모양의 빅이다.

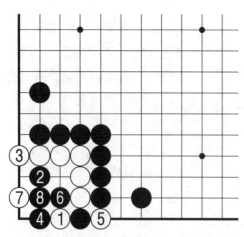

🔵 6도 (실패1)

처음으로 돌아가, 흑의 젖힘에 백1로 막는 것은 함정에 빠진 수. 흑2 이하 8까지 패도 아니고 무조건 잡혀 버린다. 백5로 6에 이어도 흑8로 역시 죽음.

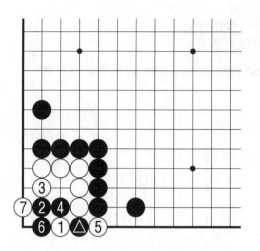

7도(참고·흑의 주의)

전도의 변화. 흑으로서도 주의할 점이 백1 때 언뜻 2의 곳이 급소로 보이지만 백3이 호수. 상대의 실착을 제대로 응징 못해서는 다시 패모양으로 환원되고 만다.

(⑧…△)

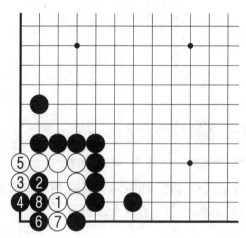

8도(실패2)

백1로 꼬부리는 것도 흑2로 붙임당해 살 수 없다. 백3으로 젖혀도 흑4를 선수해 놓고 흑6이 호수. 흑8까지 백죽음이다. 수순중 백3으로 5에 내려서면 흑6, 백7, 흑8.

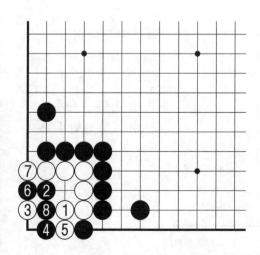

9도(실패2·변화)

흑2의 급소를 당한 백은 저항불능이다. 백3이 그럴듯한 맥이지만 흑4의 뜀이 그것을 능가하는 호수이며 백5 때에도 흑6이 침착한 공격. 흑8까지 유가무가로 백죽음이다.

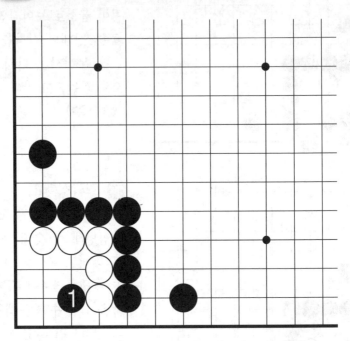

 흑1도 변칙공격이긴 하지만 패를 내는 수임에는 변함이 없다. 이것 역시 정확한 응수법을 모르면 호되게 당한다.

어드바이스

백1로 차단하는 것은 생각이 짧다. 흑2의 뜀이 호수로 흑6까지 유가무가.

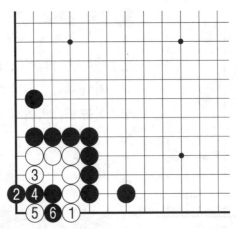

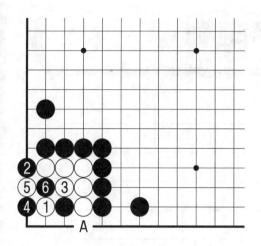

🔵 1도(정해·껴붙임)

백1의 껴붙임은 절대적인 응수. 흑2의 젖힘이 흑의 변화구인데 백3으로 한점을 모는 것이 견실하다. 흑4로 뛰어서 눈을 빼앗으면 백5로 집어넣어 패가 된다. 수순중 백3으로 무심코 5에 막는 것은 흑A로 건너 백죽음.

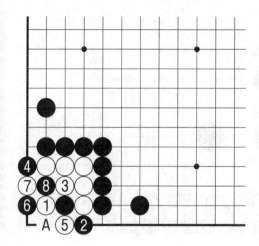

🔵 2도(변화)

백1 때 흑2로 건너는 변화도 있다. 백은 역시 3으로 몰고 흑4 이하 8까지 패는 불변이다. 수순중 흑4로는 A에 젖혀도 패가 되지만 백이 먼저 따낼 차례가 되므로 흑으로서는 약간 불만이다.

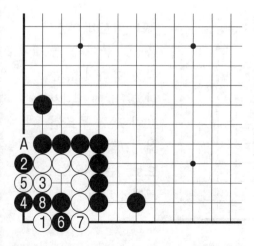

🔵 3도(실패)

백1은 잘못된 응수로 흑2의 젖힘이 호수. 백3으로 늦추어 받아도 흑4에서 6이 멋진 공격으로 8까지 백죽음이다. 백3으로 5에 막아도 흑8, 백6, 흑3, 백A, 흑4로 오궁도화의 모양.

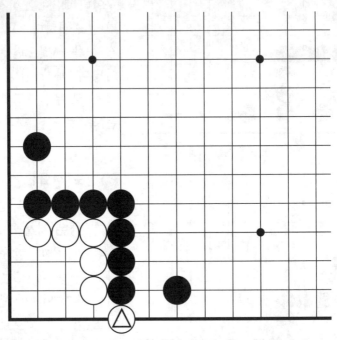

이번에는 1선에 △의 젖힘이 있는 상황. 흑의 공격법은 제한받으며 백에게 패의 모양을 선택할 여유가 생긴다.

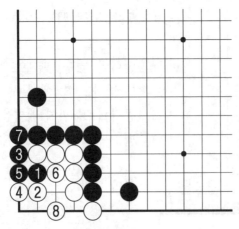

☞ 어드바이스

흑1로 붙이는 공격은 통하지 않는다. 흑3 때 백4가 호착으로 무조건 삶. 그렇다고 흑3으로 4는 백3으로 크게 산다.

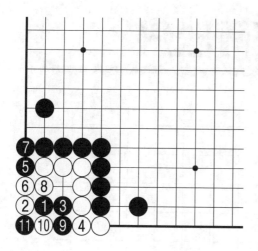

● 1도(정해·치중)

결론부터 말해서 백의 젖힘
은 별 도움이 못된다. 일단
흑1의 치중은 당연. 이에 대
한 백의 응수법은 세가지가
있다. 백2의 붙임이 그 하나
로 흑3 이하 11까지의 패가
된다. 수순중 백4로는 8에
두고 흑9, 백4, 흑5, 백10,
흑11도 같은 결과.

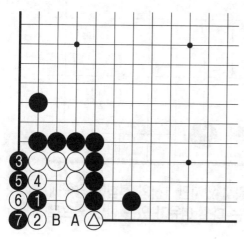

● 2도(변화1)

백은 2쪽으로 붙일 수도 있
다. 흑3에 백4로 웅크리고
흑5에 백6으로 집어넣어 패.
단, 흑3으로 4에 치받는 공
격은 △가 있어 좋지 않다.
계속해서 백3으로 내려설 때
흑은 A, 백B와 교환한 다음
5에 두는 정도인데 이것은
만년패의 모양이다.

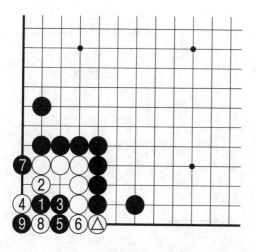

● 3도(변화2)

마지막으로 백2로 꼬부려 받
는 수도 가능하다. △의 젖
힘이 효과를 발휘해 흑3 때
백4로 젖힐 여유가 생기는
것. 역시 흑9까지 패가 된
다. 단, 백2로 3쪽에서 꼬부
리는 것은 흑2, 백7, 흑8로
백죽음.

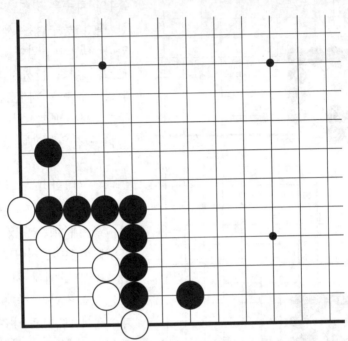

 바깥쪽은 모두 메워져 있지만 1선의 젖힘이 양쪽에 있는 형태. 백에게는 다소 여유가 있는 반면 흑으로서는 한층 까다롭다.

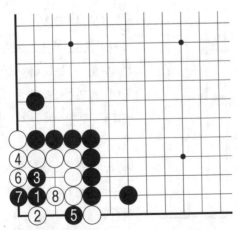

⚡ 어드바이스

흑1에서 백8까지의 진행이라면 빅. 그러나 이것은 흑의 공격법이 잘못되었다. 무엇일까?

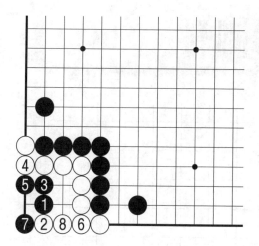

● 1도(정해·만년패)

흑1의 치중은 당연한 급소. 백 2에서 4까지는 쌍방 최선의 공방인데 여기서 흑은 잠자코 5에 막는 수가 좋다. 백도 6으로 뿌리를 잇고 흑7에 백8까지 이것은 만년패의 모양이다. 흑은 팻감의 형편에 따라 빅으로 처리할 수도 있다.

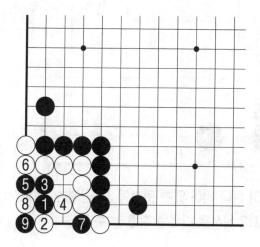

● 2도(변화1)

흑3으로 치받았을 때 백이 4로 저항하면 흑5를 결정한 다음 7에 먹여친다. 이대로 내버려 두면 흑8로 오궁도화가 되므로 백은 어쩔 수 없이 8로 집어넣어야 하는데 흑9로 따내어 이 그림은 단패의 모습이다.

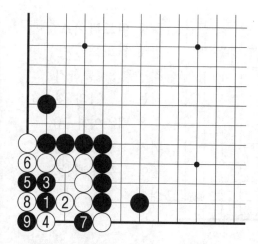

● 3도(변화2)

최초, 흑1의 치중에 대해 백 2로 받는 것은 백의 실착. 흑3에 백4로 젖혀도 흑5가 선수. 백은 6에 이을 수밖에 없고 흑7의 먹여침에 8로 집어넣어야 하는데 **2도**와 똑같은 모양의 단패가 된다.

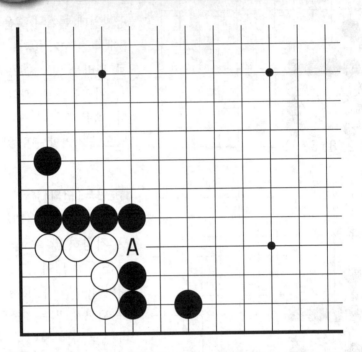

이번에는 A의 곳이 하나 비어 있는 뒷박형. 이 공배는 어떤 영향을 미칠까? 최선을 다하면 패를 낼 수 있다.

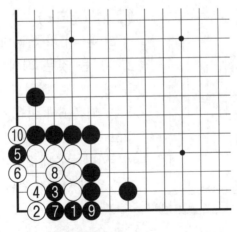

어드바이스

공배가 있으면 변칙공격은 통하지 않는다. 흑1의 젖힘은 백2 이하 10까지. 흑1로 3에 붙이는 것도 백4로 삶.

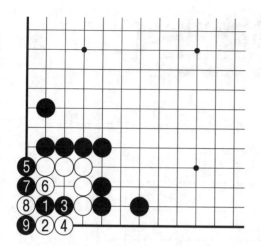

●1도(정해·치중에 한정)

공배가 있는 경우에는 흑1로 2·二에 치중하는 수 외에는 잘 안된다. 백2의 붙임이면 흑3으로 붙인 쪽을 치받는 것이 정착. 백4가 절대일 때 흑5 이하 9까지의 패가 최선이다. 물론 흑3으로는 단순히 5에 젖혀도 된다.

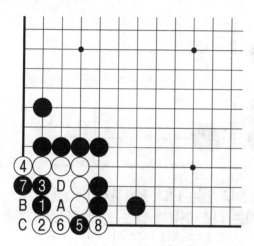

●2도(실패)

백2로 붙였을 때 흑3쪽으로 치받아서는 안된다. 흑5에 백6으로 막으면 흑도 7로 두는 것이 최선인데 백8로 따내어 만년패의 모양. 수순중 흑7로 8에 잇는 것은 백A, 흑7, 백B, 흑C 때 백D의 눌러몰기가 성립한다. 공배가 있기 때문이다.

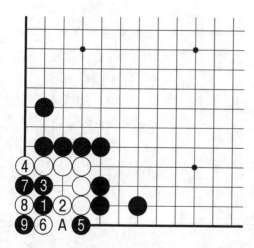

●3도(변화)

공배가 있는 경우에는 백2로 꼬부려 받는 것도 가능하다. 흑3, 백4 때 흑5의 젖힘이 중요하며 백6의 젖힘도 정착(백6으로 A는 흑7로 백죽음). 역시 흑9까지 패가 된다. 수순중 흑5로 6은 공배가 있기 때문에 백8, 흑7, 백A로 살려준다.

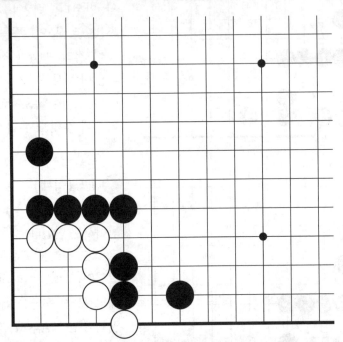

 이번에는 공배가 하나 있는 데다 젖힘까지 더해졌다. 백의 입장에서는 다소 여유가 있는 뒷박형으로 흑이 최강으로 공격해도 만년패를 내는 정도이다.

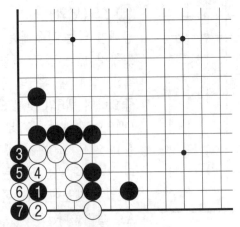

🖐️ 어드바이스
일단 흑1은 이 한 수. 이에 대해 백2는 흑3에서 7까지 단패가 된다. 백이 응수를 그르쳤기 때문이다.

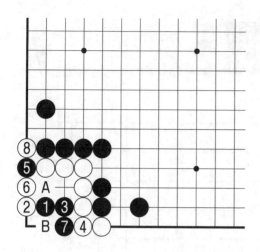

1도(정해 · 백2가 중요)

흑1의 치중은 당연. 여기서 백은 젖힘이 있는 반대쪽을 2로 붙이는 것이 꼭 알아두어야 할 포인트이다. 흑3 이하 백8로 따내어 만년패의 모양이다. 단, 백6에 흑8로 잇는 것은 백A, 흑7 때 백B 이하의 눌러몰기의 수단이 기다리고 있다.

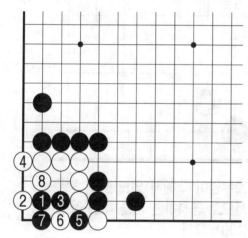

2도(변화)

흑3 때 백4는 일종의 주문을 건 수. 그러나 흑은 정확하게 응징할 경우 망외의 소득을 올릴 수 있다. 흑5의 먹여침이 호수. 이하 흑9까지 단패가 된다.
(9…5)

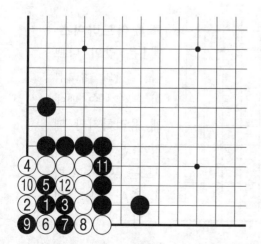

3도(참고 · 함정)

전도의 변화로, 백4에 흑5로 선불리 안형을 박탈하는 것은 백의 계략에 걸려든 꼴. 공배가 있는 관계로 백12까지의 눌러몰기가 성립하는 것이다. 흑5로 6에 두어도 백8로 이어서 빅삶.

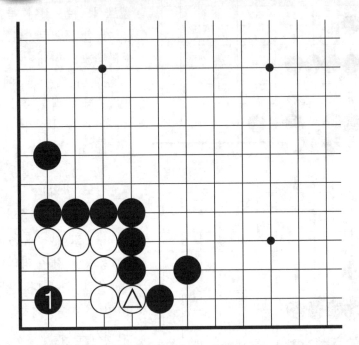

 뒷박형에서 ◎의 꼬부림이 더해져 있으면 이 백은 완생이다. 흑은 최선으로 공격하면 빅을 내는 정도. 자, 흑1에 어떻게 살아야 할까?

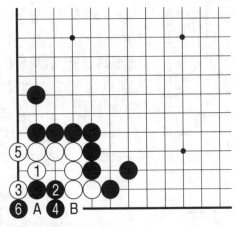

☜ 어드바이스

백1은 맛이 나쁘다. 흑4의 내려섬이 끈질긴 수. 백에게 유리하지만 패가 되면 귀찮다. 흑4로는 5에 두고 백4, 흑A, 백B의 빅도 가능.

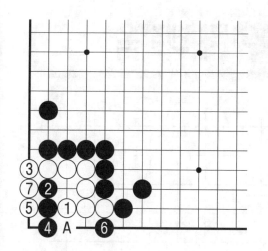

1도(정해·빅)

꼬부림이 있는 쪽에서 백1로 꼬부리는 것이 가장 간명하게 사는 법이다. 흑2에 백3으로 내려서고 흑4에는 백5의 붙임이 맥으로 7까지 빅. 흑6으로 7이면 백A로 크게 산다.

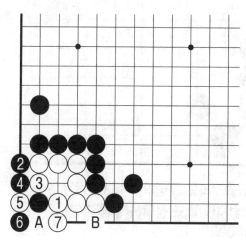

2도(변화)

흑이 2로 젖혀오는 수에는 마음을 놓아서는 당한다. 정착부터 밟히면 백3이 침착한 응수. 흑4로 한점을 연결해 가지만 백5의 먹여침에서 7로 내려서면 A, B를 맞보기로 삼아 살 수 있다.

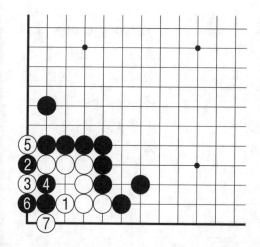

3도(참고·백의 주의)

흑2로 젖혔을 때 안이하게 백3으로 막다가는 사건이 일어난다. 흑4로 끊으면 백5로 따낼 수밖에 없는데 흑6에서 8로 패가 발생하는 것. 그렇다고 백7로 2에 이으면 흑7로 유가무가.

(8···❷)

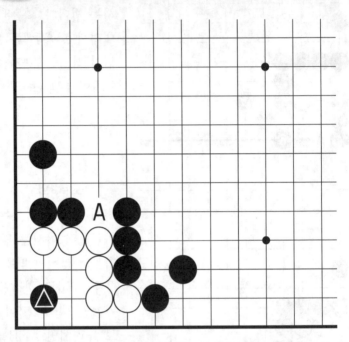

 A의 곳이 비어 있을지라도 흑△의 치중에 백은 손을 뺄 수 없다. 그렇지만 흑도 정확하게 공격해 내기란 결코 쉬운 일이 아니다.

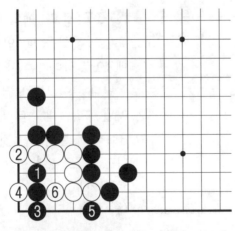

어드바이스

흑1로 치받으면 백 2의 차단은 당연. 흑3이 급소이긴 하지만 백4에서 6까지 빅모양이다.

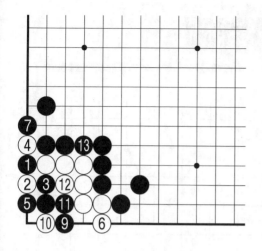

1도(정해·젖힘)

흑1의 젖힘이 정해로 가는 시발점. 백은 2로 막을 수밖에 없으며 흑3의 끊음에서 5로 막는 수가 연속 히트. 백6으로 궁도를 넓혀도 이하 흑13까지 유가무가로 백죽음이다. 수순중 백6으로 10이면 흑11, 백9, 흑6으로 오궁도화. ((8)…❶)

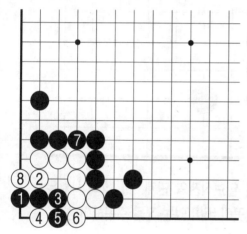

2도(실패1)

흑1에는 백2가 호수. 흑3으로 안형을 빼앗아도 백4에서 8까지로 살게 된다. 흑은 한 집을 가지고 있지만 바깥쪽의 공배가 많아 수상전에서 이기지 못한다.

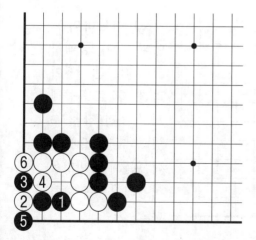

3도(실패2)

흑1로 공격하는 것도 좋은 결과를 기대할 수 없다. 백2의 붙임이 타개의 맥점. 백6 때 흑은 패로 가느냐, 빅으로 가느냐의 선택권은 갖고 있지만 어쨌든 무사히 잡을 수 없는 것만은 분명하다.

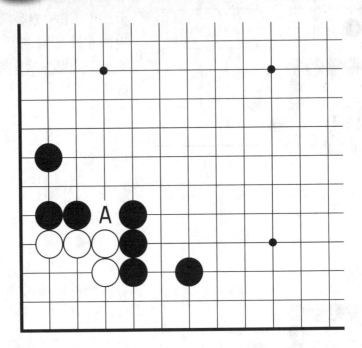

뒷박형이 완성되기 일보직전의 단계. 이 백의 사활은 어떻게 될까? A의 곳이 비어 있는 점을 주목해야 한다.

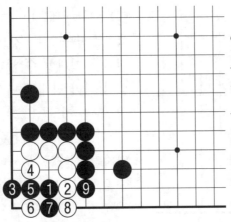

어드바이스

이와 같이 공배가 모두 메워진 상황이 라면 흑1로 치중해 서 무조건 잡을 수 있다. 흑1로 9에 두 어 백2의 뒷박형을 허용해서는 곤란하 다.

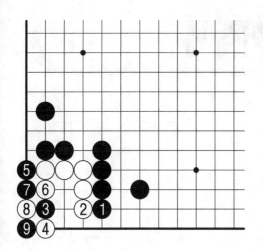

🔵 1도(정해1 · 내려섬)

흑1로 내려서는 것이 가장 간명한 공격법이다. 백2로 막으면 공배가 하나 있는 뒷박형. 흑3의 치중 이하는 앞서 충분히 살펴 보았던 수순이다.

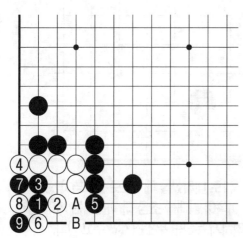

🔵 2도(정해2 · 치중)

먼저 흑1로 치중해도 패를 낼 수 있다. 백2가 절대일 때 흑3을 선수하고 나서 5의 내려섬. 백6에는 흑7이 중요한 수로 9까지의 패가 된다. 수순중 백4로 7은 흑8, 백4, 흑5로 백죽음이며, 흑7로 8은 백A, 흑B, 백7로 빅.

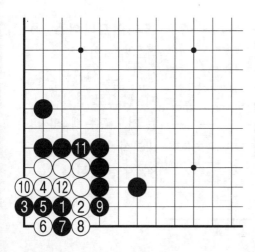

🔵 3도(실패)

공배가 있을 때에는 흑1에 치중하는 수는 성립하지 않는다. 백2에 흑3 이하는 상용의 공격법이지만 백12까지 수상전에서 흑이 지고 만다.

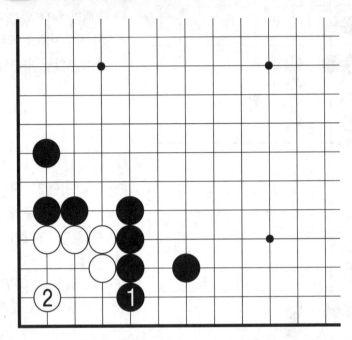

 〔제10형〕의 변화형. 흑1로 내려섰을 때 백2로 받으면 어떻게 될까? 백으로서는 이쪽이 상대를 조금 더 괴롭히는 의미가 있다. 정확하게 공격하지 못하면 무조건 살려주고 만다.

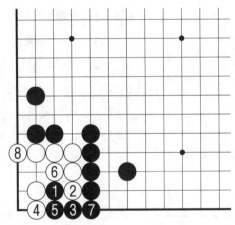

어드바이스

흑1의 뛰어붙임은 상식. 그러나 백2 때 흑3으로 넘어가는 것으로는 백4의 내려섬이 호수여서 8까지 살게 된다.

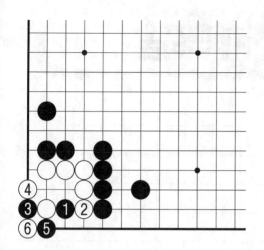

1도(정해·껴붙임이 포인트)

흑1, 백2는 쌍방 당연한 수
순인데 여기서 흑3으로 껴붙
이는 수가 알지 못하면 두기
힘든 기상천외의 맥점이다.
백4로 건넘을 저지할 때 흑5
로 몰아서 패가 된다.

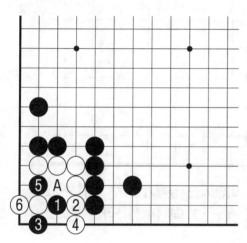

2도(실패1)

백2 때 흑3으로 젖히는 수는
성립하지 않는다. 백4로 내려
서게 되어 공연히 보태준 꼴
(백4로 A라면 흑4로 건너 패
가 되겠지만). 흑5로 6에 몰
아도 백5로 이어서 그만이다.

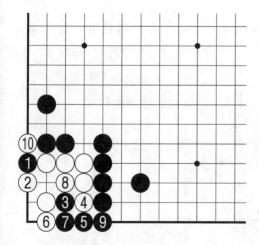

3도(실패2)

흑1로 젖히고 나서 3으로 뛰
어붙이는 것도 생각한 수지
만 공배가 있는 상황에서는
통하지 않는다. 흑5 때 백6
의 내려섬이 호수. 흑7에 이
어도 백10까지 두눈이 확보
된다.

뒷박형 12 흑차례 백죽음

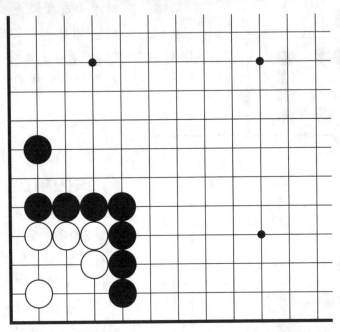

〔제11형〕과 달리 이번에는 공배가 모두 메워져 있다. 게다가 주위의 흑도 견고해 이 형태라면 무조건 잡을 수 있다.

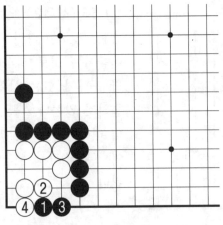

👉 **어드바이스**

흑1은 백2로 응해서 삶. 흑1로 4에 두어도 백은 2.

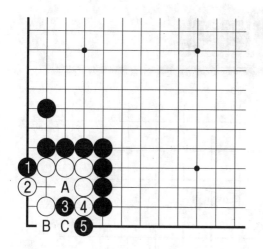

🔵 1도(정해 · 젖힘부터)

공배가 메워져 있는 경우에는 흑1의 젖힘부터 둔다. 백2로 막을 수밖에 없을 때 흑3으로 뛰어붙이면 백은 자충 때문에 A로 두지 못한다. 백B로 내려서도 흑C로 마무리.

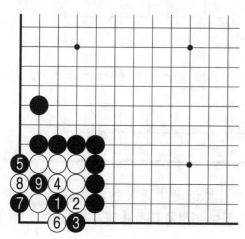

🔵 2도(실패1)

사전공작 없이 단순히 흑1로 뛰어붙이는 것으로는 일이 순탄하게 풀리지 않는다. 백4 때 흑5로 젖혀도 이미 뒤늦은 수로 9까지의 패가 고작이다.

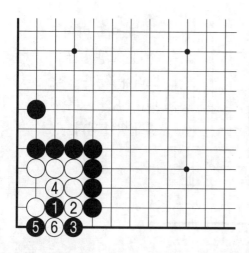

🔵 3도(실패2)

전도 흑5로는 1에 젖혀 패를 할 수도 있지만 역시 불만스럽기는 매한가지이다. 공배 하나가 공격법을 바꾸어 놓고 있다.

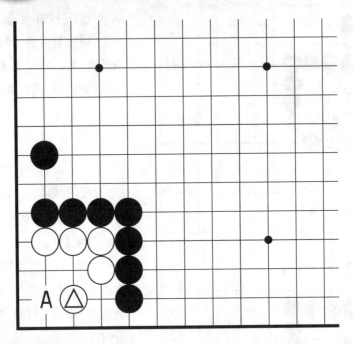

백으로서는 △로 지켜 있는 편이 A에 놓인 것보다 탄력적이어서 낫다. 쌍방 최선을 다하면 패가 된다.

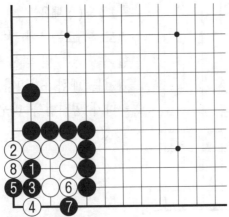

☞ 어드바이스

흑1은 모양의 급소. 그러나 흑5가 실착. 백6·8의 응수가 좋아 빅이 된다.

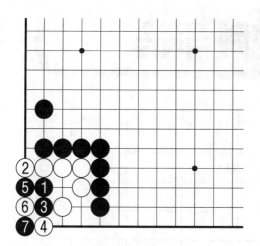

●1도(정해·배붙임)

흑1의 배붙임은 이론의 여지가 없는 급소. 백도 2에 내려서는 것이 최선이며 흑3, 백4까지도 게을리할 수 없는 수순들. 여기서 흑5가 패를 유도하는 중요한 수. 백은 6으로 집어넣을 수밖에 없어 패가 된다.

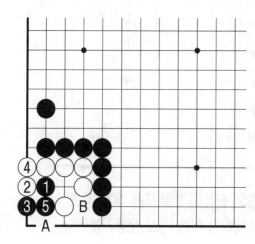

●2도(변화1)

흑1에 대해 백2로 젖히는 것은 스스로 명을 재촉하는 수. 흑3·5면 백에게 삶이 없다. 이후 백A에는 흑B, 백B에는 흑A.

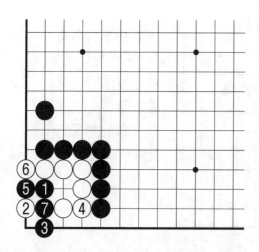

●3도(변화2)

백2로 받으면 흑3의 치중. 백4에는 흑5가 긴요한 수로 흑7까지 유가무가의 모양이다. 단, 흑5로 7은 백5로 빅이 되므로 조심해야 한다.

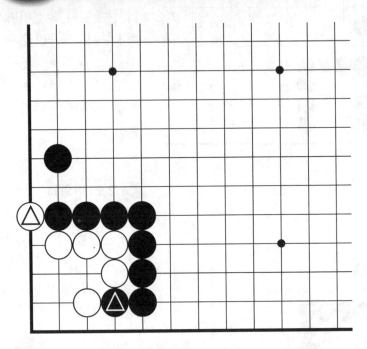

[제13형]에서 ▲의 찝음이 더해지면 백을 잡으러 갈 수 있다. 1선에 젖혀져 있는 ◎도 무용지물이다.

☞ 어드바이스

흑1의 붙임은 백2에서 6까지의 패. 쓸모 없던 ◎를 가치 있는 존재로 만들어 주고 말았다.

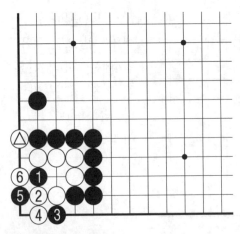

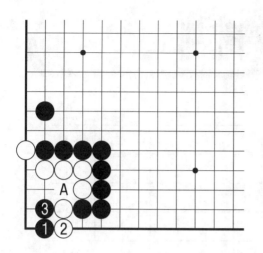

●1도(정해·치중)

흑1로 1선에 치중하는 수가 돋보이는 착점. 이에 대해 백3은 흑2로 건너게 되므로 백2로 막아 보지만 흑3으로 올라서면 A의 곳은 눈이 되지 않는다. 그렇다고 달리 두눈을 낼 수도 없는 모습.

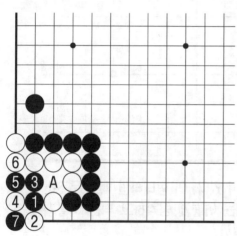

●2도(실패)

흑1로 껴붙이는 것은 어떨까? 그러나 이것은 백2로 젖히는 수가 좋아 흑7까지 패가 된다. 수순중 백4가 중요한 수로 만일 A나 5에 두었다가는 흑4를 당해 무조건 죽는다.

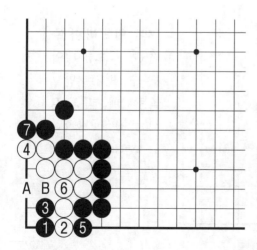

●3도(참고·같은 맥)

약간 변형된 형태지만 이 경우에도 흑1의 치중이 맥이 된다. 백4로 넓혀도 흑5를 선수한 다음 7의 막음까지. 백2로 3에 두면 흑2, 백4, 흑A. 백4로 B에 두면 흑5, 백6, 흑4.

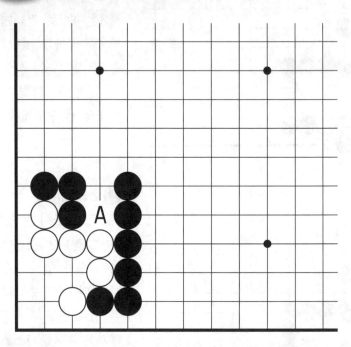

 A의 곳이 하나 비어 있다. 이 형태라면 백도 무조건 죽지는 않는다. 흑은 어떻게 공격하고 백은 어떻게 응하는 것이 최선일까?

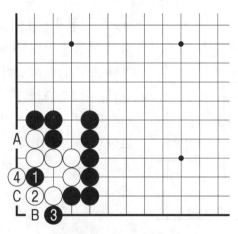

어드바이스

흑1은 급소를 벗어난 수. 백2로 받고 흑3에 백4로 A, B가 맞보기. 흑3으로 C라면 백3.

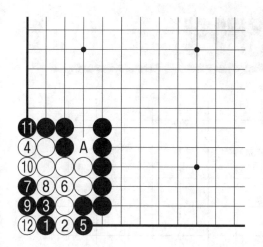

🔵 1도(정해1·치중)

흑1의 치중으로 좋다. 백은
2·4로 궁도를 넓히는 것이
최선이며, 백6 이후 흑A는
백9로 살게 되므로 흑7도 절
대. 계속해서 백은 8·10으
로 귀의 흑을 잡으러가는 한
수이며 흑은 9로 이어 넉점으
로 키워버리는 것이 포인트.

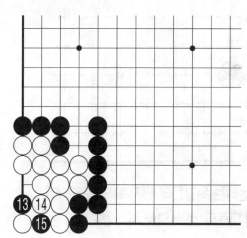

🔵 2도(정해1·계속)

백이 흑 넉점을 따낸 이후
흑13으로 붙이는 수가 있다.
백은 14의 패로 받을 수밖에
없다. 수순이 길고 까다롭기
때문에 끝까지 마음을 놓을
수 없는 형태였다.

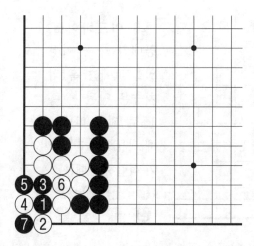

🔵 3도(정해2·껴붙임)

이 형태는 정해가 두가지이
다. 나머지 하나가 흑1의 껴
붙임. 이 수로도 패가 된다.
백2의 젖힘에서 흑7까지 쌍
방 최선의 수순.

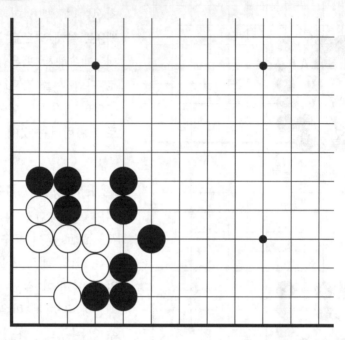

[제15형]과 백의 형태는 똑같은데 단지 흑의 포위망이 두곳 비어 있는 점이 다르다. 이것 역시 패가 정해이다.

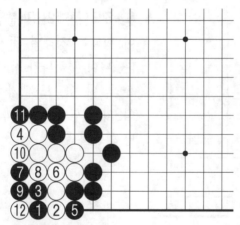

어드바이스

공배가 두곳 이상 있을 때에는 흑1의 치중은 안된다. 흑 15로 패를 따냈을 때 백16의 눌러몰기가 성립하기 때문.

(⑬…⑨ ⑭…③
⑮…① ⑯…⑦)

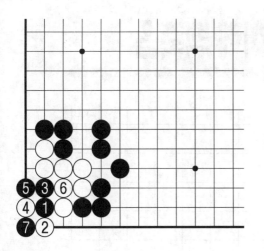

🔵 1도(정해·깨붙임이 유일)

공배가 두곳 이상 있을 경우
에는 흑1의 깨붙임이 유일한
공격수단이다. 백2 이하 흑7
까지는 앞서 여러차례 나왔
던 패를 내는 상용수법.

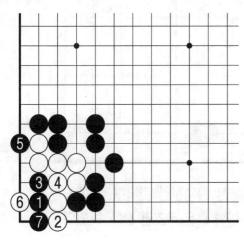

🔵 2도(변화)

흑1에 대해 단순히 백2로 내
려서는 것은 흑3을 당해 무
조건 죽는다. 백4로 이으면
흑5로 젖히고 백6에는 흑7
까지. 백4로 7에 꼬부려도
흑6이면 백에게 삶이 없다.

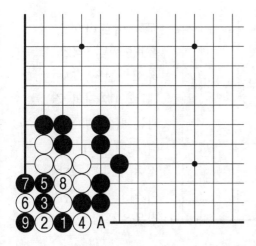

🔵 3도(실패)

흑1로 젖혀도 패를 낼 수는
있다. 단, 이것은 흑9 다음
흑1로 따내고 다시 한번 흑
A로 손질해야 패가 해소되
는 이단패의 모양. 그만큼
흑으로서는 불만이다.

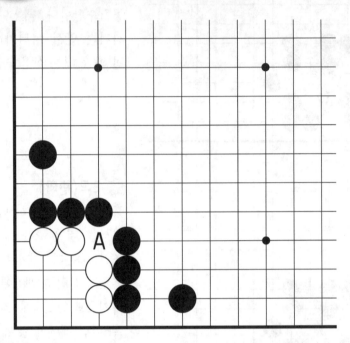

A의 곳에 백돌이 빠진 불완전한 뒷박형. 백에게는 상당한 마이너스인 반면 흑은 무조건 잡을 수 있다.

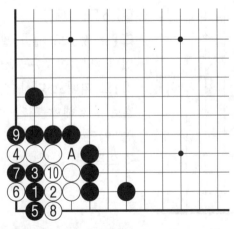

☞ 어드바이스

흑1은 절대. 백2면 흑3도 필연. 그런데 백10까지의 결과는 백삶. 백은 A의 곳에 돌이 없는 것이 오히려 보탬이 되고 있다. 흑의 잘못은?

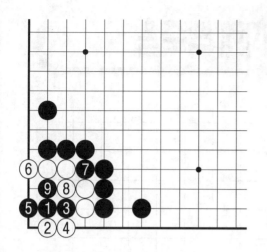

🔘 1도(정해1 · 오궁도화)

흑1의 치중은 당연. 백2로 붙이면 흑3으로 치받은 다음 5에 내려서는 수가 좋다. 백 6으로 건넘을 차단하면서 궁도를 넓혀도 흑7의 찝음이 선수. 백8일 때 흑9가 오궁도화를 만드는 요령이다.

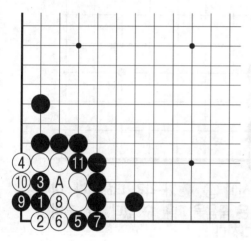

🔘 2도(정해2 · 석집치중수)

백2로 붙였을 때 흑3쪽으로 치받아도 무방하다. 이하는 뒷박형의 공격과 같은 수법인데 백10으로 곡사궁을 만들려고 해도 흑11로 찝으면 결국 A의 곳을 이어야 하는 모양이므로 백은 석집치중수로 잡히는 운명이다. 물론 백10으로 11이면 흑10.

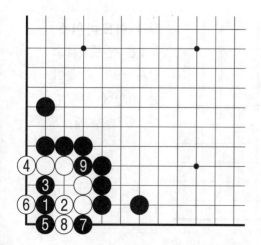

🔘 3도(변화)

흑1로 치중했을 때 백이 2로 꼬부려서 응하면 흑3으로 치받은 다음 5에 내려선다. 백 6은 빅을 만드려 보려는 심정이지만 흑7에서 9면 살지 못한다.

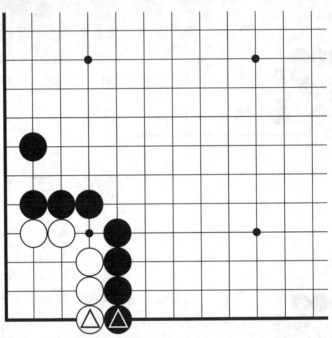

 〔제17형〕에서 1선에 ◎, ▲가 각각 더해졌다. 이 형태가 되어도 백은 죽음을 피할 수 없다. 단, 흑의 공격법은 약간 달라진다.

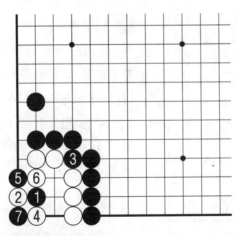

☜ 어드바이스

흑1은 언뜻 급소 같지만 백2로 붙이는 저항에 부딪힌다. 흑7까지 패.

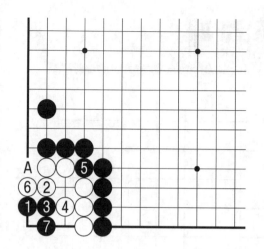

🔵 1도(정해·2의一)

건넘을 엿보면서 2·一에 치중하는 것이 호착이다. 백2로 차단하면 흑3으로 나가고 백4에 흑5가 긴요한 수. 흑7까지 유가무가로 잡는다. 수순중 백4로 7은 흑4로, 백6으로 7은 흑A로 건너서 그만이다.

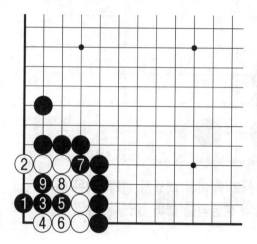

🔵 2도(변화)

흑1에 대해 백2로 궁도를 넓히는 것도 부질없다. 잠자코 흑3으로 뻗는 것이 호수(흑3으로 5는 백3으로 끼워 산다). 백4 이하는 변화의 일례지만 아무튼 백에게 사는 수는 없다.

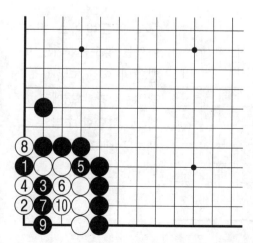

🔵 3도(실패)

흑1의 젖힘은 백2로 늦추어 받는 호수를 깜빡한 실착. 흑3 이하로 공격해 보아도 백10까지 빅으로 살려준다. 흑3으로 7에 붙여도 백4로 막아서 역시 빅.

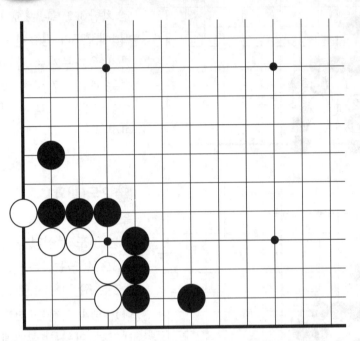

[제17형]에서 1선의 젖힘이 더해진 형태. 백은 이 젖힘 한수가 약간의 생명력을 불어 넣는다. 쌍방 최선의 결말은 패.

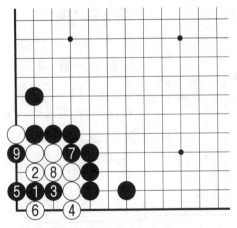

어드바이스

어쨌든 첫수는 흑1 뿐인데 이에 대한 백2는 실착. 흑3에 백4로 차단할 수밖에 없는데 흑9까지 백죽음이다.

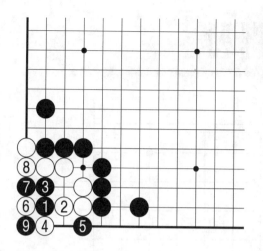

1도(정해·백은 2가 중요)

절대적인 흑1에 백은 2로 젖힘이 없는 쪽을 꼬부리는 것이 중요한 수비이다. 이하 흑9까지 패가 정해. 물론 흑5는 먼저 7, 백8을 결정한 다음에 두어도 마찬가지이다.

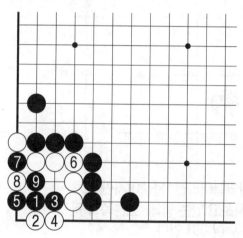

2도(변화1)

흑1에 백2로 붙이는 수는 나쁘다. 흑3으로 치받은 다음 5에 내려서게 되어 횡사한다. 백6이면 흑7에서 9로, 백6으로 7이면 흑6으로 찝어서 백은 살 수 없는 모양이다.

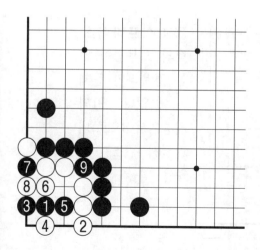

3도(변화2)

백2로 최대한 궁도를 넓혀도 두눈을 내는 데는 보탬이 되지 않는다. 흑3의 내려섬이 호수로 백4의 붙임에는 흑5. 백6은 빅을 만들어 보려는 몸부림이지만 9의 곳에 약점을 지니고 있어 불가능하다. 수순중 백3으로 4는 흑3.

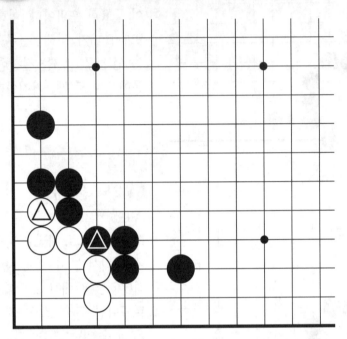

 △의 꼬부림이 있는 뒷박형이라면 완생이지만 요처인 ▲의 곳을 흑이 차지하고 있는 형태. 오른쪽에 뒷문이 열렸어도 패를 만들 여지가 있다.

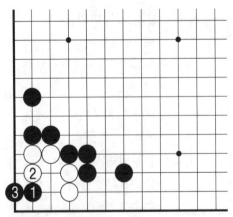

어드바이스

백의 꼬부림이 없는 경우라면 문제될 게 없다. 흑1의 치중에서 3으로 내려서서 무조건 백죽음.

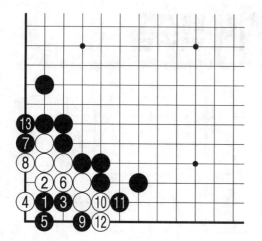

● 1도(정해 · 1수늘어진 패)

흑1의 치중은 이 한수. 백2
에서 6까지도 나무랄 데 없
는 공방이다. 여기서 흑7로
한번 젖혀 백8과 교환해두는
것이 긴요한 수순. 그런 다음
흑9에 젖혀 패모양을 만든
다. 쌍방 최선을 다한 결과는
흑13까지의 1수늘어진 패.

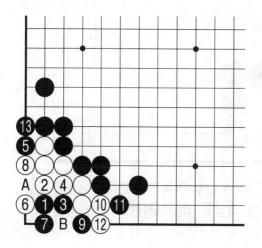

● 2도(변화1)

흑3 때 즉각 백4로 잇는 수
에는 주의해야 한다. 흑5의
젖힘이 정착. 백은 6으로 둘
수밖에 없는데(백6으로 8은
흑6), 흑7 이하 1도에 환원
된다. 만일 흑5로 6에 내려
서는 것은 백5, 흑A, 백B,
흑10, 백7로 빅삶.

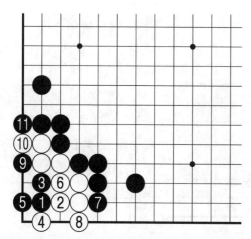

● 3도(변화2)

백은 2쪽에서 치받는 수도
가능하다. 흑3에서 백6까지
는 1도와 같은 수법. 계속해
서 흑은 7을 이용하고 9로
젖혀 패모양을 만든다. 역시
1수늘어진 패이다.

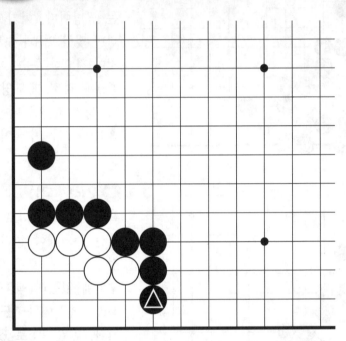

뒷박형의 변형. 공배가 모두 메워져 있으므로 2선에 내려서 있는 ▲를 적절히 작용시키면 백의 숨통을 끊어놓을 수 있다.

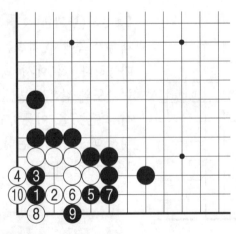

✍️ 어드바이스

내려섬이 없으면 백도 안심이다. 흑 1에는 백2에서 10 까지. 흑1로 2에 치중해도 백1, 흑 8, 백10, 흑7, 백9 로 완성.

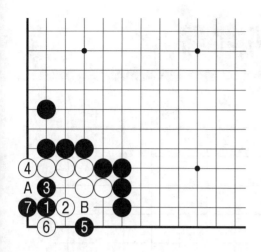

🔵 1도(정해1 · 2의二)

이 형태는 정해가 두가지이
다. 먼저 흑1로 2 · 二에 치
중하는 것이 한가지 방법.
백2로 마늘모붙이는 정도인
데 흑3을 선수한 다음 5에
달려서 숨통을 조인다. 백6
의 젖힘에는 흑7로 꼬부려
A와 B가 맞보기. 백4로 A에
젖혀도 흑7, 백4, 흑5.

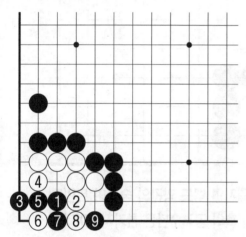

🔵 2도(정해2 · 유가무가)

흑1에 치중하는 수도 성립한
다. 백2로 차단할 때 흑3의
뜀이 후속타. 백4로 건넘을
저지할 수밖에 없는데 흑5로
이으면 이 수상전은 유가무
가가 되어 흑승이다.

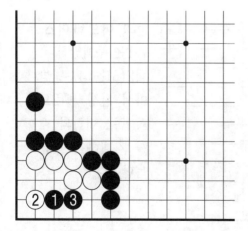

🔵 3도(변화)

흑1로 치중했을 때 백2로 받
으면 흑3으로 건너서 간단하
다. 백은 도저히 두눈을 만
들 수 없는 모습이다.

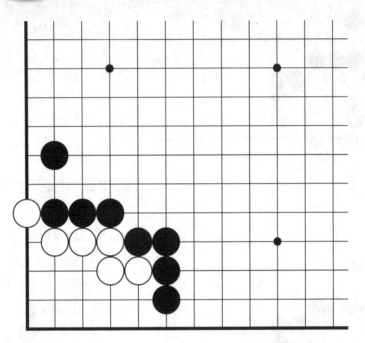

 1선의 젖힘이 더해지면 백도 약간의 숨통이 트인다.
[제21형]과 달리 흑의 공격수단은 한가지뿐이다.

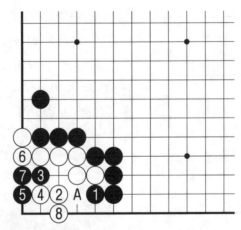

♨ 어드바이스
흑1은 무책임하다.
백2(또는 4)로 받
아서 완생. 백2로
A, 흑4 이하의 패
를 기대하는 것은
독단이다.

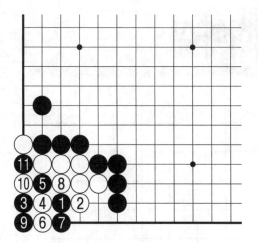

● 1도(정해1 · 유일한 급소)

흑1이 유일한 급소. 백2는 절대인데 흑에게는 두가지의 길이 있다. 먼저 흑3의 뜀. 여기서 백은 4로 끼우는 여유가 있는 것이 젖힘의 효과. 흑5에서 9까지로 되었을 때 백10으로 집어넣어 패가 된다.

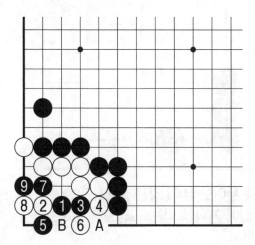

● 2도(변화)

흑1 때 백2로 붙이면 그냥 살 수 있을 것 같지만 백4 때 흑5로 젖히는 반발이 성립하므로 불가하다. 이하의 수상전은 흑승. 흑5로 A, 백6, 흑B, 백5 이하의 삶을 기대하는 것은 무리이다.

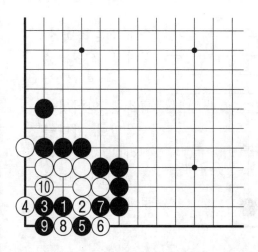

● 3도(정해2 · 늘어섬도 일책)

흑3으로 나란히 늘어서는 수도 일책이다. 백은 4의 붙임이 맥이며 흑도 5에서 9가 패를 만드는 수법. 결국 빅을 둘러싼 패싸움이 벌어진다.
(⑪…❺)

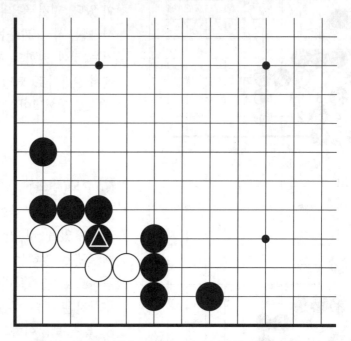

 ▲가 없으면 대충 두어도 살 것 같은 형태지만 그 수가 있기 때문에 삶에 제약을 받는다. 궁도를 넓히는 것만이 능사가 아니다.

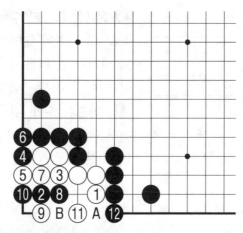

⌘ 어드바이스

무작정 궁도를 넓히는 백1은 흑2의 급소를 얻어맞아 죽음만이 기다릴 뿐이다. 흑12 이후 A, B가 맞보기로 백죽음.

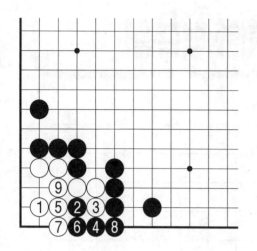

● 1도(정해1 · 2의二)

백1의 2 · 二가 놓칠 수 없는
수비의 급소이다. 흑은 2로
붙여 궁도를 좁히는 정도인
데 백3 이하 일사천리의 수
순으로 완생을 얻는다.

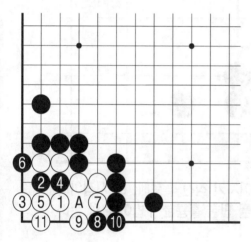

● 2도(정해2 · 손실이 크다)

언뜻 백1로 지키는 것이 탄력
있어 보이지만 흑2로 붙임당
해 손해를 감수해야 한다. 물
론 백3이 맥점으로 11까지
살 수는 있지만 2집을 내고
산 데다 두점을 뜯긴 손실이
크다. 그렇다고 백5로 6에 나
가는 것은 흑A, 백7, 흑5, 백
11로 패.

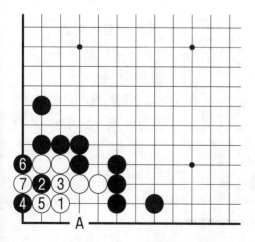

● 3도(실패)

흑2 때 백3의 이음은 흑6,
백4 이하로 무조건 사는 수
를 읽은 것. 그러나 흑4의 마
늘모가 백의 독단을 꾸짖는
기발한 맥점으로 백은 7까지
의 패에 목숨을 의지해야 한
다 (백5로 6은 흑A로 무조
건 죽음).

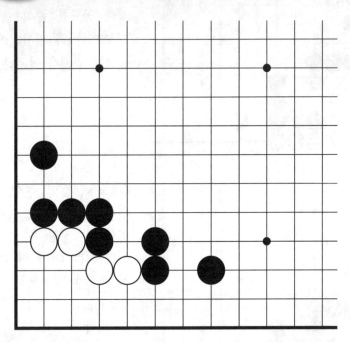

[제23형]이 이루어지기 직전의 형태. 이 시점이라면 백이 비명을 지를 만한 훌륭한 수법이 흑의 손아귀에 들어 있다.

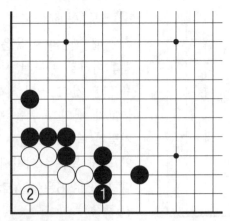

🖎 어드바이스

흑1의 내려섬은 무책임하다. 앞서 [제23형]에 설명했듯이 백2로 지켜 완생.

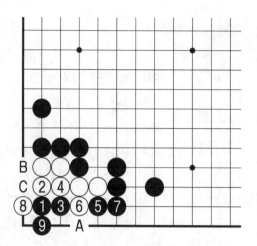

●1도(정해·2의二)

2·二에 치중하는 흑1이 한눈에 보이는 급소. 백2로 치받으면 흑3을 선수한 다음 5·7로 젖혀이어 궁도를 좁힌다. 백8에는 흑9로 내려서 A의 건넘과 B의 안형탈취가 맞보기. 흑3으로는 8에 내려서고 백C 때 흑5·7로 젖혀이어도 좋다.

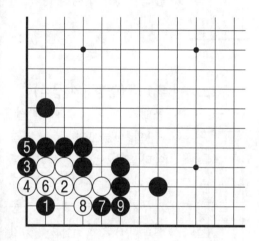

●2도(변화)

흑1로 치중하면 어쨌든 백은 끊김을 방비할 수밖에 없다. 단순히 백2로 이으면 흑3·5로 젖혀이어 한결 간단하다.

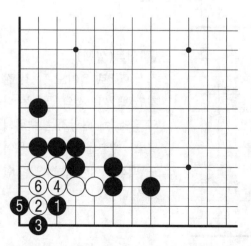

●3도(실패)

흑1은 급소를 벗어난 수. 백2가 호수비. 흑3으로 젖혀도 백4로 잇고 흑5로 몰아도 패를 할 필요없이 백6으로 이어서 끄떡 없다. 흑은 더 이상 후속수단이 없다.

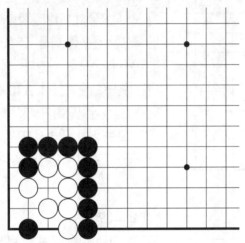

▶ 흑차례 백죽음

적의 급소는 나의 급소

승부세계에서 유용한 격언 가운데 하나로 수가 잘 안보이거나 난감할 때에는 상대방의 입장에서 생각해보는 것도 한가지 방법. 특히 바둑에서는 쌍방간의 급소가 동일한 경우가 적지 않다.

● 1도(쌍방간의 급소)

공배가 메워진 점에 착안, 흑1의 마늘모가 급소 일격이다. 백2로 차단하더라도 흑3이 준비된 후속타로 유가무가의 모습. 백은 자충때문에 A로 둘 수 없는 것이 비극이다.

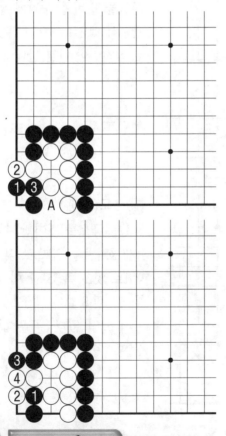

● 2도(실패)

직접 흑1로 찝어도 될 것 같지만 백2가 '적의 급소는 나의 급소'에 해당하는 수비의 급소. 계속해서 흑3에 두어도 백4로 이어서 빅으로 살게 된다.

제 1 장
귀의 사활

응용형

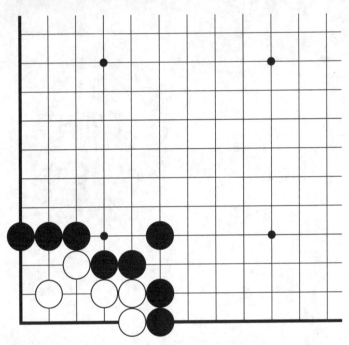

자, 이 백을 무조건 살릴 수 있을까? 궁도가 좁은 만큼 평범한 수단으로는 안되고 테크닉이 필요하다.

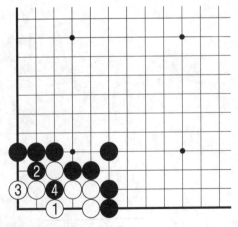

✐ 어드바이스

패라면 쉽다. 백1은 흑2·4로 패. 하지만 공부가 부족하다.

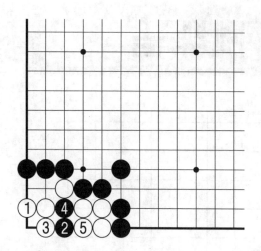

🔵 1도(정해·후절수)

백1이 급소의 일착. 흑2의 치중에는 일단 백3으로 막아 한 눈을 만든다. 흑4·6으로 옥집을 노렸을 때가 중요한데―

(❻…❹)

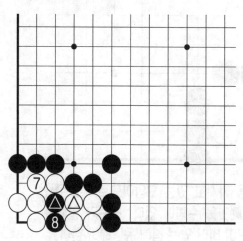

🔵 2도(정해·계속)

전도에 이어서 △의 먹여침에 섣불리 따내지 말고 백7로 잇는 것이 중요하다. 흑8로 넉점이 잡히지만 백9로 되끊는 후절수의 맥이 준비되어 있는 것이다.

(⑨…△)

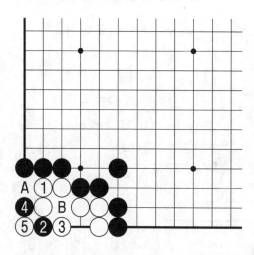

🔵 3도(실패)

백1로 궁도를 넓히는 것은 흑2의 맥점을 당해 무사하지 못한다. 백3으로 막으면 흑4로 젖혀 패. 백3으로 A에 두어도 흑3, 백B, 흑4로 역시 패가 된다.

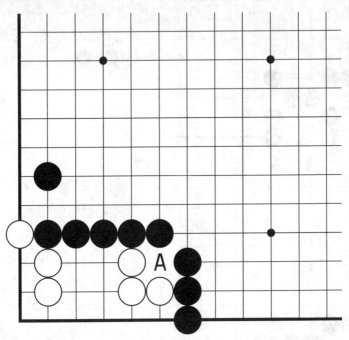

백은 왼쪽에 한눈을 가지고 있는 모양이므로 흑으로서는 오른쪽의 눈을 빼앗을 수밖에 없다. 첫수가 열쇠를 쥐고 있는데 A의 곳이 비어 있는 점에 유념해야 한다.

🖎 어드바이스

단순히 흑1부터 공배를 좁혀가는 것으로는 역부족. 백8까지 직사궁의 삶이다.

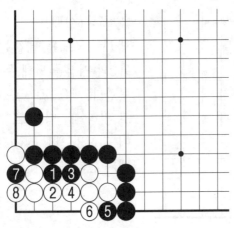

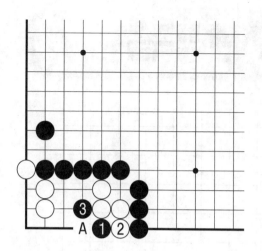

● 1도(정해·뛰어붙임)

흑1로 뛰어붙이는 수가 정해
이다. 백2로 차단하면 흑3의
젖힘으로 해결한다. 백2로
A쪽에서 막는다면 흑2로 이
어서 그만.

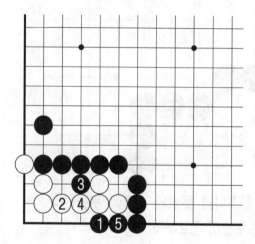

● 2도(변화)

흑1의 급소에 일격을 당한
백은 달리 저항수단이 없다.
백2면 흑3에서 5로 궁도를
좁혀 백은 귀에서 두눈을 만
들 공간이 없다.

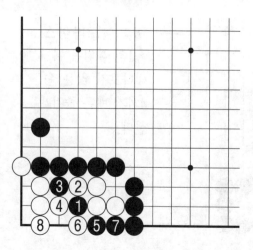

● 3도(실패)

흑1의 붙임부터 두는 것은
이 한점을 연결할 수가 없어
백을 잡지 못한다. 흑1로 4
쪽에 붙여도 백3부터 나와끊
겨 역시 실패.

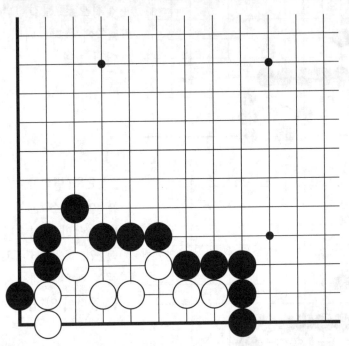

안이하게 덤벼 들었다간 뜻밖의 반격에 부딪친다. 궁도를 좁혀가는 수순이 중요하다.

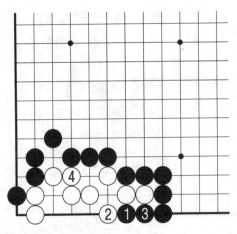

☞ 어드바이스
흑1의 붙임은 뒤를 내다보지 않은 수. 4까지 백은 즐겁게 산다.

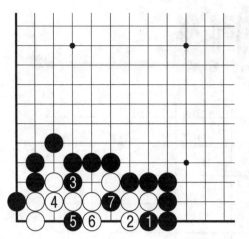

1도(정해 · 주도면밀한 수순)

먼저 흑1로 밀고들어가 백2 때 흑3으로 찝는 것이 주도 면밀한 공격이다. 백4로 이 으면 흑5의 치중에서 7의 먹 여침이 안형을 빼앗는 콤비 네이션.

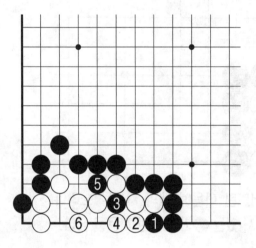

2도(실패1)

백2 때 흑3의 먹여침은 성급 한 공격. 백4에 흑5로 눈을 빼앗아야 하는데 백6으로 패 싸움이 불가피하다.

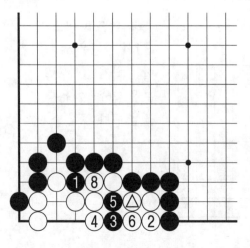

3도(실패2)

흑1로도 무방하다고 생각하 는 것은 잘못이다. 백2가 호 수로 이하 흑7로 먹여쳤을 때 백이 따내지 않고 8쪽을 잇는 수가 미처 흑이 생각하 지 못한 멋진 방어. 흑9로 넉점을 잡아도 백10으로 되 끊는 후절수의 맥이 있다.

(⑦…⑤ ⑨…③ ⑩…△)

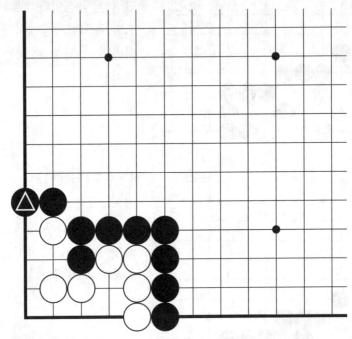

일단 안형을 무너뜨린 다음에 백의 자충을 노려야
한다. 1선에 내려서 있는 ▲가 커다란 작용을 한다.

어드바이스
흑1의 붙임은 급소
이긴 하지만 백2로
눈을 만들 여유를
주고 만다.

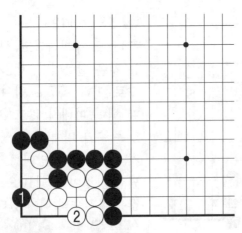

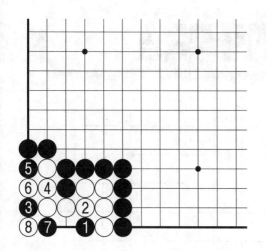

1도(정해·선수 행사)

일단 흑1로 안형을 빼앗는 것이 반드시 거쳐야 할 수순. 백2와 교환한 다음의 흑3이 백의 자충을 이용하는 맥점이다. 백4가 어쩔 수 없을 때 흑5·7로 패가 된다.

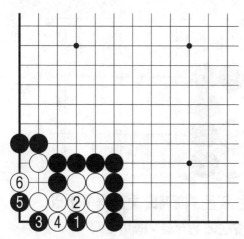

2도(실패1)

흑1, 백2 교환 후 흑3으로 두어도 될 것 같지만 백4로 따내어 완생이다. 계속해서 흑5로 젖혀 보아도 백6의 막음까지.

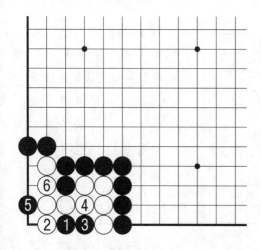

3도(실패2)

흑1도 안형을 빼앗는 수로 만일 백4로 이어주면 흑6으로 좋다. 그러나 백2가 호수. 흑3을 선수한 다음 흑5로 붙이더라도 백6으로 이을 여유가 있어 백을 살려주고 만다.

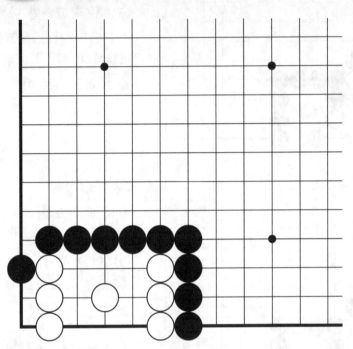

직접 급소부터 두는 것은 백에게도 좋은 응수가 있다. 안형을 빼앗는 수순에 만전을 기해야 한다.

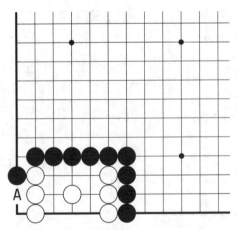

🔖 **어드바이스**

백은 A의 곳에 후수한눈. 그렇다고 흑A를 서두르면 변쪽에서 두눈을 허용한다. 먼저 변쪽을 선수한눈으로 제한시키는 공부가 필요하다.

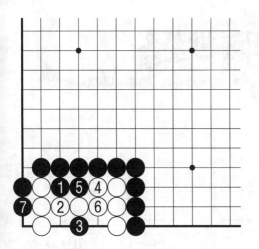

🔵 1도(정해·찌른 다음 치중)

흑1로 찔러 백2 때 흑3으로
치중하는 것이 수순. 백4에는
흑5로 변쪽을 선수한눈으로
제한시킨 다음 유유히 흑7로
밀고들어가 백을 잡는다.

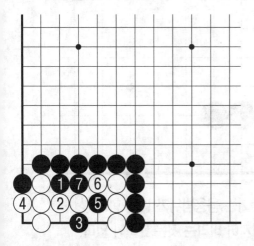

🔵 2도(변화)

전도의 변화로 흑3 때 백4로
귀쪽에 한눈을 만든다면 흑5
에서 7로 환격이다. 흑의 정
밀한 수순에 백은 이렇다할
저항책이 없는 것이다.

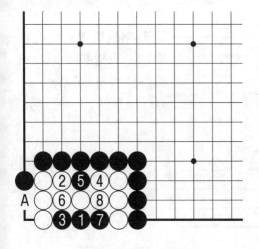

🔵 3도(실패)

흑1은 백2가 멋진 방어여서
살려주고 만다. 흑3·5가 끈
질긴 공격이나 이하 백8까지
석점을 따낸 다음 1의 곳에
두어 두눈을 내는 수와 A의
막음이 맞보기. 수순중 흑3으
로 5는 백3으로 살려주며, 최
초 흑4로 공격하는 것도 백8
로 실패.

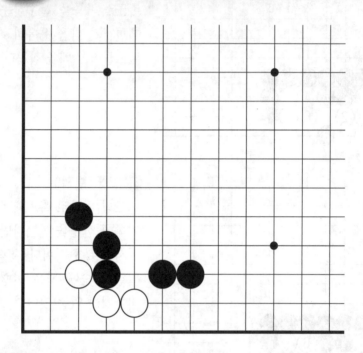

 실전에서도 가끔 생기는 응용범위가 넓은 형태. 선수 랍시고 섣불리 결정지어 버리는 것은 묘미가 없다.

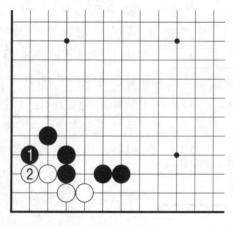

어드바이스
흑1은 돌입부족. 백2로 막혀 아무 것도 안된다.

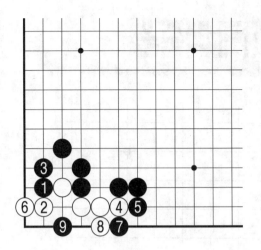

●1도(정해·붙임)

흑1의 붙임까지 나아갈 곳. 계속해서 백2 때 잠자코 흑3으로 끄는 수가 중요하다. 이후는 상용의 마무리. 백4부터 몸부림을 쳐도 이하 흑9까지 백은 두눈을 만들 공간이 없다.

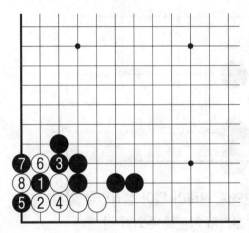

●2도(실패1)

백2 때 흑3의 몸을 결정짓는 것은 대악수. 백4로 이은 이후 흑6은 백5로 삶. 따라서 흑5로 젖혀 패를 노릴 수밖에 없는데 이것으로는 크게 불충분하다.

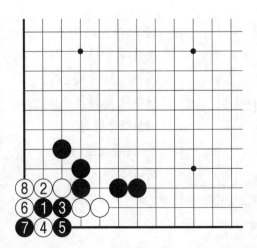

●3도(실패2)

흑1의 치중은 지나친 돌입. 백2로 차단당하고 흑3일 때 백4의 붙임이 호수여서 무조건 산다. 이후 흑7로 따내도 패를 할 필요 없이 백8로 이어서 삶.

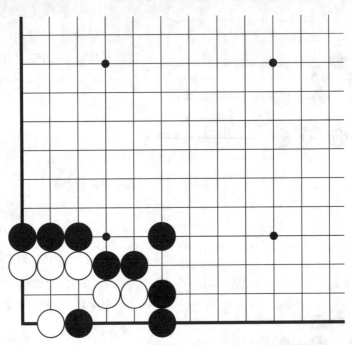

단순하면서도 백모양에 탄력이 있어 생각만큼 쉽지 않다. 패의 유혹에 빠지지 않도록 주의할 것.

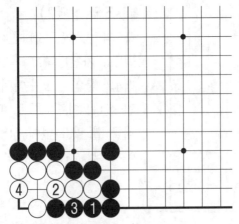

어드바이스

직접 흑1부터 공격하는 것은 백2가 선수로 들어 4까지 안성맞춤의 삶. 흑을 자충으로 이끌어야 한다.

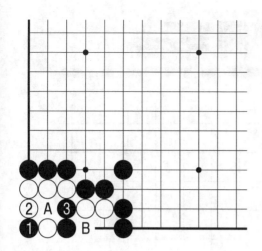

🔵 1도(정해·1의一)

흑1로 1·一의 곳에 집어넣는 수가 백을 자충으로 이끄는 기발한 맥점이다. 백2로 따내면 흑3으로 끊어 백은 A로도 B로도 둘 수 없는 모습이다.

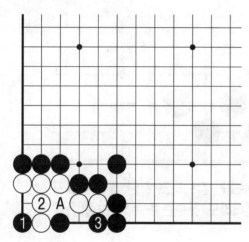

🔵 2도(변화)

흑1에 대해 백2로 잇는 변화라면 가만히 흑3으로 밀고들어가는 수에 백은 응수가 없다. 그리고 백2로 A라면 흑2로 따내어 백은 살 수 없는 모양.

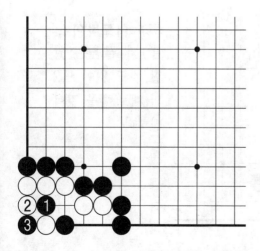

🔵 3도(실패)

맥을 모르면 흑1로 젖히는 정도일 것. 하지만 백은 당연히 2의 패로 버틸 것이므로 흑으로서는 불만이 크다.

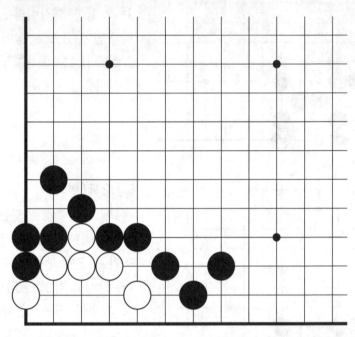

패라면 간단한데 무조건 잡으라고 하면 꽤 망설여지는 형태이다. 그렇더라도 첫수는 모두의 눈길이 쏠리는 이곳뿐이다.

어드바이스
흑1의 끊음은 말할 것도 없이 백2의 패로 받을 것이 뻔하다.

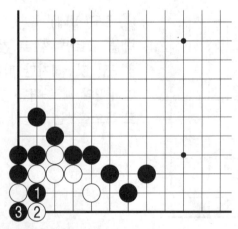

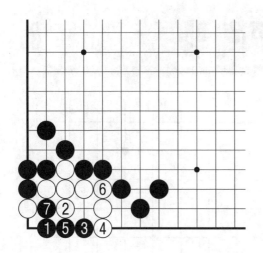

🔘 1도(정해 · 치중)

무조건 잡아야 한다면 어쨌든 흑1에 치중하고 볼 일. 이에 대해 백2면 흑3에서 5가 빈틈 없는 수순. 계속해서 백6으로 이어도 흑7로 끊으면 백은 살 수가 없다.

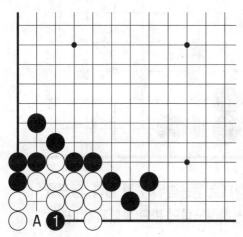

🔘 2도(참고 · 부연설명)

1도 이후 백이 흑 넉점을 잡아도 살 수 없음을 보여주는 그림. 흑1의 치중 한방으로 그만이다. 단, 흑1로 A에 두는 것은 백1로 살게 되니 조심할 일이다.

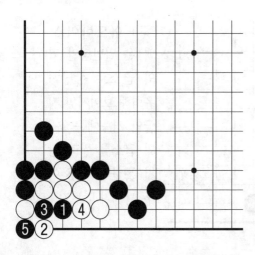

🔘 3도(실패)

흑1은 백2로 받게 되어 패싸움이 필연적이다. 무조건 잡을 수 있는 것을 패를 만들어서는 명백히 흑의 불만이다.

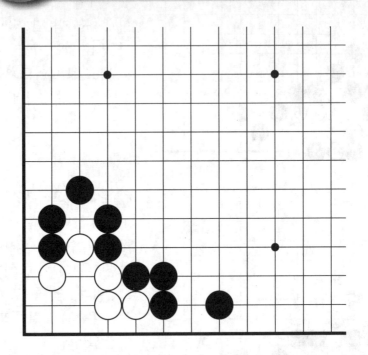

 이것도 실전적인 형태로 응용범위가 꽤 넓다. 궁도를 넓히느냐, 급소에 선착하느냐의 판단이 쉽지 않다.

어드바이스

백1은 일반적인 귀의 급소로 상당히 유력해 보이지만 지금의 경우에는 흑2의 급소를 찔려 살지 못한다. 흑6 이후 A, B가 맞보기.

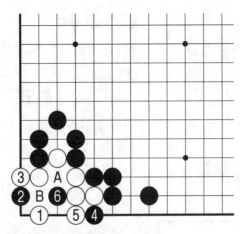

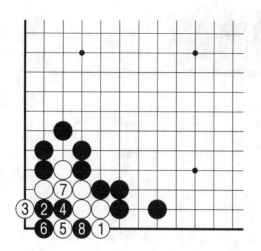

1도(정해 · 내려섬)

백1의 내려섬이 침착한 호수. 흑도 2로 껴붙이는 것이 최선으로 이하 흑8까지 패싸움이 쌍방 필연적인 절충이다.

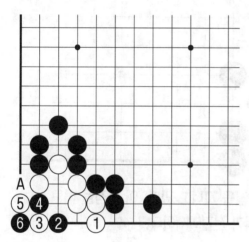

2도(변화)

백1에 흑2로 치중하는 맥도 있는데 백3으로 붙여 이하 흑6까지 역시 패가 된다. 단, 백3으로 4는 흑A로 젖힘당해 죽는 모양이다.

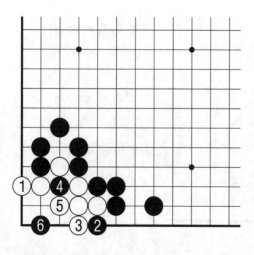

3도(실패)

똑같이 궁도를 넓히는 수라도 백1쪽으로 내려서서는 안 된다. 흑2 · 4가 안형을 빼앗는 요령으로 흑6까지 백은 죽음을 면치 못한다.

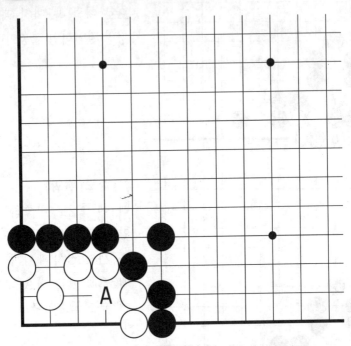

 백은 A의 곳에 약점을 지니고 있다. 이 단점을 어떤 식으로 방비하느냐가 선결과제이다.

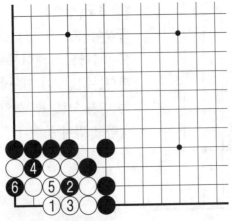

어드바이스

백1이 탄력적인 응수 같지만 실은 가장 미흡한 이음법. 흑6까지 속절없이 잡혀 버리고 만다.

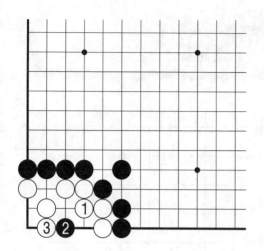

●1도(정해 · 꽉이음)

여러가지의 이음법이 있지만 정해는 백1쪽을 꽉 잇는 수에 한한다. 흑2의 치중에는 백3으로 받아 아무런 문제가 없다.

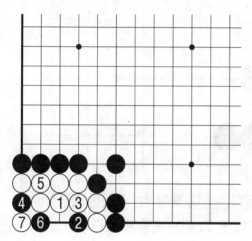

●2도(실패)

백1로도 마찬가지라고 생각하는 것은 오산이다. 흑2를 선수한 다음 흑4의 먹여침이 백의 불찰을 꾸짖는 날카로운 일격. 이하 백7까지 패싸움이 불가피하다.

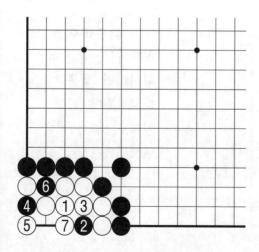

●3도(실패 · 변화)

2도의 변화. 흑4로 먹여쳤을 때 백5로 덥썩 따내는 것은 더욱 나쁘다. 흑6에서 8까지 이번에는 흑이 먼저 따내는 패가 되고 만다.
(⑧…④)

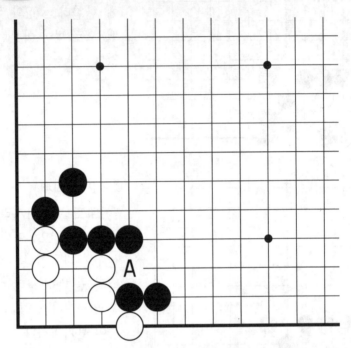

 A의 곳이 비어 있다는 점이 백에게는 든든한 생명줄이다. 첫수를 발견하면 그 뒤는 순풍에 돛 단 듯.

🖎 어드바이스
공배가 꽉 막힌 상황이라면 백은 이대로 죽어 있다. 일례로 백1은 흑2에서 6까지.

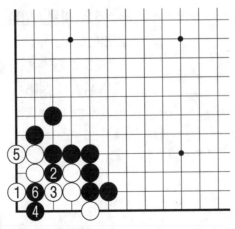

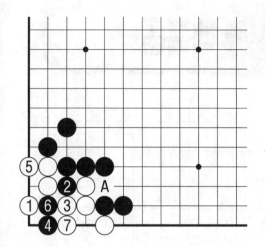

1도(정해·마늘모)

백1로 2·一에 마늘모하는 것이 모양의 급소. 이에 대해 흑5는 백4로 삶. 그래서 흑2에서 4로 치중해 보지만 백5로 눈을 만들어서 좋다. 계속해서 흑6으로 끊어도 A의 곳이 비어 있어 백7로 둘 여유가 있다.

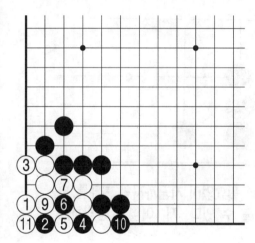

2도(변화)

흑1에 단순히 백2로 치중해 와도 백3으로 끄떡 없다. 흑4에서 8이면 언뜻 패라고 착각하기 쉬우나 냉정하게 백9에서 11로 메워 몰아떨구기. (⑧…④)

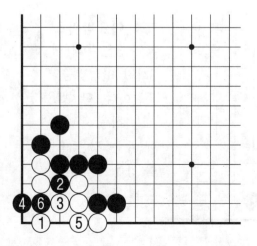

3도(실패)

같은 2·一이라도 백1은 방향이 나쁘다. 흑2에서 4의 치중으로 백죽음. 계속해서 백5로 한눈을 만들어도 흑6으로 끊겨 자충인 백은 어느 쪽으로도 둘 수 없는 모습이다.

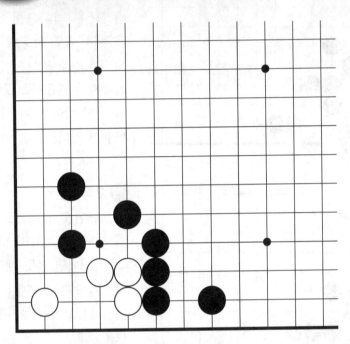

너무 어렵게 생각할 필요없이 지금까지의 형태를 숙지했으면 간단히 풀 수 있다. 자, 어떻게 공략하는 것이 바람직할까?

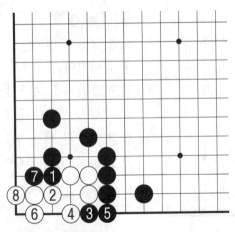

어드바이스

흑1·3은 무책. 백8까지 안성맞춤의 두눈이다. 단, 백8로 욕심을 부려 7에 두는 것은 흑6을 당해 귀곡사.

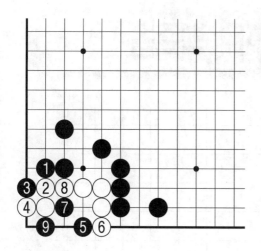

🔵 1도(정해 · 내려섬)

잠자코 흑1로 내려서는 수에 의해 백은 두눈을 만들 공간이 생기지 않는다. 백2로 궁도를 넓혀도 흑3에서 9까지 오궁도화로 백죽음이 확인된다.

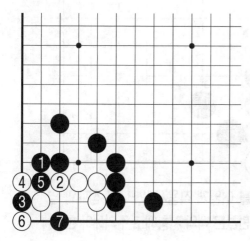

🔵 2도(변화)

흑1에 백2로 저항해도 소용없다. 흑3의 붙임이 안형을 빼앗는 급소로 흑7까지 백에게 두눈을 허락하지 않는다.

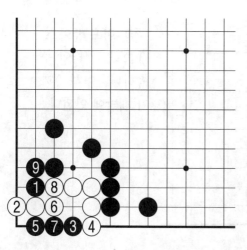

🔵 3도(실패)

흑1로 마늘모붙이는 것은 마음이 너무 조급하다. 백2의 내려섬을 허용하면 이미 잡을 수 없는 돌이 되고 만다. 흑3 이하는 후수빅을 만드는 데 불과한 수순.

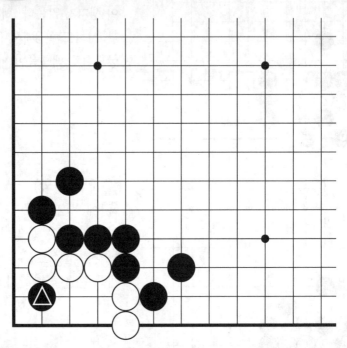

 백진속에 있는 ▲를 어떻게 작용시키느냐가 성패의 열쇠를 쥐고 있다. 만만찮은 백의 저항에도 주의해야 한다.

어드바이스
흑1로는 책략이 부족하다. 이하 7까지 패밖에 안된다.

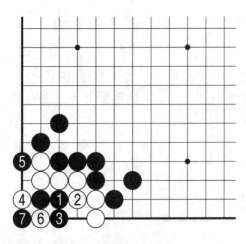

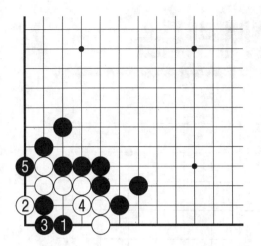

● 1도(정해 · 마늘모)

흑1의 마늘모가 안형을 빼앗는 급소이다. 백2로 젖히면 패를 방지하는 흑3이 침착한 수로 4의 끊음과 5의 젖힘이 맞보기.

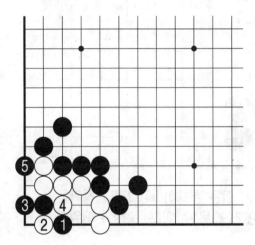

● 2도(변화)

흑으로서는 백2로 먹여치는 수에 마음을 놓아서는 안된다. 이에 대해서는 흑3의 뻗음이 냉정한 호수. 백4에는 흑5로 건너 백을 잡을 수 있다.

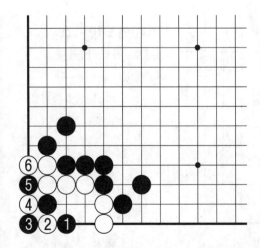

● 3도(참고 · 흑의 주의)

백2로 먹여쳤을 때 흑3으로 덥썩 따내면 큰일난다. 백4로 또 한번 먹여치는 것이 기사회생의 묘수로 흑은 패를 피할 수 없다.

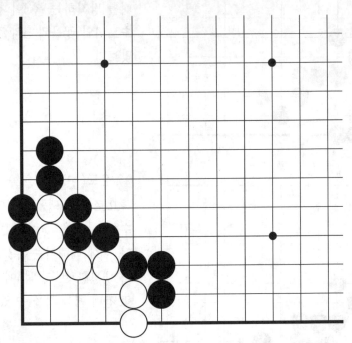

 자칫 패로 속단하기 쉬운 형태이다. 그러나 정확한 수순을 밟으면 무조건 잡을 수 있다. 공배가 메워져 있는 점에 착안.

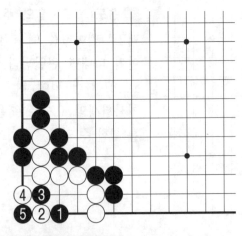

어드바이스
흑1로 치중하는 것
은 백2의 붙임을 당
해 패가 필연이다.

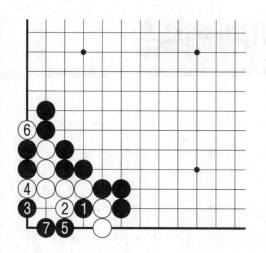

🔵 1도(정해·끊은 다음 치중)

흑1의 끊음이 좀처럼 생각해
내기 힘든 묘수. 백2가 절대
적인 응수일 때 흑3의 치중
이 제2탄의 맥. 백4에 흑5·
7의 교묘한 공격으로 백을
무조건 잡을 수 있다.

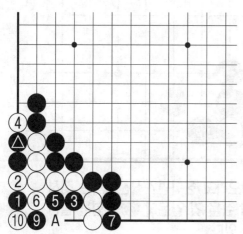

🔵 2도(실패1)

흑1로 치중한 다음 3으로 끊
는 것은 수순착오이다. 백4
로 따내어 자충을 해소한 뒤
백6에서 10까지 패싸움이 불
가피하다. 수순중 흑5로 A는
백9로 건너붙여 무조건 삶.
(❽…△)

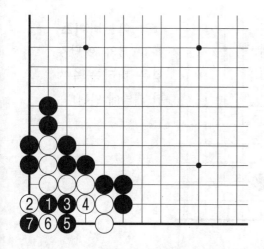

🔵 3도(실패2)

패라면 흑1로 붙이는 편이
낫다. 이하 7까지 흑이 먼저
따내는 패. 그러나 무조건
잡을 있었으므로 실패.

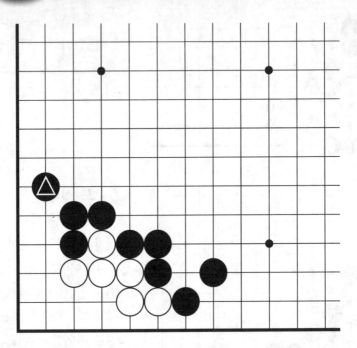

 이 백을 무조건 잡으라고 한다면? 실전에서는 젖혀 이음으로 만족하기 쉬울 것 같은데 ▲의 힘을 빌린 과감한 돌입수단이 있다.

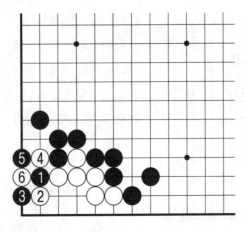

어드바이스
흑1 · 3의 이단젖힘은 버티는 수지만 패밖에 안된다.

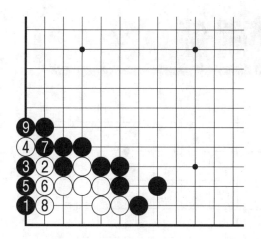

● 1도(정해·깊숙한 돌입)

흑1까지 돌입하는 수가 성립한다. 이에 대해 백6은 흑5로 연결되므로 백은 2로 젖히는 것이 까다로운 저항인데 흑3의 붙임이 후속타. 백4에는 흑5가 침착한 이음으로 흑9까지 백에게 두눈을 허락하지 않는다.

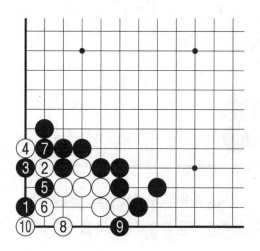

● 2도(실패1)

백4로 젖혔을 때 성급하게 흑5로 끊으면 안된다. 백6을 선수하고 나서 8로 호구잇는 것이 끈질긴 수로 패의 수단을 허용하고 만다.

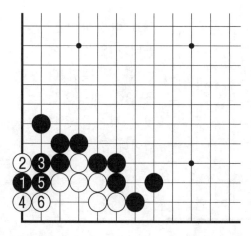

● 3도(실패2)

흑1로는 돌입이 부족하다. 백2의 건너붙임이 버림돌을 이용하는 맥으로 흑3일 때 백4·6으로 저지시켜 사는 공간이 확보된다.

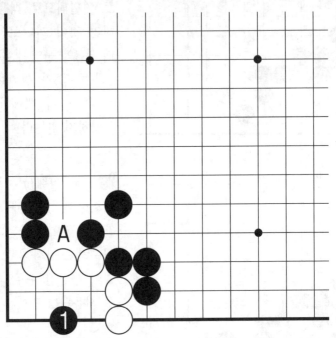

흑1로 치중한 장면. 그러나 A의 곳이 비어 있는 상황에서의 이 수는 빗나간 공격법. 백은 어떻게 살아야 할까?

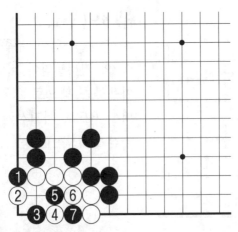

어드바이스

공배가 있을 때에는 흑1로 젖힌 다음 3에 치중하는 것이 정확한 공격법이다. 7까지 패.

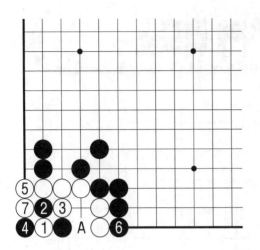

🔘 1도(정 해·내려섬이 포인트)

백1의 붙임은 당연한 응수. 흑2에 백3쪽으로 끊고 흑4에 백5의 내려섬이 패를 피하는 포인트. 이하 백7까지 두점을 잡고 무조건 살 수 있다. 수순중 백3으로 7은 흑4로, 백5로 A는 흑6으로 패가 되니 주의할 것.

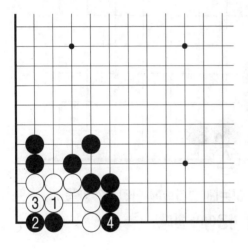

🔘 2도(실패)

백1로 치받는 것은 우직하다. 흑2로 빠진 다음 흑4면 백은 어떻게 두어도 두눈을 낼 공간이 부족하다.

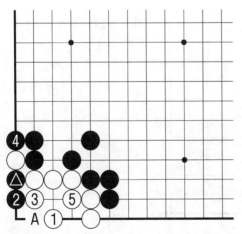

🔘 3도(참고·백삶)

백의 젖힘이 있는 상황에서 흑 ❹로 먹여친 것도 정공법이 아니다. 이에 대해 덥썩 백2로 따내면 흑A의 치중으로 무조건 죽음. 이때는 백1로 살짝 비켜 틀을 잡는 것이 좋다. 흑2에 백3을 선수하고 나서 5로 두눈의 삶이다.

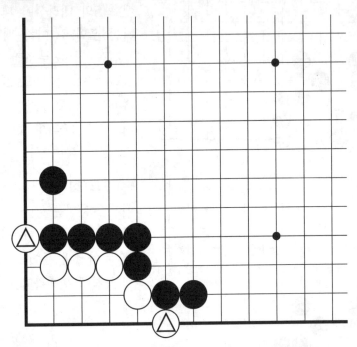

 패라면 한눈에 보이는데 그것밖에 안될까? 양쪽 △ 의 젖힘에 주의를 기울여야 한다.

⚑ 어드바이스

직접 흑1로 끊으면 백은 당연히 2의 패로 버틸 것이다.

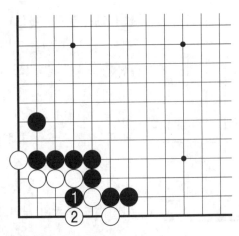

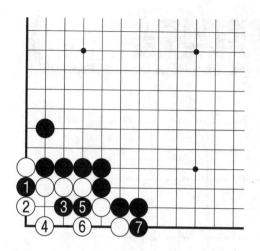

● 1도(정해·붙임이 급소)

먼저 흑1로 먹여쳐 궁도를 좁히는 것이 필요한 수순. 백2로 따내면 흑3의 붙임이 급소이다. 흑7까지 백죽음. 백4로 6에 두면 흑4로 좋다.

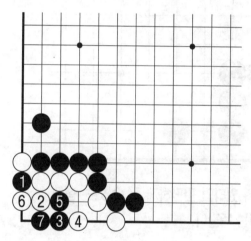

● 2도(변화)

흑1로 먹여쳤을 때 백2로 물러서면 흑3의 치중이 날카로운 급소이다. 이하 흑7까지 백죽음은 변하지 않는다.

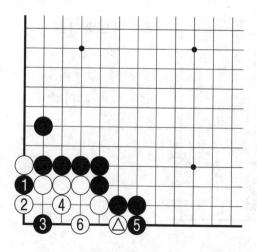

● 3도(실패)

백2 때 자칫 흑3의 치중에 손이 가기 쉽다. 그러나 이 수야말로 △의 젖힘을 간과한 실착. 백4에서 6으로 패의 저항에 부딪히고 만다.

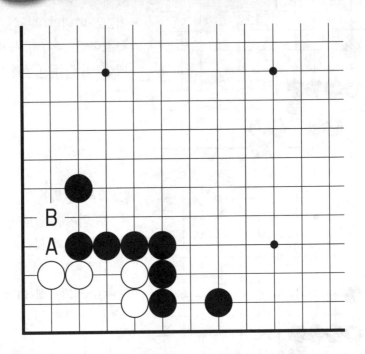

백A, 흑B가 더해져 있다면 간단하게 풀 수 있는 형태. 그렇지만 기본원리는 똑같다.

어드바이스
흑1로 막으면 백2로 지켜 삶. 흑3 이하는 무의미한 공격이다.

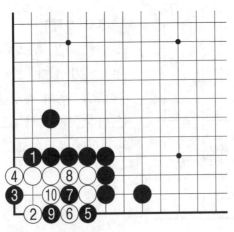

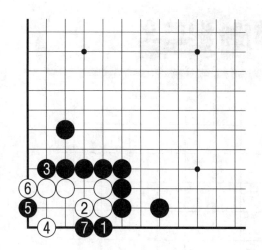

◉ 1도(정해·젖힘)

흑1의 젖힘으로 잡을 수 있다. 백2의 꼬부림에는 흑3으로 막아 백은 사는 궁도가 모자란다. 백4면 흑5·7로 좁혀 그만이다.

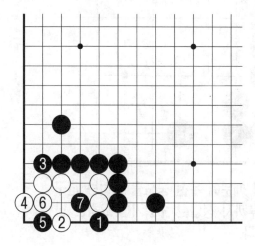

◉ 2도(변화)

흑1의 공격에 대해 백2로 뛰어 지키더라도 상황은 호전되지 않는다. 백4에는 흑5의 붙임이 날카로운 급소일격.

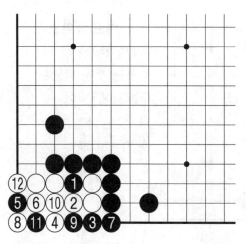

◉ 3도(실패)

먼저 흑1로 찌르는 것은 악수이다. 뒤늦게 흑3으로 젖혀도 백4로 호구이어 무조건 살게 된다. 흑5 이하는 이해를 돕기 위한 부연설명에 불과한 수순.

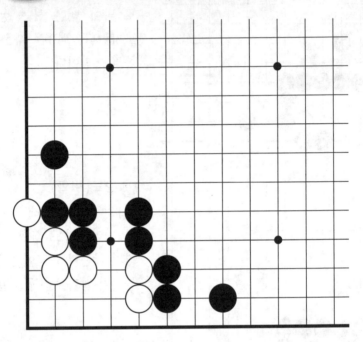

 백의 궁도가 넓기 때문에 우선 궁도를 좁히는 연구가 필요하다. 최후까지 정밀한 수읽기를 요하는 난이도 높은 문제이다.

🐚 어드바이스

흑1로 안쪽부터 치중하는 것은 백2로 내려서게 되어 죽지 않는다. 이하 백10까지 빅.

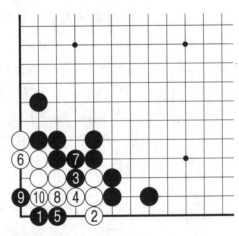

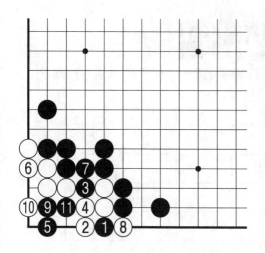

🔵 1도(정해 · 양자충)

출발은 흑1의 젖힘, 그리고 백2 때 흑3의 끼움으로 궁도를 좁힌다. 계속해서 흑5의 치중이 급소일격. 백6이면 흑7에서 11까지 백을 양자충으로 이끌어 잡는다. 수순 중 백8로 9면 흑8, 백11, 흑10으로 귀곡사.

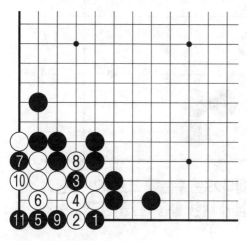

🔵 2도(변화)

흑5로 치중했을 때 백6으로 버티면 흑7로 먹여쳐 궁도를 좁힌다. 이 변화도 흑11까지 백은 귀곡사의 모양을 벗어나지 못한다. 그리고 흑1에 백5로 지키면 흑4, 백3, 흑2로 좋다.

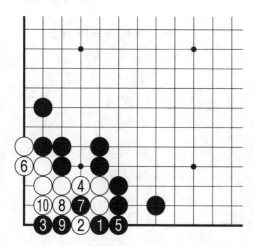

🔵 3도(실패)

백2 때 흑3으로 치중하는 것은 성급한 공격이다. 백4의 곳이 쌍방간의 급소로 이하 흑11까지의 수순으로 패가 된다. (⑪…❼)

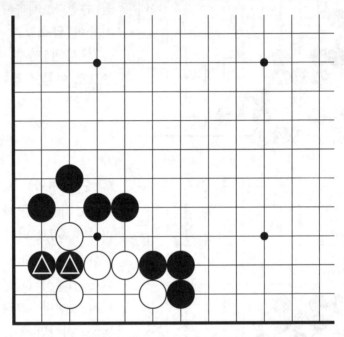

 성급하게 덤벼 들다가는 수순을 그르치기 십상이다. 일단 ▲ 두점에 대한 활용수단을 강구하는 것이 급선무이다.

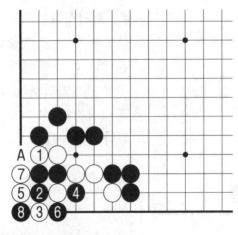

☞ 어드바이스

백1은 흑이 A로 넘어갈 것으로 속단한 수. 그러나 흑2의 저항을 받아 이하 8까지 패가 나고 만다.

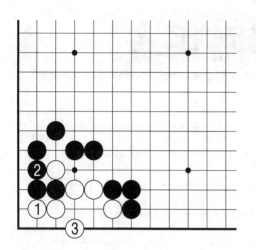

1도(정해·단순한 막음)

어쨌든 궁도를 넓힐 수밖에 없다. 그 시작은 백1의 단순한 막음. 이에 대해 흑2로 이어 주면 백3으로 호구이어 완생이다. 이 진행이라면 아주 간단한데….

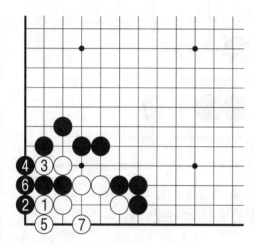

2도(변화)

흑2로 젖혀올 때가 약간 성가시다. 이것에는 백3을 선수한 다음 가만히 5에 꼬부리는 것이 냉정한 호착. 흑6으로 보강할 수밖에 없을 때 백7까지 무난히 살 수가 있다.

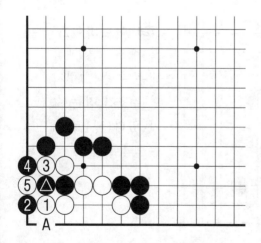

3도(실패)

2도에서, 흑4로 건넜을 때 덜컥 백5로 따내는 것은 하수들이 쉽게 저지르는 악수. 흑6으로 되따내고 나면 이제 백A가 선수로 듣지 않아 백의 명줄도 끊겨 버린다. (6…△)

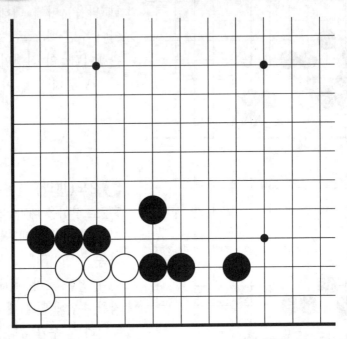

 백이 2·二의 요소를 차지하고 있어 간단하게 풀리지는 않는다. 차분하게 생각해보면 필살의 수가 떠오를 것이다.

☞ 어드바이스

흑1에서 3은 패를 내는 수단. 그렇지만 무조건 잡는 수가 있다(흑1로 A는 백4로 완생).

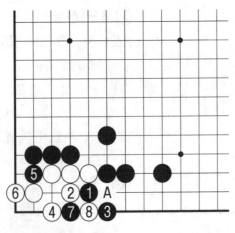

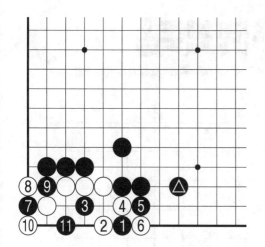

🔵 1도(정해·1선의 뜀)

1선에 뛰는 흑1이 냉정한 공격법이다. 백도 2의 막음이 강력한 저항인데 여기서 흑3이 중요한 일착. 백4에는 흑5를 선수하고 7 이하 11까지 안형을 빼앗는다. 단, 이 모양은 ▲ 등이 있어 백6의 따냄이 선수가 되지 않을 때 가능한 수단이다.

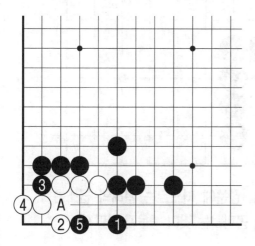

🔵 2도(변화)

흑1 때 백2의 호구로 받으면 흑3이 급소. 백4로 귀쪽에 한눈을 만들어도 흑5로 뛰어붙이면 A의 곳은 옥집이다.

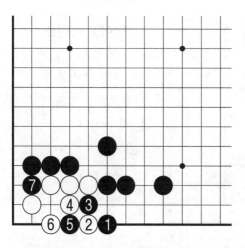

🔵 3도(실패)

백2로 막았을 때 흑3으로 모는 것은 함정에 빠져드는 경솔한 행동이다. 백6 때 흑2에 이으면 백7로 완생. 따라서 흑은 7로 찔러야 하는데 백8로 따내어 패가 된다. (⑧…②)

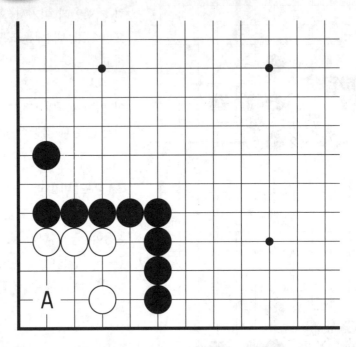

뒷박형의 응용형. 한눈에 떠오르는 형태의 급소는 A의 곳인데 직접 공략하는 것이 좋을지 어떨지.

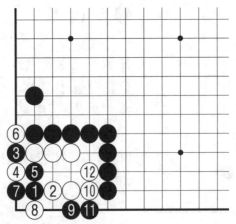

어드바이스

직접 흑1로 치중하는 것은 준비부족. 패를 내는 정도로는 불만이다.

(⑬…❸)

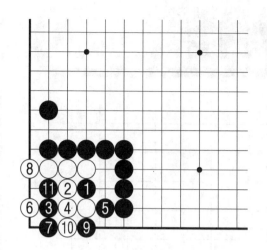

치중하기에 앞서 흑1로 끼워 백모양의 일각을 무너뜨리는 것이 주도면밀한 사전공작이다. 백2로 받으면 그때 흑3의 치중이 올바른 수순. 백4로 버텨도 흑5 이하 선명하게 백의 숨통을 끊어놓을 수 있다.

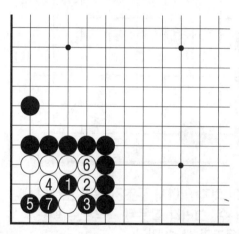

2도(변화)

흑1의 끼움에 대해 백2로 잡으면 흑3. 백4로 따내도 흑5에 치중하면 백은 두눈을 만들 공간이 부족하다. 최후 흑7로 찝어서 백죽음.

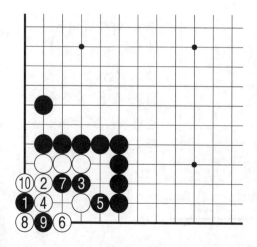

3도(실패)

흑1에는 백2가 건넘을 차단하면서 눈만들기를 노린 일석이조의 호착이다. 흑3으로 끼워 안형을 방해하면 백4가 후속맥이며 흑5에는 백6이 또한 절묘하다. 백8에서 10의 눌러몰기가 굿바이 히트.

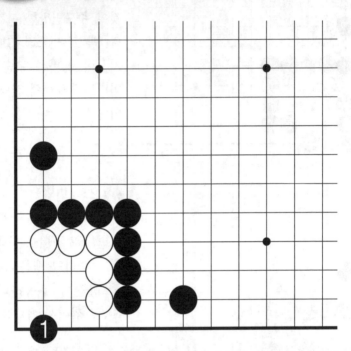

흑1은 패로는 성이 차지 않아서 무조건 잡아 보겠다는 욕심이 빚어낸 수. 그러나 잘못된 공격으로 백은 정확히 응수하면 무조건 살 수 있다.

☞ 어드바이스

백1의 마늘모붙임으로 건넘을 저지하는 것은 함정에 걸린 꼴. 흑6까지 무조건 죽음이다.

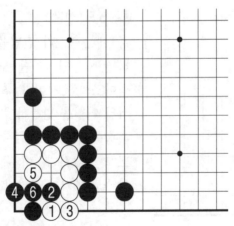

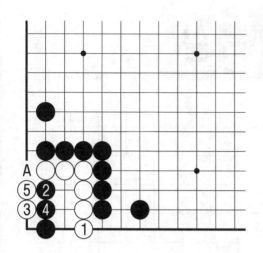

1도(정해·내려섬)

어쨌든 백은 1로 내려서는 한수. 흑2로 뛰어붙였을 때가 문제인데 백3의 치중이 기사회생의 묘수이다. 흑4로 이으면 백5로 건너서 빅. 흑4로 A라면 백4로 삶.

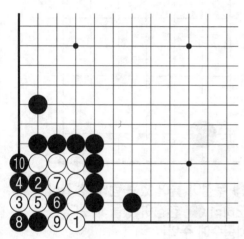

2도(변화)

백3의 치중에 대해 흑4로 막으면 백5 이하가 상용의 맥. 그리고 흑8 때 잠자코 백9로 모는 것이 침착한 호수(백9로 5에 먹여치지 않도록 주의!). 백11에 흑은 몰아떨구기에 걸려 두점이 살아가지 못한다. (⑪…⑤)

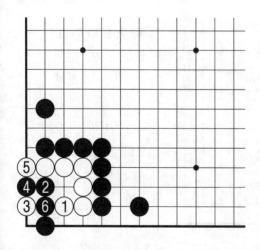

3도(실패)

백1로 꼬부려서 건넘을 저지하는 것으로는 함정에 걸려든다. 흑2에서 4일 때 백5에 막을 수밖에 없는데 흑6으로 이으면 유가무가의 모습. 백 죽음이다.

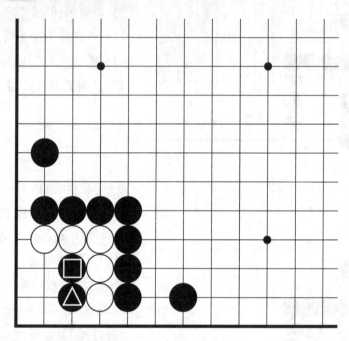

 됫박형 속에 ⬤, ⬛ 두점이 들어 있는 형태. 성가신 존재로 보이지만 오히려 ⬤ 한점이 있을 때보다 한결 수월하다. 단, 치중수에 주의!

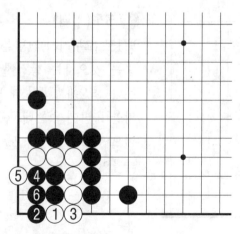

👉 **어드바이스**

어쨌든 흑이 넘어가는 수는 저지해야 하는데 백1은 실격. 흑6까지 오궁도화로 잡힌다.

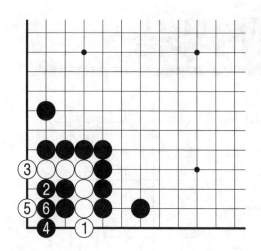

1도(정해·내려섬)

무덤덤하게 백1로 내려서는 수가 좋다. 흑2에도 백3으로 내려서고 흑4에는 백5의 치중. 이후 흑6으로 이으면 빅. 백은 선수로 살 수 있다.

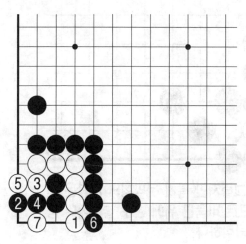

2도(변화)

흑이 2로 뛰는 변화라면 얼마든지 환영이다. 백3에서 5로 막으면 흑은 6으로 바깥쪽의 공배를 메우는 정도인데 백7까지 흑 넉점을 잡고서 산다.

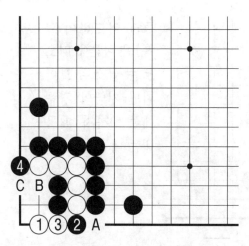

3도(실패)

백1은 언뜻 교묘한 수 같지만 실은 속수. 흑2면 백3으로 끊을 수밖에 없는데 흑4로 몰았을 때의 대책이 없다. 백A면 흑B, 백B면 흑C.

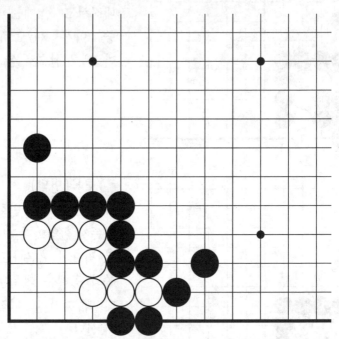

 모든 바둑공부가 그렇지만 특히 뒷박형의 사활은 변화가 복잡다단하므로 바둑판 위에 손수 놓아가며 공부하는 태도가 바람직하다.

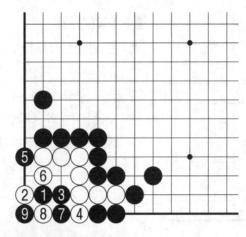

🐟 어드바이스

흑1은 한눈에 떠오르는 급소로 보이지만 지금의 경우에는 9까지 패를 내는 데 그친다.

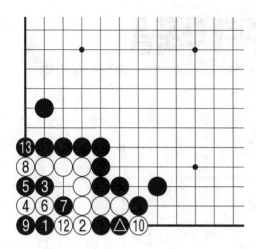

🔴 1도(정해·유가무가)

건넘을 엿보며 2·一에 치중하는 흑1이 급소의 일착. 백2로 차단하면 흑3으로 뛰어붙인다. 백4가 최강의 저항이지만 흑5에서 13까지 유가무가. 흑의 정확한 공격에 백은 죽음을 면할 수 없다. (⑪…△)

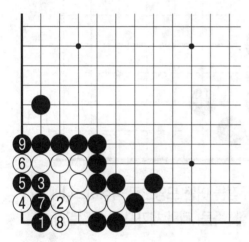

🔴 2도(변화)

백2로 차단해올 경우에도 흑3의 뛰어붙이는 공격이 유효하다. 백4로 치중해 유가무가를 피하면서 빅을 노리려 해도 흑5가 클린 히트. 역시 흑9까지 유가무가의 모양이다.

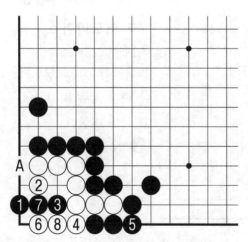

🔴 3도(실패)

흑1의 치중에는 백2가 호수. 흑3으로 넘자고 해도 백4에 흑5로 잇는 정도. 결국 백8까지 빅이 된다. 수순중 백6으로 7에 뚫는 것은 흑A의 젖힘으로 패가 발생한다.

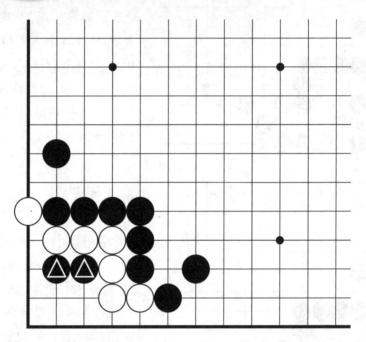

뒷박형 속의 ⬤ 두점을 어떤 모양으로 움직이느냐에 따라 백의 운명은 삶, 죽음, 패의 세가지 길로 갈린다.

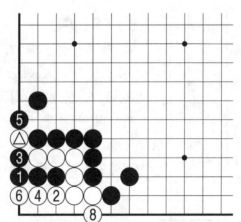

☞ 어드바이스

흑1은 백2가 호착. 흑이 살아가는 동안 백은 두눈을 내고 살아 버린다. (❼…⬤)

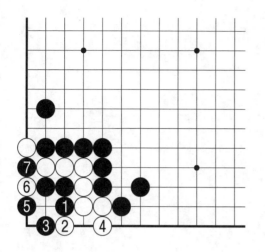

● 1도(정해·양패로 백죽음)

흑1로 꽉 막는 것이 호수. 백2의 젖힘이면 흑3으로 막아서 문제가 없다. 백4는 패라고 만들어 보려는 의도지만 흑5, 백6에 흑7로 따내어 양패로 백을 잡는다.

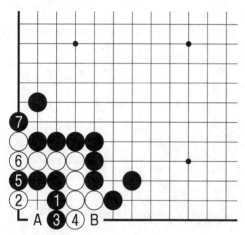

● 2도(변화1)

백이 2로 치중해오면 흑3의 내려섬이 오른쪽으로의 건넘을 엿보는 호착이다. 백4로 저지할 수밖에 없을 때 흑5로 막는 것이 올바른 수순. 흑3으로 성급하게 5에 막으면 백3, 흑A, 백6, 흑4, 백B, 흑7, 백3으로 따내어 패가 된다.

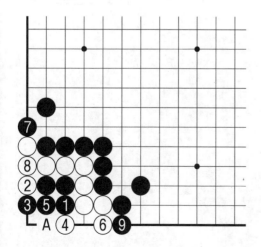

● 3도(변화2)

흑1의 막음에 대해 백2쪽으로 젖혀도 흑3으로 막아서 끄떡 없다. 백4에는 흑5로 잇고 백6에는 흑7에서 9까지 수상전은 흑승이다. 백6으로 A라면 흑6으로 젖혀 오궁도화.

제 2 장

변의 사활

제 2 장
변의 사활

2선형

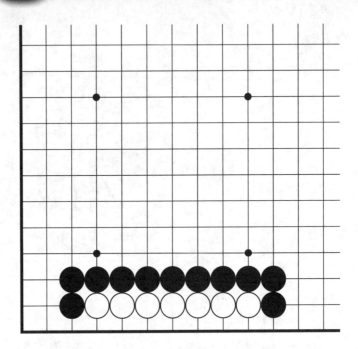

 2선에 백돌 일곱점이 나란히 늘어선 모양. 양쪽 끝에 흑의 막음이 있으면 이 백의 사활은 어떻게 될까? 변의 사활의 기본형이다.

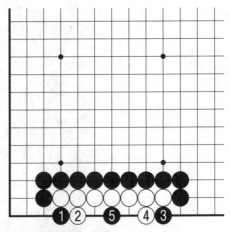

어드바이스

흑차례라면 1에서 5까지 백죽음. '변의 일곱점은 먼저 두는 쪽이 이긴다'라는 사실을 기억해 두자.

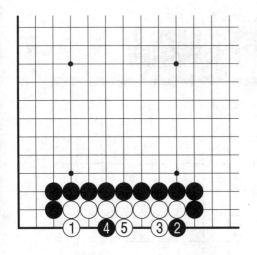

🔵 1도(정해 · 내려섬)

백1(2쪽도 마찬가지)로 내려서서 산다. 흑2로 좁혀도 백3으로 막으면 직사궁의 모양. 실전에서는 1로 내려설 것인지, 2로 내려설 것인지는 주변 상황에 따른다. 백1로는 5에 두어도 살수 있지만 자기 집을 메우는 수여서 집으로 손해이다.

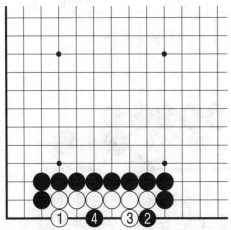

🔵 2도(참고1 · 六死)

이와 같이 여섯점이 늘어선 모양이면 누가 먼저 두느냐에 관계없이 이 백은 자체로 죽어 있다. 즉, '육사(六死)'인 것이다.

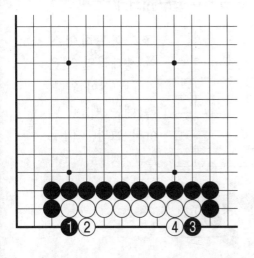

🔵 3도(참고2 · 八活)

여덟점이 늘어선 모양이라면 완생이다. 흑1 · 3으로 좁혀도 직사궁의 삶. 흑1 때 백2로는 3에 내려서도 좋다. 즉, 팔활(八活)인 것이다. 이상을 종합할 때 변의 2선의 사활은 '육사팔활(六死八活)', 여섯점은 자체로 죽어 있고 여덟점은 자체로 살아 있다. 그리고 일곱점은 먼저 두는 쪽이 이긴다는 사실을 알 수 있다.

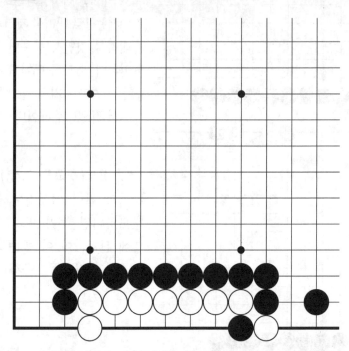

일곱점이라도 1선의 내려섬이 더해지면 손을 빼도 살아 있다. 그런데 이 그림은 오른쪽에 흑백이 서로 먹여쳐 있는 형태. 먼저 두는 쪽이 이긴다.

☞ 어드바이스

이 형태라면 백은 자체로 살아 있다. 흑1에는 백2로 막아서 그만. 흑1로 A면 백1로 크게 산다.

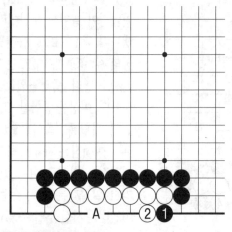

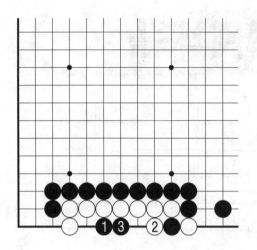

● 1도 (정해·치중)

안쪽에서부터 공격하는 흑1의 치중이 정착. 이렇게 급소부터 찔러가야 한다. 백2로 따내도 흑3이면 백은 석집치중수의 운명.

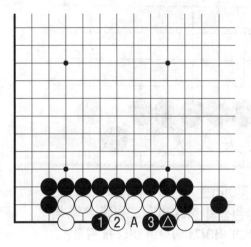

● 2도 (변화)

흑1의 치중에 대해 백2로 막아도 흑3으로 두점으로 키워버리면 된다. 이후 백A로 두점을 따내도 흑▲에 먹여쳐 옥집이다.

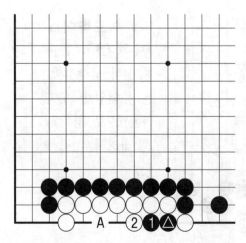

● 3도 (실패)

흑1은 백의 궁도를 좁히는 수지만 이 형태에서는 좋지 않다. 백2로 따내고 나면 백은 A로 두눈을 내는 수와 ▲의 곳을 이어 눈을 만드는 수가 맞보기가 된다.

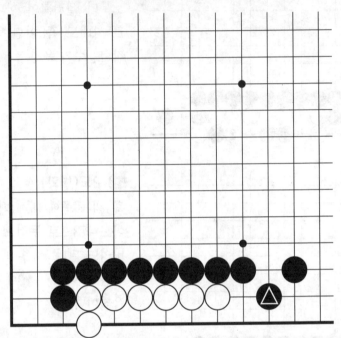

 늘어선 돌이 여섯점이라도 1선의 내려섬이 있고 한쪽이 열려 있으면 완생의 형태이다. 그런데 흑의 막음이 ▲에 한발 멀리 떨어져 있으면 어떻게 될까?

☞ 어드바이스
흑1은 ▲의 존재를 전혀 생각지 않은 무책임한 수이다. 백2로 침착하게 내려서서 직사궁.

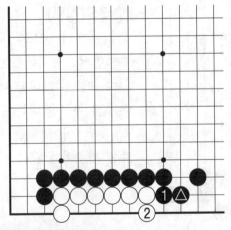

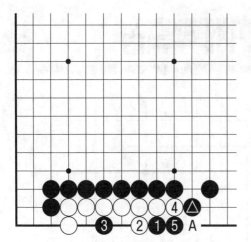

● 1도(정해1·붙임)

정해는 두가지인데 먼저 흑1의 붙임이 한가지 방법. 백2에 막으면 흑3으로 치중해서 좋다. 계속해서 백4에는 흑5로 키워버릴 수 있는 것이 ▲의 효과. 이후 백A로 두점을 따내도 흑5에 먹여쳐 옥집이다.

● 2도(정해2·치중)

또 한가지 방법이 흑1의 치중. 이렇게 안쪽에서부터 두어도 결과는 마찬가지이다. 백2에는 흑3의 붙임이 옥집으로 만드는 요령.

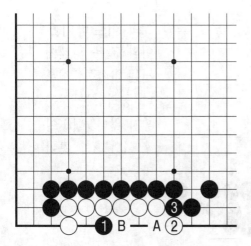

● 3도(변화)

흑1로 치중했을 때 백2로 마늘모하면 흑3의 찝음이 급소. 이후 백A에는 흑B로 석집치중수의 모양이다. 흑3으로 자칫 B에 두었다가는 백이 3의 곳을 차지해서 살게 된다.

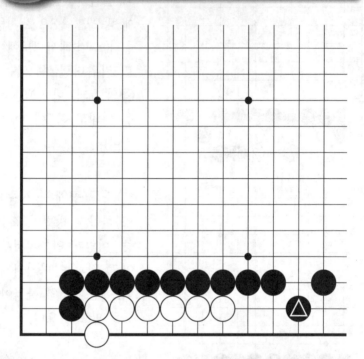

 ⚫가 〔제3형〕보다 한발 더 멀리 떨어져 있어도 여전히 수단이 성립한다. 단, 흑의 공격법은 한정된다.

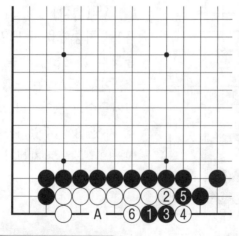

어드바이스

이와 같은 형태에서는 바깥쪽에서부터 공격하는 것은 좋지 않다. 백6 이후 A와 3의 곳이 맞보기로 삶.

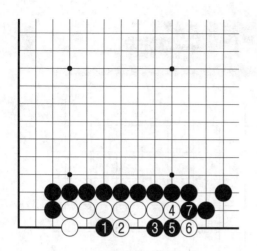

◉ 1도(정해·치중이 유일)

이번에는 흑1의 치중이 유일한 공격법이다. 백2로 막으면 흑3의 붙임이 준비된 후속타. 백4·6에는 흑5·7로 옥집으로 만든다.

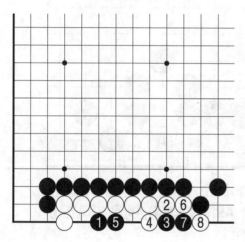

◉ 2도(변화)

흑1로 치중했을 때 백2로 넓히려고 해도 사는 궁도에는 미치지 못한다. 흑3의 붙임이 급소. 백4에는 흑5로 안형을 빼앗고 백6에는 흑7로 키워버리는 것이 좋은 맥이다. 백8로 따내도 흑9의 먹여침까지. (❾…❼)

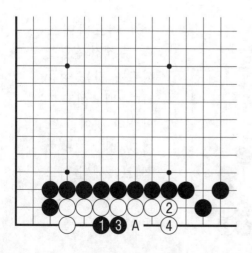

◉ 3도(실패)

백2로 넓혔을 때 흑3으로 안쪽에서 안형을 없애려고 하는 것은 성급하다. 백4로 내려서게 되면 완생의 모습. 이후 흑A로 두어도 후수빅을 만드는 정도이다.

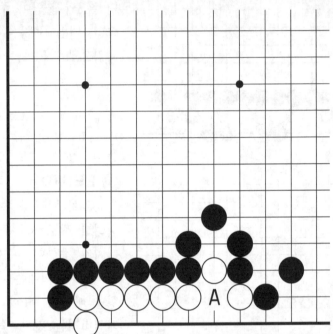

 2선에 일곱점이 늘어서고 1선에 내려섬이 더해지면 무조건 삶. 그러나 A의 곳에 불완전함을 지니고 있으면 사정이 달라진다.

✎ 어드바이스

흑1로 직접 결함을 찌르는 것은 성급하다. 백4 이후 A와 3의 곳이 맞보기로 삶. 그리고 흑1로 2에 몰아도 백1의 패로 받으므로 실패.

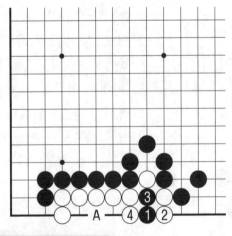

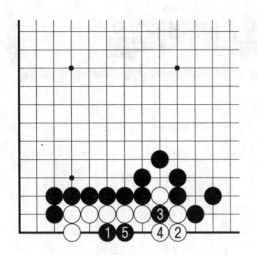

● 1도(정해 · 치중)

흑1로 안쪽에서부터 치중하는 것이 안형을 빼앗는 급소이다. 백2로 내려서 궁도를 넓히려 하면 먼저 흑3으로 먹여치는 것이 중요한 수순. 백4에 흑5로 백을 잡을 수 있다.

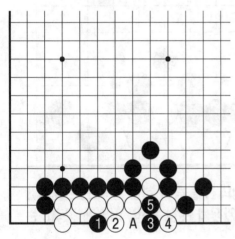

● 2도(변화)

흑1로 치중했을 때 백2에 막으면 다시 한번 흑3으로 치중하는 것이 포인트. 계속해서 백4에 막아도 흑5로 먹여쳐 옥집이다.

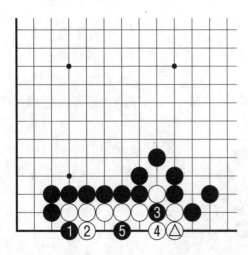

● 3도(참고 · 백죽음)

최초에 백이 △쪽에 내려서도 살지 못한다. 흑1의 젖힘과 3의 먹여침이 궁도를 좁히는 콤비네이션. 역시 두눈을 낼 수 없음을 알 수 있다.

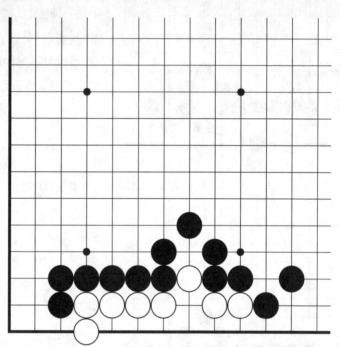

〔제5형〕에서 백의 부풀림이 한칸 왼쪽으로 옮겨졌다. 이것 역시 완전치 못한 모양. 어떻게 공격하는 것이 바람직할까?

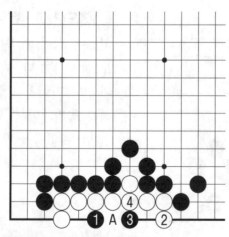

어드바이스

흑1로 치중하는 것은 백2의 내려섬. 흑3으로 두어도 백4의 이음. 이후 흑A면 빅은 되지만 흑으로서는 크게 불만이다.

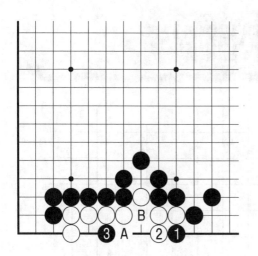

🔵 1도(정해·젖힘)

흑1로 젖힘부터 두는 것이
올바른 수순이다. 백2로 막
으면 흑3의 치중. 이후 백A
에는 흑B, 백B에는 흑A로
백을 잡을 수 있다.

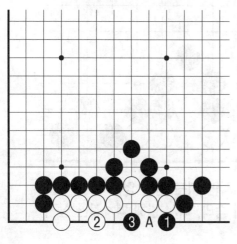

🔵 2도(변화)

흑1로 젖혔을 때 백2로 한눈
을 만들면 어떻게 할까? 이
수에 대해서는 흑3의 치중이
호수로 백은 꼼짝할 수 없는
모습. 흑3으로 A에 몰아도
마찬가지일 것 같지만 백이
두점을 잇지 않고 3에 막아
살게 되므로 요주의.

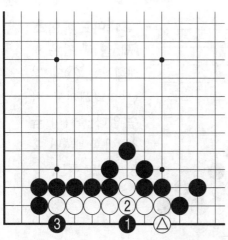

🔵 3도(참고·백죽음)

이 형태에서도 최초에 백이
△쪽에 내려서도 살지 못한
다. 흑1로 치중한 다음 3으
로 젖혀 백죽음. 흑1로 선불
리 3의 젖힘을 먼저 두지 않
도록 주의만 하면 된다.

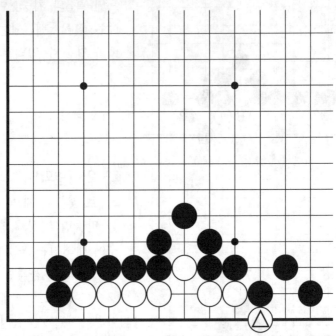

 △의 젖힘이 더해지면 백도 힘을 얻는다. 이 형태는 먼저 두는 쪽이 승리, 다시 말해 백차례면 살 수 있다.

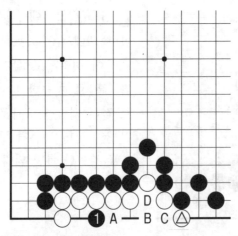

어드바이스

[제5형]과 같은 형태에서는 △의 젖힘이 더해져도 살 수 없다. 흑1이 급소. 이후 백A면 흑B, 백C면 흑D.

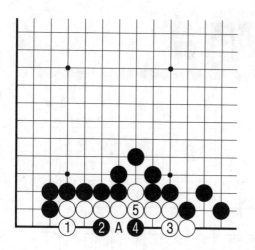

🔵 1도(정해·내려섬)

백1로 내려서는 수로 산다. 흑2가 급소 치중으로 보이지만 백3으로 이어 사는 궁도가 확보된다. 계속해서 흑4에도 백5로 이어 이후 흑A면 빅.

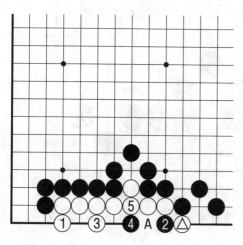

🔵 2도(변화)

백1에 대해 흑2로 먹여치면 백3의 급소를 차지해서 산다. 계속해서 흑4로 치중해 와도 백5로 이어 무사하다. ◎의 젖힘이 효과를 발휘해서 흑은 A로 이어갈 수 없는 모습이다.

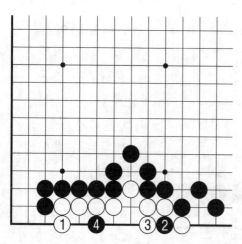

🔵 3도(실패)

백1은 좋았으나 흑2로 먹여쳤을 때 덥썩 백3으로 따내서는 안된다. 흑2가 선수로 궁도를 좁히는 수가 되어 흑4의 치중으로 백은 꼼짝없이 잡혀 버린다.

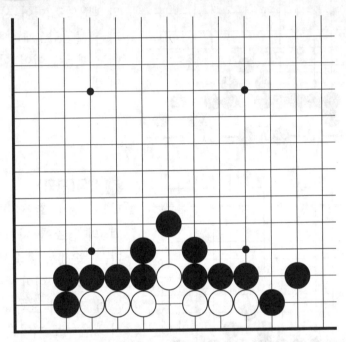

 백의 부풀림이 한가운데로 옮겨진 형태이다. 이번에는 입장을 바꾸어 백차례로 사는 문제. 급소 한방이면 간단히 해결된다.

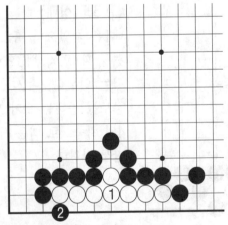

🎐 어드바이스
단순히 백1로 결함을 보강하는 것은 2선에 일곱점이 늘어선 형태와 동일. 먼저 두는 흑쪽이 승리한다.

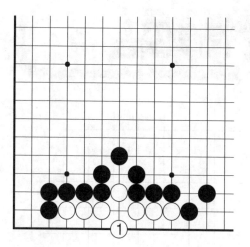

● 1도(정해·좌우동형의 중앙)

어렵게 생각할 필요없이 백1의 호구로 받는 것이 정착이다. '좌우동형의 중앙'에 해당하는 급소로 좌우에 한눈씩이 확보된다.

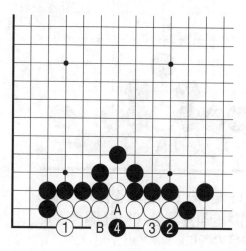

● 2도(실패)

백1로 내려서서 살 수 있으면 좋으련만 흑2·4의 콤비블로에 의해 잡혀 버리고 만다. 흑으로서도 먼저 2의 젖힘을 결정하는 것이 긴요한 수순으로, 자칫 4의 치중부터 두었다가는 백A, 흑B 때 백2에 내려서서 살게 된다.

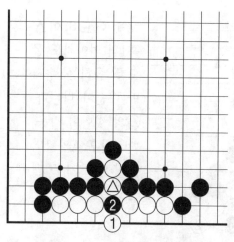

● 3도(참고·같은 요령)

[제8형]과의 차이점은 가운데의 두점이 단수에 몰린 상황. 백은 어떻게 살아야 할까? 단수에 구애받을 필요없이 백1의 호구로 받는 것이 정착이다. 흑2로 두점을 따내도 백3으로 되따내어 좌우에 한눈씩이 보장된다.
(③…△)

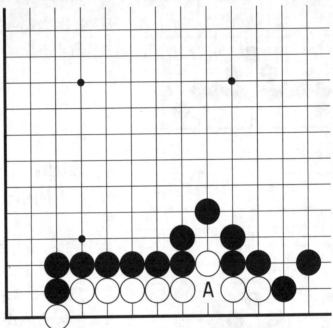

백돌이 여덟점이나 늘어서고 1선의 젖힘이 더해져 있지만 A의 곳이 치명적인 결함. 이 약점을 적절히 찌르면 무조건 잡을 수 있다.

어드바이스

흑1의 먹여침도 궁도를 좁히는 수지만 수순이 나쁘다. △의 젖힘이 작용, 백6 이후 A와 1의 곳이 맞보기로 백 삶.

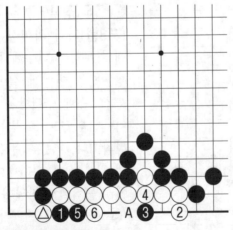

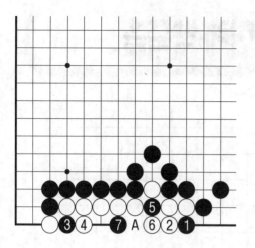

🔵 1도(정해 · 젖힘)

흑1의 젖힘부터 먼저 두는
것이 올바른 수순이다. 백2
로 막으면 흑3으로 먹여치고
백4에 흑5로 재차 먹여쳐
사는 공간을 허락하지 않는
다. 수순중 백4로 5에 두면
흑A에 치중한다.

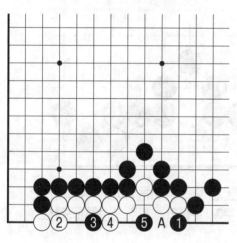

🔵 2도(변화)

흑1로 젖혔을 때 백2로 응하
면 흑3의 치중이 긴요한 일
착이다. 백4에는 흑5의 치중
이 마무리 펀치. 흑5로 무심
코 A에 모는 것은 백5로 받
게 되므로 주의가 필요하다.

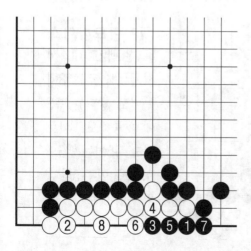

🔵 3도(실패)

백2로 두었을 때 곧장 흑3으
로 치중하는 것은 좋지 않
다. 백4로 잇게 되면 흑은 5
로 연결하는 정도인데 백6을
선수한 다음 8까지 두눈을
내고 살아 버린다.

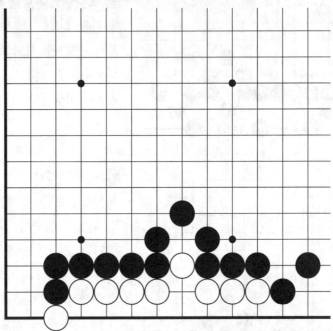

백의 부풀림이 한칸 왼쪽으로 이동되어도 생명에는 이렇다 할 도움을 주지 못한다. 흑은 단순한 공격으로 좋다.

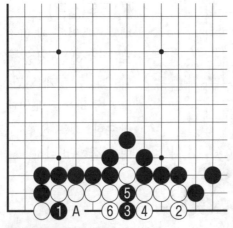

🖐 어드바이스

흑1은 백2로 내려서서 삶(백2로는 3에 두어도 좋다). 흑3에 치중해도 백4로 막고 흑5에는 백6으로 따낸 이후 5와 A의 곳이 맞보기.

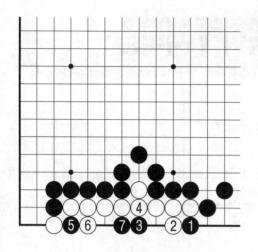

● 1도(정해·젖힘)

흑1의 젖힘으로 백을 잡을 수 있다. 백2로 막으면 흑3의 치중이 급소. 백은 4로 이을 수밖에 없는데 흑5의 먹여침에서 7까지. 수순중 백2로 4라면 흑2로 그만이다.

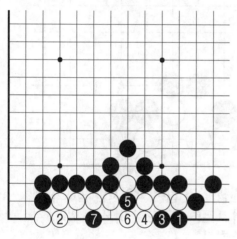

● 2도(변화)

흑1의 젖힘에 대해 백2로 응하면 흑3으로 밀고들어가는 것이 긴요한 공격이다. 백4에는 흑5에서 7로 역시 백죽음. 단, 흑3으로 먼저 7에 치중하는 것은 백3으로 살게 되므로 방심은 금물이다.

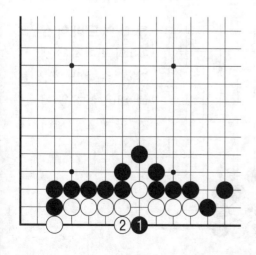

● 3도(실패)

자칫 흑1의 치중에 현혹되기 십상일 것이다. 그러나 이렇게 안쪽에서부터 공격하는 것으로는 좋은 결과를 얻지 못한다. 백2로 막아서 두눈의 삶. 흑은 후속수단이 이어지지 않는다.

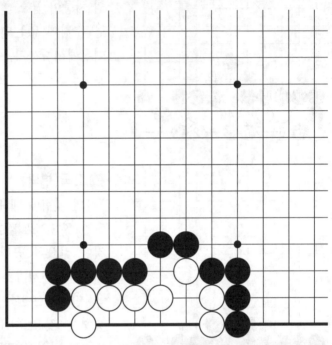

 언뜻 보아서는 완생인 것 같은 백이지만 공배가 메우진 점을 적절히 찌르면 옥집으로 이끌 수 있다. 첫 단추를 잘 꿰어야 한다.

어드바이스

흑1의 먹여침은 생각한 수지만 흑3 때 백이 한점을 잇지 않고 4로 받아 패가 된다.

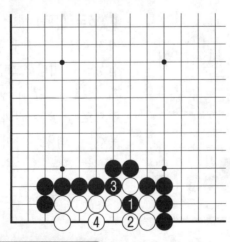

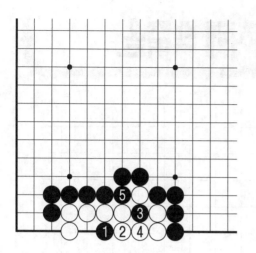

🔵 1도(정해·치중)

흑1의 치중이 급소. 백2로 막을 때 비로소 흑3에 먹여치는 것이 정밀한 수순이다. 흑3은 바깥쪽의 공배가 메워져 있기 때문에 성립하는 수단으로 흑5까지 옥집으로 이끌 수 있다.

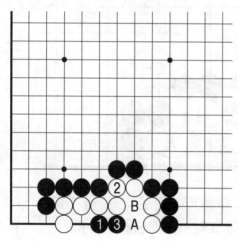

🔵 2도(변화)

흑1에 대해 백이 2로 궁도를 넓혀도 흑3으로 밀었을 때에 대책이 없다. 자충 때문에 백A로 두지 못하는 것. 흑3으로는 먼저 A에 몰고 백B 때 흑3에 이어도 상관없다.

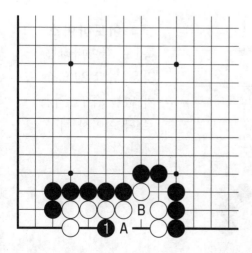

🔵 3도(참고·같은 요령)

[제11형]과는 약간 다르지만 이와 같은 형태에서도 흑1의 치중이 맥점이 된다. 이후 백A에는 흑B로 먹여치는 요령.

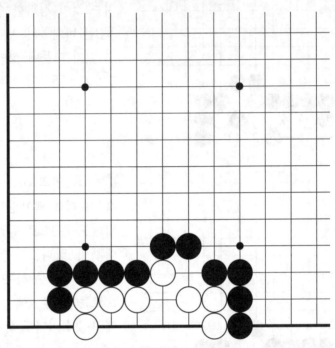

 [제11형]에서 백의 부풀림이 한칸 왼쪽으로 옮겨졌다. 일단 급소는 선명한데 그후는 공배메움을 추궁한다.

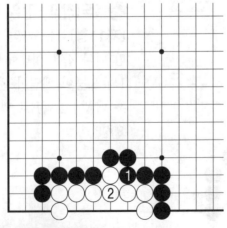

어드바이스

흑1로 몰아버리는 것은 말할 필요조차 없는 속수. 백2로 꽉 이어서 직사궁의 삶.

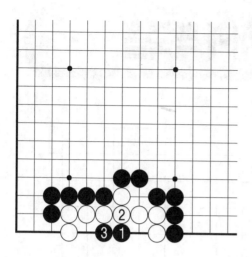

● 1도(정해·치중)

흑1의 치중, 백을 잡기 위해서는 어쨌든 이 수밖에 없다. 이에 대해 백2로 이어주면 흑3으로 알기 쉽게 석집치중수의 모양. 이것이면 간단한데….

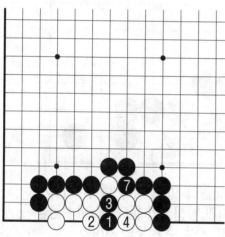

● 2도(변화)

백2로 막았을 때가 약간 골치가 아프기는 하다. 하지만 흑3으로 찌르는 것이 호수. 백4로 따낸 이후에는 별 어려움이 없을 것이다. 흑5의 먹여침에서 7까지 상용의 맥으로 옥집으로 이끈다.
(⑤…❸ ⑥…❶)

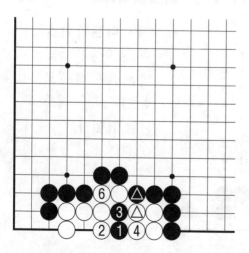

● 3도(참고·백, 완생)

[제12형]과 다른 점은 6에 있던 흑돌이 ▲로 옮겨졌다는 것. 이 형태라면 백은 완생이다. 흑1의 치중에서 흑5의 먹여침까지는 똑같은 공격법인데 여기서 백은 6쪽을 잇는 수가 있다. 흑7로 넉점이 잡히지만 백8로 되끊는 후절수의 맥으로 삶.
(⑤…❸ ⑦…❶ ⑧…▲)

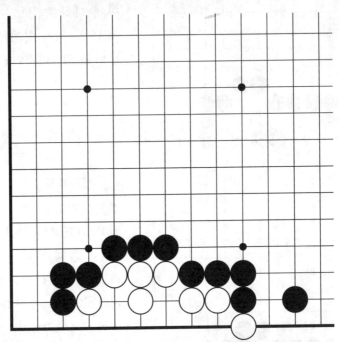

백돌이 3선에 부풀어올라 있는 데다 탄력적이어서 자칫 패로 만족해 버리기 십상인 형태. 그러나 곰곰히 생각해보면 무조건 잡는 수가 보일 것이다.

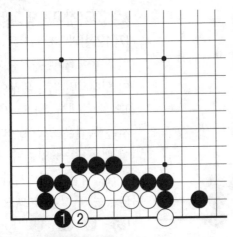

✍️ 어드바이스

흑1로 한점을 몰면 백은 당연히 2로 받는다. 흑은 패를 피할 수 없다.

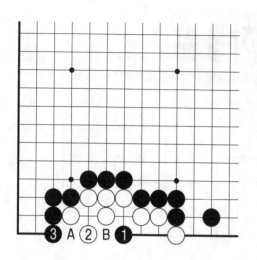

● 1도(정해·치중)

흑1이 날카로운 치중. 백2로 눈을 만들어 산 것 같지만 흑3의 내려섬이 냉정침착한 공격이다. 이후 백A에는 흑B로, 백B에는 흑A로 옥집으로 만들 수 있다.

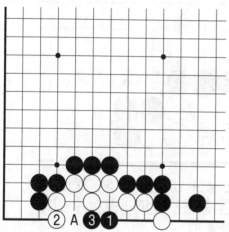

● 2도(변화)

흑1의 치중에 대해 백2로 내려서면 흑3이 준비된 후속타. 백은 자충 때문에 A로 둘 수 없으므로 한눈밖에 없는 모습이다.

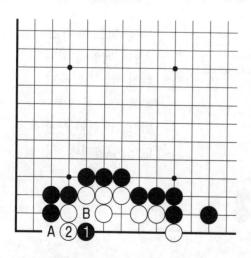

● 3도(실패)

같은 치중이라도 흑1쪽은 속수. 백2로 차단당하고 나면 도대체 무엇을 두었는지 알 수 없는 꼴이다. 이후 흑A에는 백B로 이어서 그만.

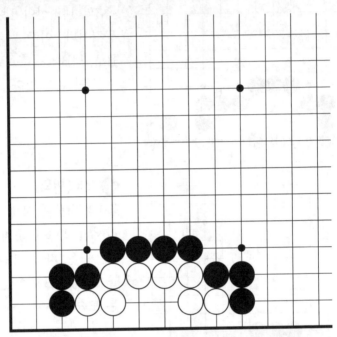

 백돌이 3선에 다소 놓여 있지만 편의상 '2선형'에 수록했다. 흑이 두면 죽지만 백차례라면 살 수 있다. 어떻게 사는 것이 좋을까?

어드바이스

2선의 백돌이 하나 빠진 이 형태라면 자체로 죽어 있다. 백1의 젖힘과 상관 없이 흑4까지 살 수 없는 모습.

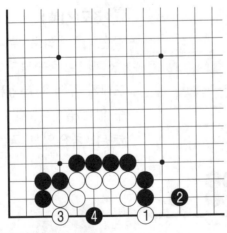

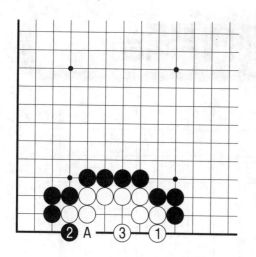

1도(정해1 · 내려섬)

궁도를 넓히는 백1의 내려섬으로 무사히 살 수 있다. 흑2의 젖힘에는 백3이 두눈을 만드는 수비의 급소. 백3으로 무심코 A에 막는 것은 흑3에 치중당해 죽으니 조심할 것.

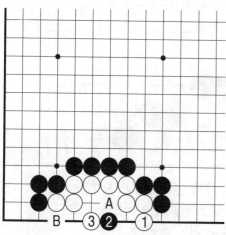

2도(변화)

백1로 내려섰을 때 흑2로 상대방의 급소에 선착하면 어떨까? 이에 대해서는 백3의 마늘모붙임이 호수. 이후 백은 A와 B가 맞보기로 산다.

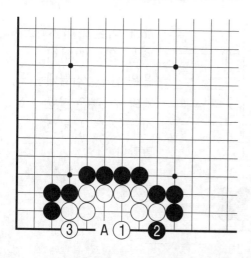

3도(정해2 · 마늘모)

안쪽에서 백1(A의 곳도 마찬가지)로 마늘모해도 역시 살 수 있다. 흑2의 젖힘에는 백3으로 내려서서 곡사궁의 모양.

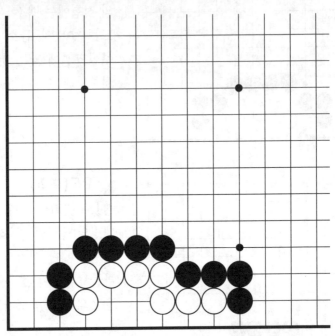

역시 유사한 형태의 계속인데 젖힘이냐, 치중이냐의 갈림길이다. 힌트, 잡으러갈 때는 궁도를 좁히는 수를 먼저 생각하는 것이 기본 공략법.

🐟 어드바이스

흑1·3의 젖혀이음은 선수 2집끝내기의 수. 흑은 절호의 찬스를 놓치고 말았다.

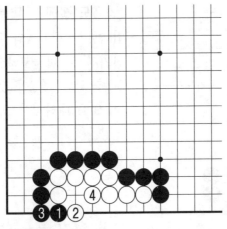

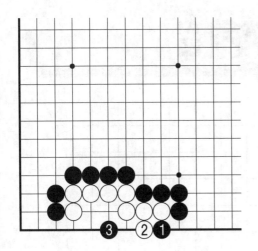

● 1도(정해 · 젖힘)

흑1의 젖힘으로 간단히 숨통을 끊어놓을 수 있다. 백2로 막으면 흑3의 치중이 결정타. 백2로 3에 받으면 흑2로 밀고들어가 백에게는 두눈이 생기지 않는다.

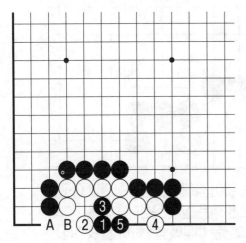

● 2도(실패1)

흑1로 안쪽에서부터 공격하는 것은 좋지 않다. 백2의 마늘모가 흑의 건넘을 차단하면서 안형을 만드는 호수. 흑3으로 안형을 빼앗아도 백4로 내려서 흑5까지 빅. 이후 흑A에는 백B로 끄떡 없다.

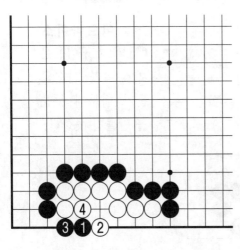

● 3도(실패2)

흑1의 치중은 최악. 백2로 마늘모붙이면 흑3으로 건널 수밖에 없는데 백4로 눈을 만들어 완생이다.

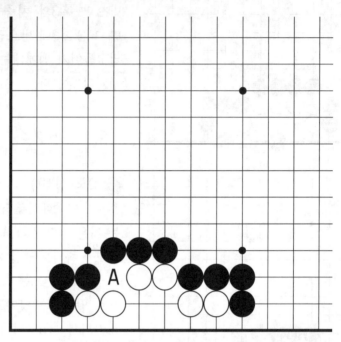

 A의 곳이 비어 있는 것이 백에게는 생명줄(만일 이곳을 흑이 차지하고 있으면 백은 살지 못한다). 어째서 그러한지, 먼저 의미를 깨달은 다음에 착수해야 할 것이다.

✐ 어드바이스

백1의 호구이음은 흑2·4가 선수로 듣기 때문에 두눈을 만들지 못한다.

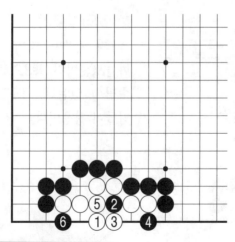

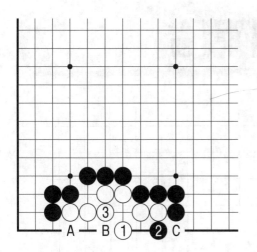

1도(정해 · 호구이음)

공배가 메워져 있는 쪽을 보
강하는 것이 올바르게 사는
방법이다. 즉, 백1쪽의 호구
이음이 정착으로 흑2의 젖힘
에는 백3으로 두눈 확정. 단,
백3으로 A에 두어 크게 살려
는 것은 욕심으로 백B, 흑3,
백C로 순식간에 잡혀 버린다.

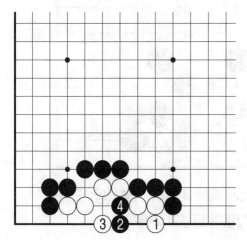

2도(실패)

백1로 내려서서 살 수 있으
면 좋으련만 흑2의 치중을
당해 낭패. 백3으로 마늘모
붙여도 흑4로 끊기면 더 이
상 저항할 수 없다.

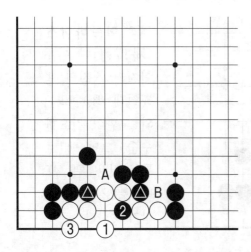

3도(참고 · 백삶)

❹의 요소를 흑이 모두 차지
하고 있어도 포위망에 A, B
의 곳이 비어 있으면 백은
살 수 있다. 흑2의 끊음이
선수가 되지 않아 백3으로
둘 여유가 있기 때문이다.

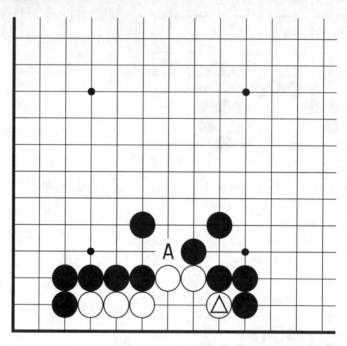

A의 곳이 비어 있기 때문에 삶이 가능하다. 오른쪽 ◎ 한점을 잇는 방법이 당면의 과제이다.

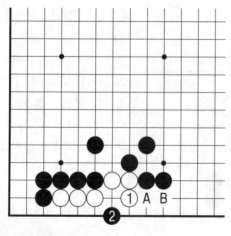

어드바이스
〔제17형〕이 이루어지기 직전의 형태인데 백A, 흑B의 교환이 긴요한 수순. 그냥 백1로 두는 것은 흑2, 또 백1로 2도 흑1로 살지 못한다.

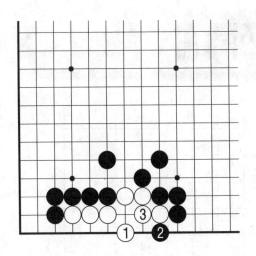

● 1도(정해1 · 왼쪽 호구)

백1로 왼쪽에 호구잇는 수로 살 수 있다. 흑2로 몰아도 백3에 이으면 좌우에 한눈씩 이 확보되어 완생이다. 흑2로 3에 끊는 것은 백2에 내려서서 좋다.

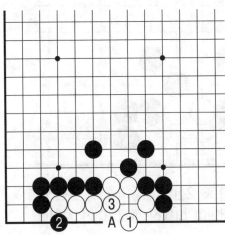

● 2도(정해2 · 오른쪽 호구)

백1로 오른쪽에 호구이어도 산다. 흑2의 젖힘에는 백3으로 두눈 확보. 그리고 흑2로 3에 끊으면 백2로 내려서서 무사하다(단, 흑3 때 백A는 흑2로 백죽음).

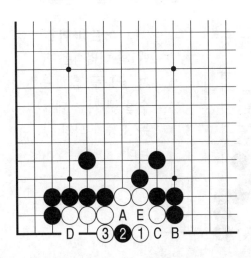

● 3도(변화)

백1로 호구쳤을 때 흑2로 붙여오는 수에는 주의해야 한다. 올바른 응수는 백3. 이 수로 무심코 A에 받는 것은 흑B, 백3, 흑C, 백D, 흑E로 패가 난다.

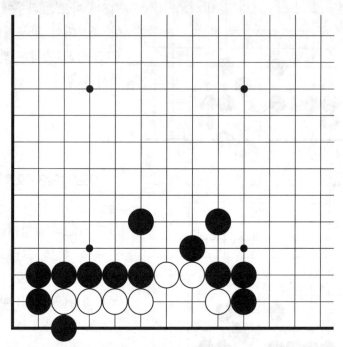

 [제17형]과 비교할 때 2선의 백돌이 하나 많은 대신에 1선에 흑의 젖힘이 더해진 형태. 어떤 차이를 낳을까?

☞ **어드바이스**
백1의 내려섬은 단지 궁도를 넓히는 수일 뿐 사는 데에는 도움이 되지 않는다.

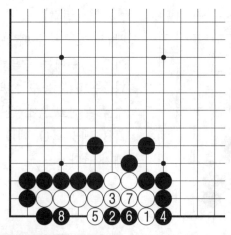

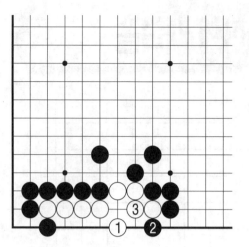

1도(정해 · 유일한 급소)

〔제17형〕과 비슷한 조건처럼 보이지만 이 형태에서는 사는 법에 제약이 따른다. 정착은 백1쪽의 호구이음. 이 수 외에는 살지 못한다.

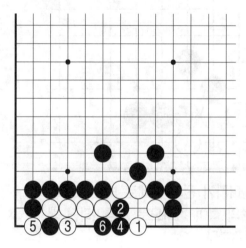

2도(실패)

이 경우에는 백1쪽의 호구이음으로는 살 수 없다. 흑2의 끊음에 백3으로 막아도 흑4에 자충으로 인해 백6으로 둘 수가 없기 때문이다. 그렇다고 백3으로 4에 두면 흑3.

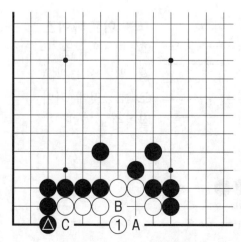

3도(참고 · 정착)

이와 같이 1선에 ▲가 내려서 있는 모양에서도 백1로 사는 것이 정착이다. 백1로 A에 두는 것은 흑B로 끊었을 때 자충으로 인해 백C로 막을 수가 없기 때문이다.

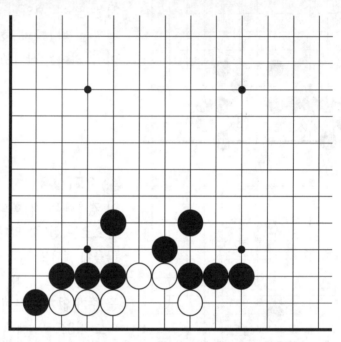

 〔제17형〕이 만들어지기 전의 형태로 백모양이 엷어 보인다. 오른쪽의 흑이 강하므로 지금이라면 백을 잡는 수단이 존재한다.

☞ 어드바이스
흑1의 막음은 무책. 백2, 또는 백A로 호구잇게 되어 살려주고 만다.

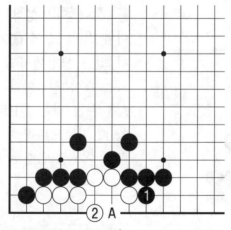

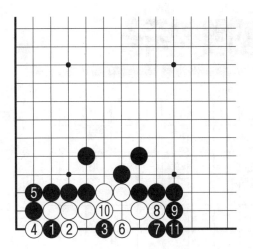

1도(정해 · 젖힘)

흑1의 젖힘이 좋은 공격. 백2의 막음이 끈질긴 버팀이지만 흑3이 날카로운 급소 치중이다. 계속해서 백6으로 두었을 때 흑7로 1선의 뜀이 호수로 이하 11까지 백의 숨통을 끊어놓을 수 있다.

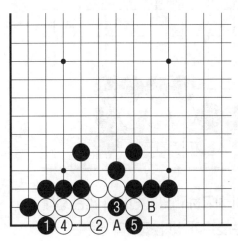

2도(변화1)

흑1로 젖혔을 때 백2의 호구로 받으면 흑3의 끊음이 결정타가 된다. 백4에는 흑5까지 백죽음. 백4로 A라면 흑B를 선수한 다음에 흑4로 두어 역시 백에게 두눈이 생기지 않는다.

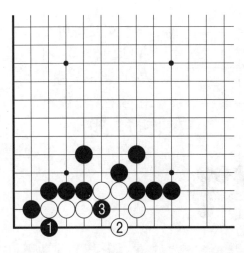

3도(변화2)

흑1로 젖히는 맥에 대해 백은 이렇다할 저항책이 없다. 백2쪽을 호구이어도 흑3으로 끊는 수에 속수무책이다.

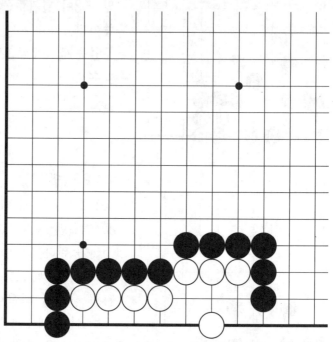

석점의 중앙을 백이 차지하고 있어 만만치 않은 형태지만 자충을 찌르는 호수가 있다. 급소의 한수는?

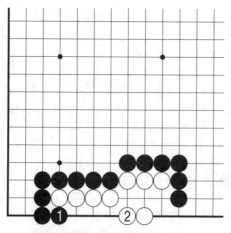

☞ 어드바이스
흑1로 바깥쪽에서부터 궁도를 좁히는 것은 백2로 살려주고 만다.

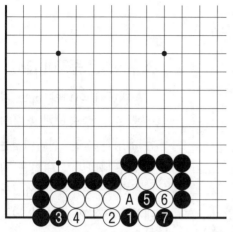

🔵 1도(정해·붙임)

백의 숨통을 끊어놓는 급소
는 흑1의 붙임. 백2는 버틴
수지만 흑3으로 한번 공배를
메우는 것이 긴요한 수순으
로 백4일 때 흑5·7로 공격
완료. 백은 자충으로 인해 A
에 두어 몰아떨구기를 노릴
수 없다.

🔵 2도(변화1)

흑1에 대해 백2로 넓히면 흑
3으로 끊는다. 계속해서 백4
로 한층 넓히더라도 흑5로
꼬부리면 백은 자충 때문에
어떻게 둘 수 없는 모습.

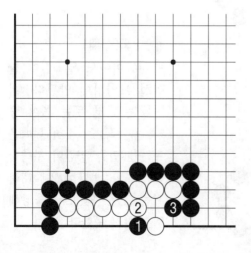

🔵 3도(변화2)

흑1로 붙였을 때 백2로 받으
면 흑3으로 들어가서 그만이
다. 바깥쪽의 공배와 관계
없이 간단히 잡을 수 있다.

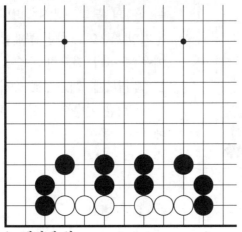

▶ 백차례 삶

좌우동형은 중앙이 급소

사활뿐만이 아니라 바둑 전반에 걸쳐 훌륭하게 통용되는 유명한 격언. 실전에서는 좀처럼 나타나기 어려운 형태지만 좌우동형이 생기면 대체로 중앙이 급소가 되는 경우가 많다.

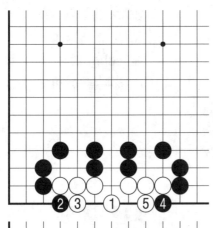

● 1도(중앙의 급소)

간단한 형태로 대충 두어도 살 수 있을 것 같지만 이 백이 살기 위해서는 동형의 중앙인 1에 두는 한수. 이것으로 좌우에 각 한눈씩이 보장된다.

● 2도(실패)

백1로 이어도 일곱점이 늘어선 모양밖에 안된다. 이 형태는 먼저 두는 쪽이 승리. 즉, 흑2로 젖히면 백은 두눈을 만들 공간이 부족하다. 그리고 백1로 2에 내려서는 것은 흑1로 끼움당해 역시 살지 못한다.

3선형

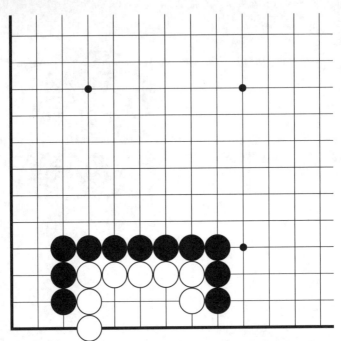

 판육형이 완성되기 직전으로 백은 불완전한 모습. 변의 사활의 ABC로 일컬어지는 기초적인 형태이다.

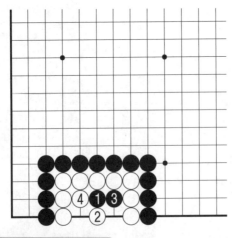

✎ 어드바이스

변의 6집형 중에서도 널빤지처럼 생겼다고 해서 '판육(板六)형' 으로 불리는 형태. 변에서 사는 방법의 기본으로 이처럼 완벽한 모양을 갖추고 있으면 공배와 무관하게 완생이다.

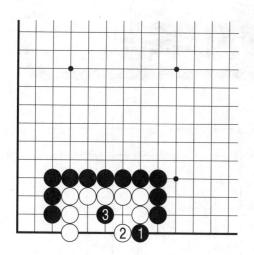

● 1도(정해 · 젖힘)

흑1로 젖히면 백집은 5궁. 그 급소인 3의 곳을 치중하면 간단히 한눈으로 한정시킬 수 있다. 단, 이 형태는 정해가 한가지 더 있는데 흑1로는 먼저 2에 치중, 백1 때 흑3에 두어도 역시 백을 잡을 수 있다.

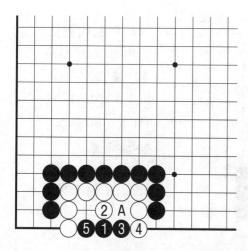

● 2도(실패1)

흑1의 붙임으로는 일이 순탄하게 진행되지 않는다. 백2가 끈끈한 수로 흑3으로 몰아도 백4의 패로 버티게 된다. 그렇다고 흑3으로 4는 백A, 흑B로 빅.

● 3도(실패2)

흑1의 치중에는 백2의 치받음이 호착. 흑5까지 빅을 내는 데 그친다. 흑3으로는 4에 두면 언뜻 건널 수 있을 것 같지만 백3으로 먹여치고 흑A 때 백5로 몰아떨구기.

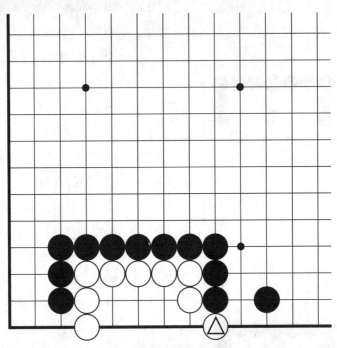

 [제1형]과의 차이점은 ⊘의 젖힘이 더해졌다는 것. 그렇지만 이 젖힘 한수로 결함이 방비되지는 않는다.

☜ 어드바이스

젖힘이 있는 경우에는 흑1의 공격은 통하지 않는다. 백 2의 붙임이 호수로 흑5까지 패.

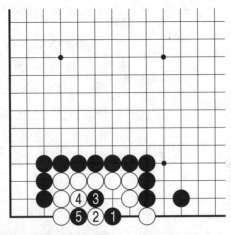

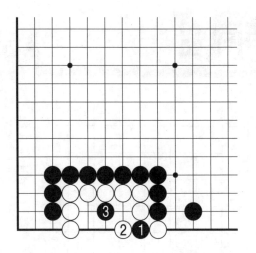

⚫ 1도(정해·먹여침)

역시 흑1의 먹여침으로 궁도를 좁히는 것이 기본에 충실한 공격법이다. 백2로 따내면 알기 쉽게 흑3에 치중해서 잡는다.

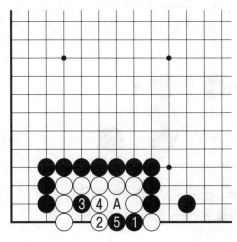

⚫ 2도(변화)

흑1로 먹여쳤을 때 백2로 버티면 흑3의 치중이 긴요한 수. 백4에는 흑5로 키워 오른쪽의 눈을 빼앗는다. 흑3으로 성급하게 5에 두는 것은 백A로 따내어 살게 되므로 주의해야 한다.

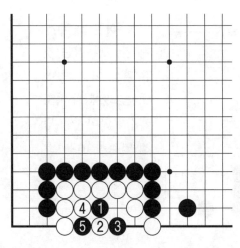

⚫ 3도(실패)

직접 흑1로 안쪽에서부터 공격하는 것은 잘 안된다. 백2로 붙이면 흑3으로 몰아야 하는데 백4로 패를 피할 수 없다.

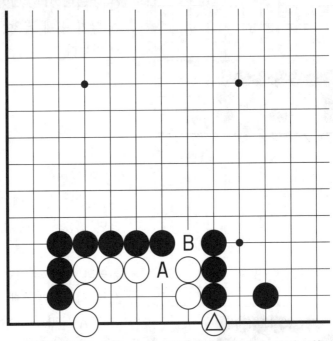

 [제2형]에서 A, B의 곳에 돌이 하나씩 빠져 있는 모양. 이번에는 백차례로 사는 문제. 1선에 젖혀 있는 △의 힘을 빌려야 한다.

✎ 어드바이스

백1로 꼬부리는 것은 흑2·4로 즉사. 백1로 2에 두어도 흑4의 먹여침을 당해 역부족이다.

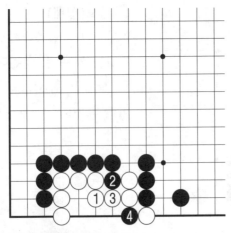

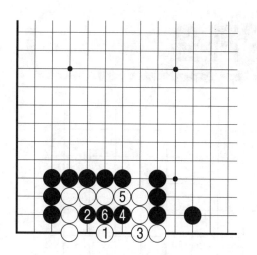

● 1도(정해·빅삶)

수비의 급소는 오직 한수. 백1로 뛰어 지키는 것이 좌우에 안형을 확보하는 요점이다. 흑도 2가 최강의 공격인데 백3으로 이어 궁도를 넓히는 것이 호수. 이하 흑6까지 빅으로 산다.

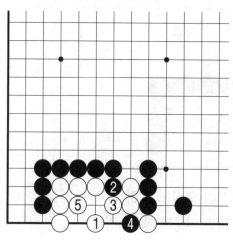

● 2도(변화1)

백1을 발견했으면 이후 흑의 어떠한 공격에도 끄떡 없다. 흑2에는 백3으로 막아서 그만. 이후 4와 5의 곳에 눈을 만드는 것이 맞보기이다.

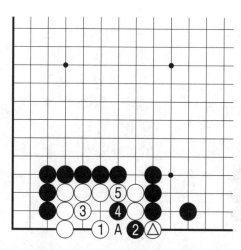

● 3도(변화2)

백1에 대해 흑2의 먹여침이 약간 재미있는 변화. 이것에는 백3으로 한눈을 만드는 것이 좋다. 계속해서 흑4로 공격해 보아도 백5로 이으면 흑은 △의 젖힘 때문에 A로 둘 수가 없다.

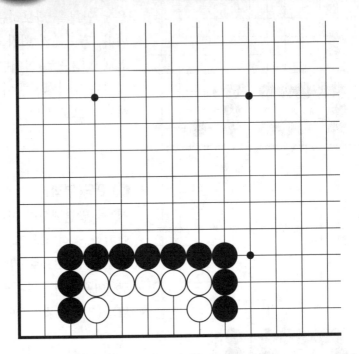

 양쪽의 1선에 내려섬이 없지만 백이 먼저 두면 살 수 있다. 빅도 사는 방법 가운데 한가지이다.

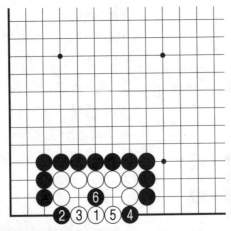

🖐 어드바이스

좌우동형의 중앙이라도 백1로는 좋지 않다. 흑6까지 백 죽음. 백1로 2에 내려서도 살 수 없는 모양이라는 것은 앞에서 살펴본 대로.

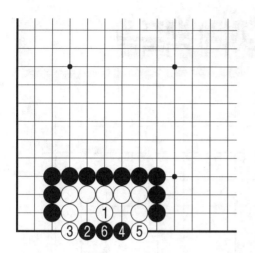

● 1도(정해·꼬부림)

백1의 꼬부림이 좌우동형의 중앙에 해당하는 급소이다. 안형을 빼앗기 위해서는 흑 2·4로 둘 수밖에 없는데 흑 6까지 빅의 모양. 흑2 이하 는 단지 끝내기의 수에 지나 지 않는다.

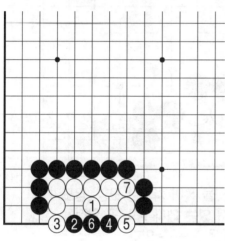

● 2도(참고1·백삶)

[제4형]에 비해 약간 불안정 한 형태지만 다행히 최후에 요점인 7의 곳을 차지하는 수순이 돌아와 간신히 빅으 로 살 수 있다.

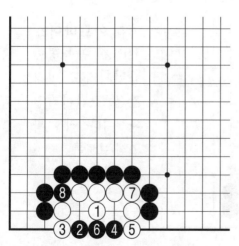

● 3도(참고2·백죽음)

이와 같이 7과 8, 두곳이 비 어 있는 경우에는 먼저 두어 도 살지 못한다. 백7로 한쪽 을 보강해도 흑8로 찝게 되 어 백은 석집치중수로 잡히 는 운명이다.

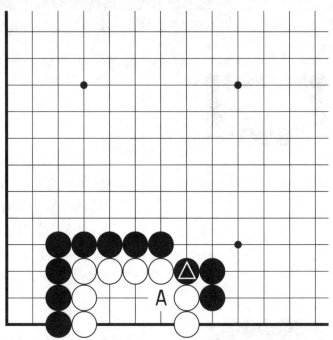

판육형에서 ●의 곳을 흑이 차지한 모양. 궁도가 넓지만 공배가 메워져 있는 데다 A의 곳 약점을 효과적으로 공략하면 백을 잡을 수 있다.

☞ 어드바이스

100% 판육형이 아닐지라도 이와 같은 조건이라면 완생이다. 직접 확인해 보도록.

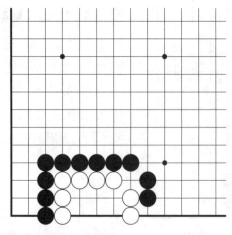

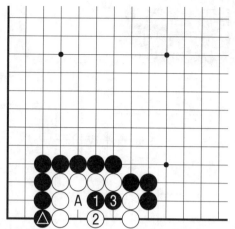

🔵 1도(정해 · 붙임)

안쪽에서부터 공격할 수밖에 없는데 흑1의 붙임이 급소이다. 백2로 붙이는 정도일 때 흑3으로 끊으면 백은 자충 때문에 A에 둘 수 없다. 물론 이 사활은, 가령 ▲의 곳 등이 비어 있어 자충을 면하는 상황이 되면 백은 죽지 않는다.

🔵 2도(실패)

흑1로 치중하는 것이 맥처럼 보이지만 이 경우는 실패. 백2의 치받음이 호수로 이후 흑A에는 백B, 흑B에는 백A가 맞보기이다.

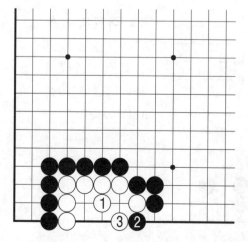

🔵 3도(참고 · 패가 최선)

이와 같은 모양에서 백은 어떻게 두어야 할까? 백1의 호구가 정착으로 흑2에 백3으로 패를 내는 것이 최선의 버팀이다. 물론 백1로 2에 내려서는 것은 [제5형]과 동형이 되어 무조건 죽는다.

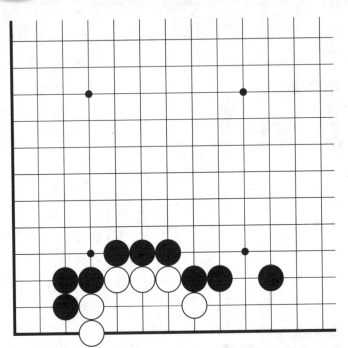

백이 1수를 더 들이면 빗형의 삶이 완성된다. 하지만 흑차례. 그 전에 선제공격을 가하면 무조건 잡을 수가 있다.

☞ **어드바이스**

흑1은 백2로 빗형이 완성. 귀에서뿐만 아니라 변의 빗형도 삶이다.

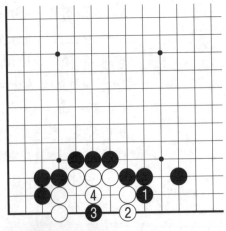

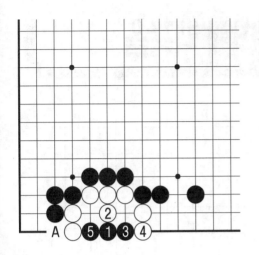

● 1도(정해·치중)

흑1의 치중이 석점의 중앙에 해당하는 급소. 백2로 치받으면 흑3쪽으로 뻗는 것이 호수이다. 백4, 흑5까지로 된 모양은 석집치중수로 백 죽음. 수순중 백4로 5면 흑 A로 연단수.

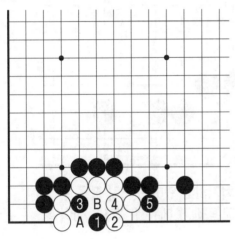

● 2도(변화)

흑1로 치중했을 때 백2로 마늘모붙이면 흑3으로 끊는다. 자충 때문에 백은 4로 이을 수밖에 없는데 흑5로 막으면 여전히 양자충. 백A로도 백B로도 두지 못하는 운명이다.

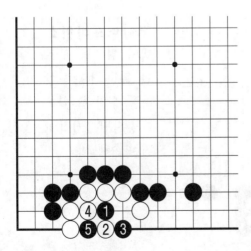

● 3도(실패)

흑1의 붙임도 언뜻 급소로 생각하기 쉬운 곳. 그러나 백2의 반격을 받는다. 흑3으로 젖힐 수밖에 없는데 백4로 패. 배후의 공배가 메워져 있는 데도 흑1로 붙이는 공격은 좋지 않다.

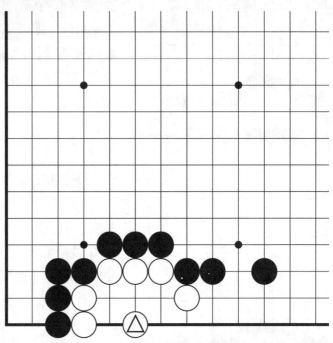

백이 △로 요소를 차지하고 있어 도저히 잡을 수 없을 것 같지만 왼쪽에 공배가 메워져 있다는 점이 흑의 노림이다.

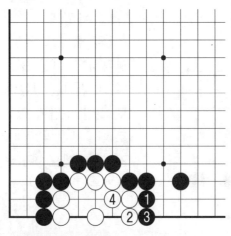

☞ 어드바이스

맥의 위력을 모르면 흑1·3으로 살려줄 수밖에 없다. 그렇지만 20집이 넘는 손해.

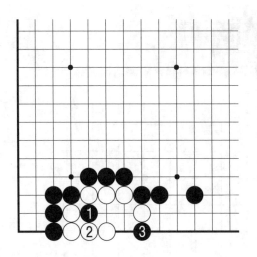

◉ 1도(정해·껴붙임)

평범한 수로는 성공하지 못한다. 먼저 흑1로 끊어 백2와 교환하는 것이 백의 공배를 메우는 치밀한 사전공작. 그런 다음 흑3으로 1선에 껴붙이는 수가 회심의 결정타이다. 계속해서—

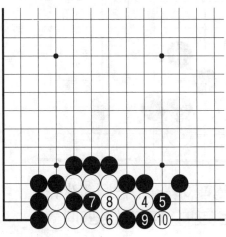

◉ 2도(정해·계속)

백은 4로 나갈 수밖에 없는데 흑5로 막는다. 계속해서 백9는 흑8로 양단수이므로 백6으로 저항해 보지만 수순 좋게 흑7을 선수하고 나서 9로 백죽음이다.
(⑪…⑨)

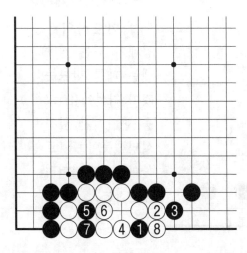

◉ 3도(실패)

흑1의 껴붙임부터 두는 것은 성급하다. 흑5에 백6·8로 변신할 여유를 주게 되는 것. 왼쪽 두점을 잡는 정도로는 크게 미흡하다.

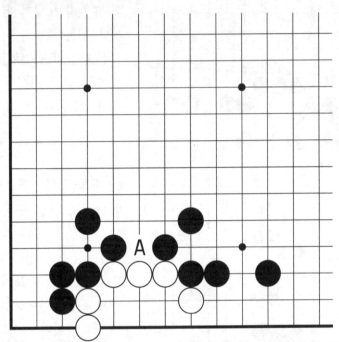

A의 곳이 비어 있는 상황. 이와 같이 주변의 조건이 완화되면 무조건 잡지는 못한다. 패를 내면 성공이다.

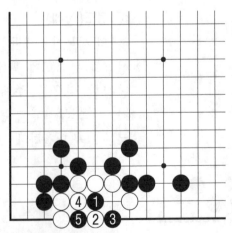

어드바이스

공배가 있는 경우에는 패를 만드는 것이 최선이다. 그 중 한가지가 앞서 설명했듯이 흑1로 붙이는 수. 나머지 두가지는?

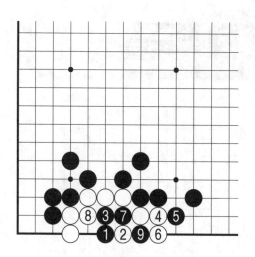

● 1도(정해1 · 치중)

두번째의 정해는 흑1로 치중
하는 수. 백은 2의 마늘모붙
임이 최선의 응수이며 흑3에
는 백4에서 6으로 눈을 만든
다. 이하 흑9까지 흑이 먼저
따내는 패.

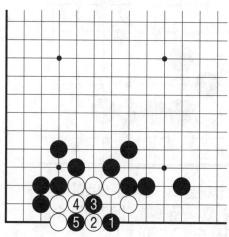

● 2도(정해2 · 턱밑)

또 한가지, 흑1로 턱밑에 치
중하는 수도 가능하다. 백2
의 붙임이 최선으로 흑3에서
5까지 역시 패가 된다. 백도
2 이외의 수로는 무조건 잡
혀 버리니 응수를 소홀히 해
서는 안된다.

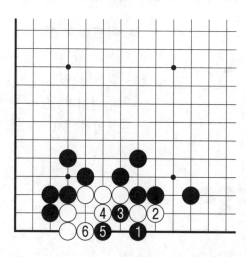

● 3도(실패)

흑1로 1선에 꺼붙이는 것도
언뜻 그럴싸해 보이지만 백2
로 나간 수에 대책이 없다.
흑3 · 5로 패를 노리려고 해
도 공배가 있기 때문에 백
4 · 6의 수단이 성립한다.

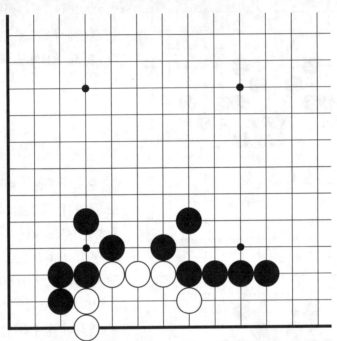

 오른쪽에 넉점으로 늘어선 흑. 이처럼 외곽이 튼튼
하면 무조건 잡을 수 있다. 정해에 이르기까지 수순
이 길기 때문에 끝까지 수를 읽어야 한다.

🖋 어드바이스

흑1에서 9까지의
패는 강력한 배경
을 전혀 살리지 못
한 무책임한 수단
이다.

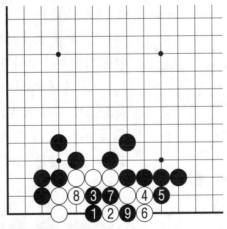

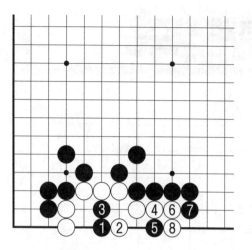

● 1도(정해 · 필살의 붙임)

흑1 · 3은 당연한 공격. 백4로 눈을 만들려고 할 때 오른쪽에 늘어선 흑돌이 구실을 한다. 흑5의 붙임이 필살의 테크닉. 어쨌든 백은 6 · 8으로 한점을 거두어 들일 수밖에 없는데―

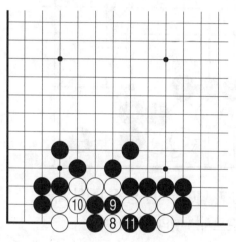

● 2도(정해 · 계속)

전도에 이어서 흑9로 끊으면 백10으로 뒤에서 손을 쓸 수밖에 없다. 흑11로 백 한점을 따내고, 백도 12로 흑 두점을 되따낼 때 흑13으로 재차 백 한점을 따내면 오궁도화의 모습이다.
(⑫…⑧ ⑬…⑪)

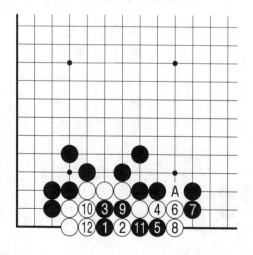

● 3도(참고 · 패가 최선)

[제8형]과 같은 조건에서는 흑5로 붙이는 공격은 듣지 않는다. A의 곳이 비어 있기 때문에 흑11로 따내는 것이 선수가 되지 않아 백12의 눌러몰기로 삶. 따라서 전형에서 설명한대로 패를 만드는 것이 최선의 공방이다.

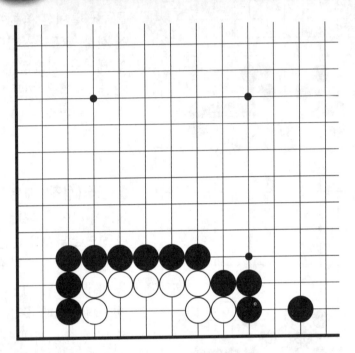

꼬부림이 있어 궁도가 넓어졌지만 양쪽 1선의 내려섬이 없는 것이 백으로서는 취약점이다.

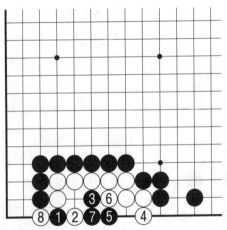

🖎 어드바이스

젖힌 다음 치중하는 것도 공격 패턴 중의 하나지만 이 경우에는 백8까지 빅. 흑1로 4쪽에서 젖혀도 백3으로 빅.

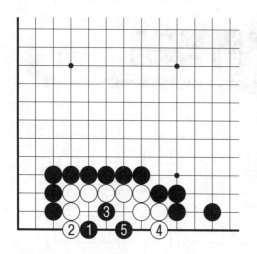

● 1도(정해1 · 치중)

흑1로 치중하는 것이 첫번째 정해. 백2로 차단할 수밖에 없을 때 흑3으로 마늘모해서 안형을 빼앗는다. 백4에는 다시 한번 흑5에 마늘모해 오궁도화의 모습. 백4로 5라면 흑4.

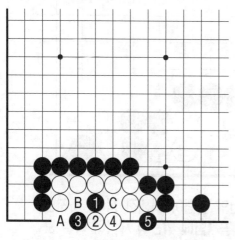

● 2도(정해2 · 붙임)

흑1로 붙이는 수로도 잡을 수 있다. 백2는 버틴 수지만 흑3쪽에서 몰아 놓고 흑5로 젖히면 백은 두눈을 낼 수 없는 모습. 이후 백A에는 흑B, 백B에는 흑A. 단, 흑3으로 4쪽에서 모는 것은 백3, 흑C, 백5까지 빅으로 살려준다.

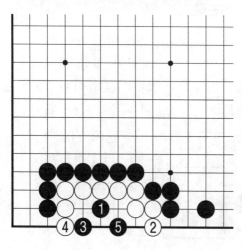

● 3도(변화)

흑1에 대해 백2로 내려서서 궁도를 넓히면 흑3의 마늘모를 먼저 두는 것이 긴요한 수순이다. 백4와 교환한 다음에 흑5에 마늘모하면 수순만 달랐지 **1도**와 똑같은 모습. 흑3으로 성급하게 5에 두면 백4의 마늘모를 거꾸로 당해 빅.

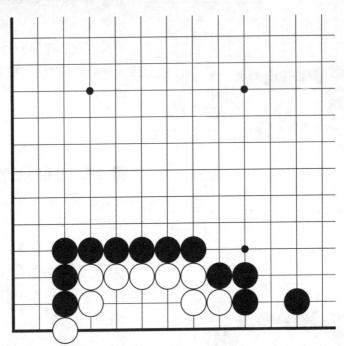

[제10형]에서 1선의 젖힘이 더해진 형태. 하지만 놀랄 필요는 없다. 공격법에 약간의 제약이 따를 뿐 이지 결과는 바뀌지 않는다.

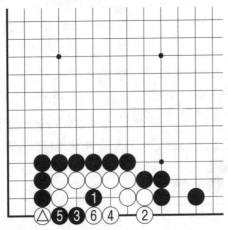

어드바이스

젖힘이 있을 때에 는 흑1로 붙이는 공 격은 좋지 않다. 백 6 때 △가 작용해 서 흑1의 한점을 이 어갈 수 없다. 흑3 으로 4라면 백3으 로 빅.

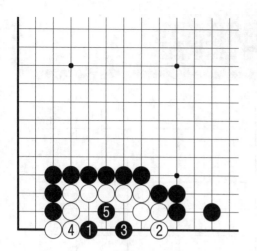

1도(정해 · 들여다봄)

흑1의 들여다봄이 유일무이한 공격. 백2는 최강의 버팀이자 상대의 실수를 기대한 수. 이에 대해 흑3이 중요한 일착으로 백4면 흑5까지 오궁도화이다. 흑3으로 단순히 4에 끊거나 5에 마늘모하는 것은 모두 백3을 당해 무조건 살려주고 만다.

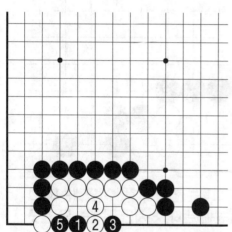

2도(변화1)

흑1로 들여다 보았을 때 백2의 붙임으로 변화하면 먼저 흑3으로 몰아두는 것이 긴요한 수순이다. 흑5까지 왼쪽은 옥집.

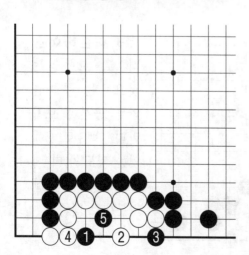

3도(변화2)

백2로 버티는 것도 부질 없다. 이것에는 흑3의 젖힘으로 잡을 수 있다. 단, 흑3으로 선불리 4나 5에 두지 않도록 조심하면 된다(만일 그랬다간 백3에 내려서서 삶).

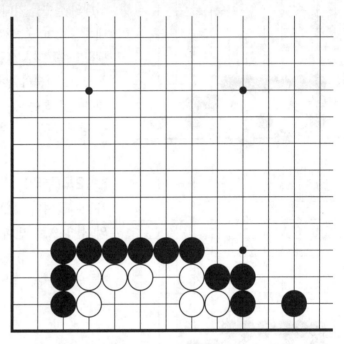

 첫수만 발견하면 그후는 간단히 풀 수 있겠는데 그 첫수가 여러군데 눈에 띈다. 하지만 정해는 단 한곳 뿐이다.

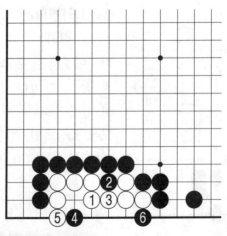

어드바이스

백1로 꼬부리는 것으로는 두눈을 만들 공간이 모자 란다. 백1로 2에 잇는 것도 이미 제 [제10형]에서 살 펴본대로 백죽음.

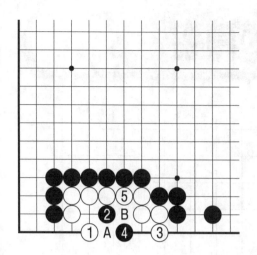

●1도(정해·마늘모)

백1로 안쪽으로 마늘모하는 것이 호수. 흑2로 급소에 붙임당해 곤란할 것 같지만 백3으로 궁도를 넓히는 것이 준비된 후속타. 흑4에는 백5로 방비해 이후 A, B가 맞보기로 빅삶이다.

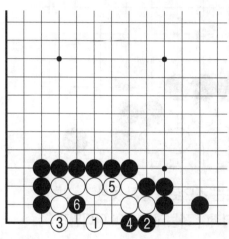

●2도(실패1)

백1에 뛰는 것은 흑2로 젖힘당해 살 수 없다. 백3으로 넓혀도 흑4로 들어가면 백은 두눈을 만들 공간이 부족하다. 백5에는 흑6이 마무리 펀치.

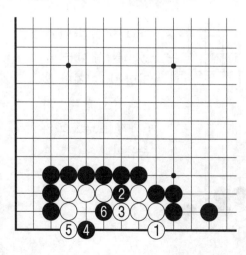

●3도(실패2)

직접 백1로 궁도를 넓히는 것으로도 성공하지 못한다. 흑2로 찌른 다음 4·6이 백의 자충을 이용하는 필살의 콤비블로.

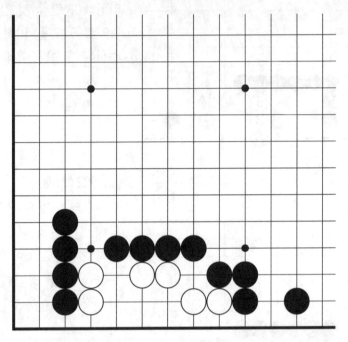

 단순히 궁도를 넓히는 것으로는 살지 못한다. 그렇다면 안형의 급소를 지켜야 하는데 그곳이 어디일까?

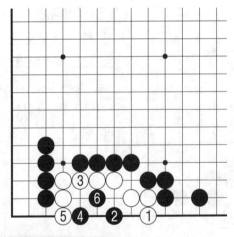

✎ 어드바이스

궁도를 넓히는 수라면 백1이지만 흑 2의 급소를 빼앗겨 6까지 오궁도화의 죽음이다.

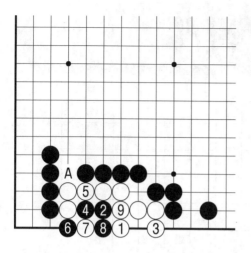

🔵 1도(정해·마늘모)

백1의 마늘모가 수비의 급소. 흑2의 붙임에는 대꾸하지 않고 백3으로 한눈을 만들어서 좋다. 흑4·6으로 건너려고 해도 백7의 먹여침에서 9까지 몰아떨구기. 단, 이 형태는 A의 곳이 메워져 있는 경우에는 백3에 흑5로 죽는다.

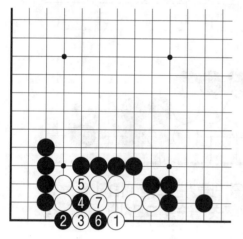

🔵 2도(변화)

백1에 대해 흑이 2로 젖히더라도 백3으로 막는 수가 성립하므로 아무런 염려가 없다. 흑4의 끊음에는 백5로 잇고 흑6에는 백7로 역시 몰아떨구기가 된다.

🔵 3도(실패)

백1로 꼬부리는 것은 흑2로 급소에 치중당한다. 백3으로 이으면 궁도가 넓어 보이지만 흑6·8의 호수순이 있어 빅이 되지 않는다. 백, 무조건 죽음. 단, 흑2로 3에 찌르는 것은 백2로 살게 되므로 주의를 요한다.

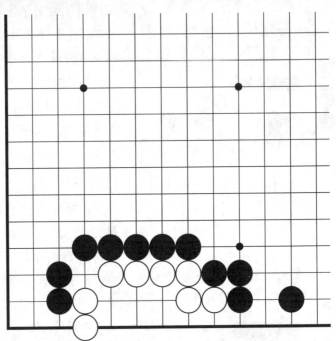

궁도가 넓지만 패를 만들기는 그리 어렵지 않은 형태. 흑보다도 백은 자칫 응수를 그르치면 무조건 잡혀 버릴 수가 있다.

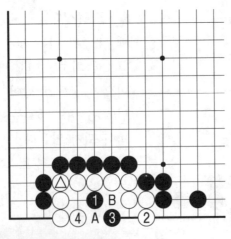

어드바이스
〔제14형〕과 차이점은 백△의 존재. 이곳을 백이 차지하고 있으면 이미 살아 있다. 흑1이 최강의 공격인데 백2·4 다음 A, B가 맞보기로 빅삶.

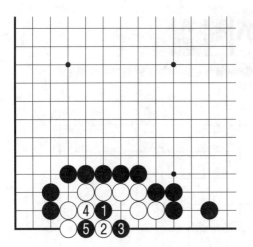

◉ 1도(정해·붙임)

패라면 흑1의 붙임을 쉽게 떠올릴 수 있을 것이다. 백도 2로 붙이는 것이 최선의 방어로 이하 5까지 흑이 먼저 따내는 패가 정해이다.

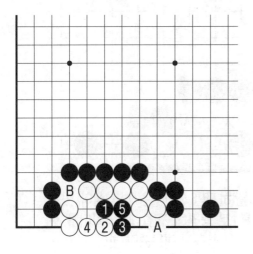

◉ 2도(변화1)

흑1·3 때 백4로 이어 살려고 하는 것은 무모한 욕심이다. 흑5면 석집치중수의 모양. 이후 백A에는 흑B, 백B에는 흑A로 백죽음이다.

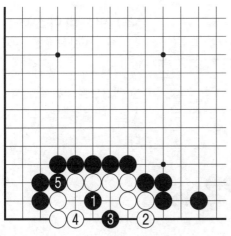

◉ 3도(변화2)

흑1의 붙임에 대해 백2로 내려서도 삶에는 미치지 못한다. 흑3 때 백4로 빅을 노리려고 해도 5의 곳이 백의 결함. 여기를 흑에게 빼앗기면 빅이 되지 않는다. 그렇다고 백4로 5는 흑4로 오궁도화.

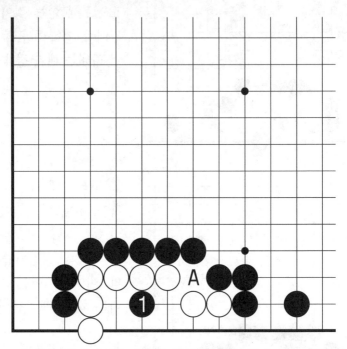

 A의 곳이 약간 허전하지만 이 백은 이미 살아 있는 돌. 그런데 막상 흑1로 공격해오면? 패의 빌미를 주지 않으려면 끝까지 냉철하게 대응해야 한다.

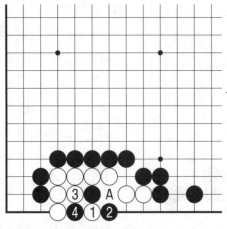

어드바이스

백1의 붙임은 흑 2·4로 패. 그렇다고 백3으로 4는 흑 A로 무조건 죽는 다.

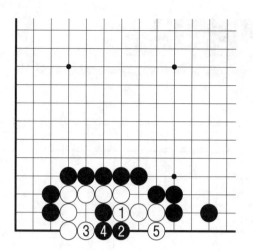

● 1도(정해·웅크림)

알고 있지 않으면 까다로운 형태. 다소 의외의 곳인 백1이 정해로 가는 첫걸음이다. 흑2로 젖힐 때 백3이 제2의 요점. 흑4, 백5까지 빅으로 산다.

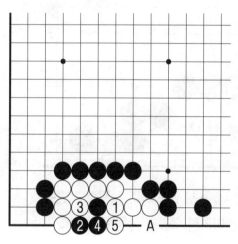

● 2도(변화)

백1에 대해 흑2쪽을 마늘모 하면 오히려 환영이다. 백3으로 몰고 흑4라면 백5로 따내어 4와 A에 두어 두눈을 만드는 수가 맞보기이다.

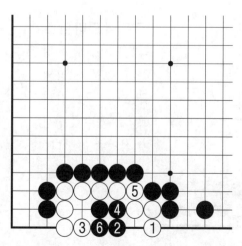

● 3도(실패)

백1로 넓히는 수로도 살 수 있을 것 같지만 백3 때 흑4가 선수가 되는 것이 백의 불행. 백5를 생략할 수 없을 때 흑6으로 두면 백은 오궁 도화의 운명이다.

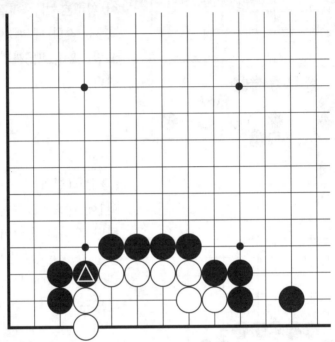

공배가 메워져 있고 △의 요소를 흑이 차지하고 있는 모양. 이와 같은 조건이라면 무조건 잡을 수가 있다.

어드바이스

흑1은 자칫 현혹당하기 쉬운 모양의 급소(?). 그러나 백2가 호수로 8까지 살려주고 만다.

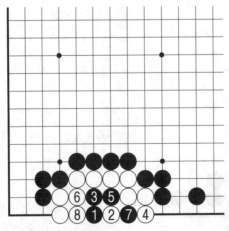

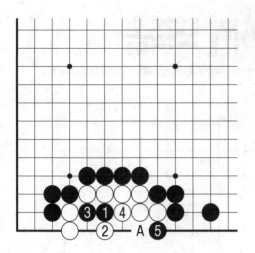

● 1도(정해·붙임)

맹점으로 보이기 쉬운데 흑1
에 붙이는 한수. 백2로 껴붙
일 수밖에 없을 때 흑3으로
끊는 수가 있다. 계속해서
백4로 두점을 잡아도 흑5로
젖혀서 그만. 백은 자충 때
문에 A에 막는 수가 없다.

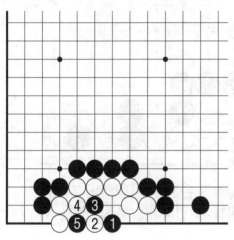

● 2도(실패)

흑1에 치중하는 것은 백2로
붙이는 저항을 받아 뜻대로
되지 않는다. 흑3으로 몰 수
밖에 없는데 백4로 패. 단, 백
2로 3은 흑2로 무조건 죽음.

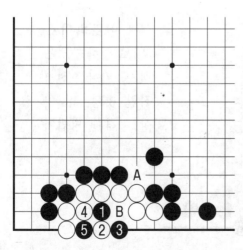

● 3도(참고·공배 관계)

이와 같이 A의 곳에 공배가
하나 있으면 무조건 잡을 수
는 없다. 역시 급소는 흑1의
붙임이며 백2 때 흑3의 젖힘
이 정착으로 5까지의 패가
최선이다. 흑3으로 4는 백B
로 완생임을 확인하길.

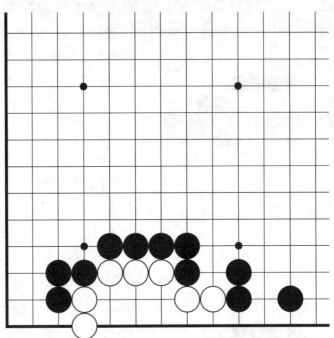

빗형보다 궁도가 넓지만 완전한 형태가 아니다. 백의 약점이 어디인지를 잘 간파하면 무조건 잡을 수가 있다.

어드바이스

흑1로 젖히는 것은 백2로 막아서 전형적인 빗형. 더 이상 공격할 방법이 없다.

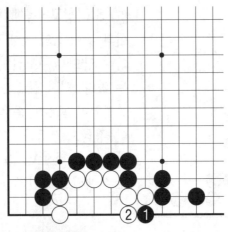

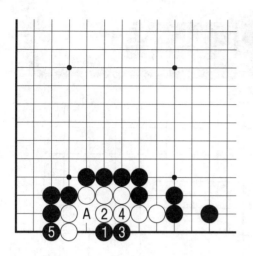

● 1도(정해 · 치중)

등쪽의 공배가 메워진 것이 백의 약점. 그것을 찌르는 수가 흑1의 치중이다. 백2로 치받으면 흑3으로 눈을 빼앗아 5까지 백죽음. 백2로 3이라면 흑A로 끊어서 간단하다.

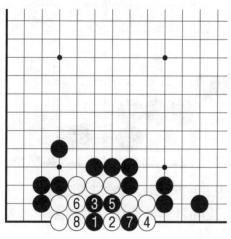

● 2도(참고1 · 공배 관계)

이와 같이 등쪽의 공배가 하나 있으면 흑1로 치중하는 공격은 통하지 않는다. 백2의 마늘모붙임이 좋은 수비. 흑3 이하로 안형을 빼앗으려 해도 백8까지 눌러몰기로 산다. 단, 백2로 3은 흑2로 백죽음.

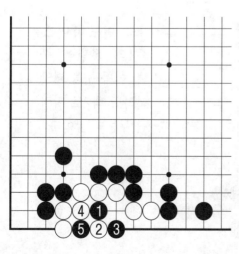

● 3도(참고2 · 패가 최선)

공배가 있을 때에는 흑1로 붙이는 것이 최선의 공격이다. 백도 2로 껴붙여 흑3, 백4, 흑5까지의 패를 다툴 수밖에 없다.

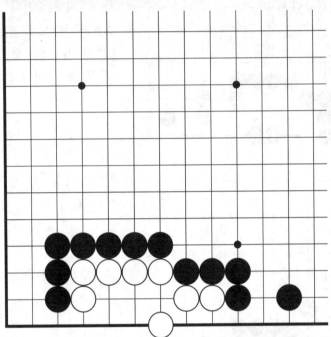

궁도가 넓을 뿐만 아니라 탄력까지 갖추고 있어 실전에서는 완생으로 오인하기 쉬운 형태. 공배메움을 찌르는 맥을 구사해야 한다.

어드바이스

흑1의 젖힘은 무책. 이쪽 눈을 빼앗더라도 백2로 지키면 두눈의 삶이다.

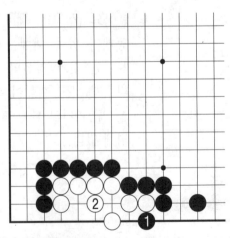

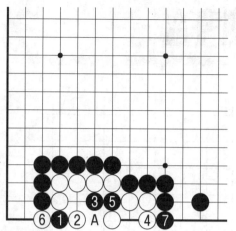

1도(정해·젖힘)

흑1의 젖힘에서 3으로 치중하는 것이 공배메움을 찌르는 교묘한 수순이다. 백4로 눈을 만들 수밖에 없는데 흑5의 끊음이 왼쪽 백에 대해 선수. 백6으로 단수를 방비할 때 흑7로 오른쪽 백 석점이 몰아떨구기가 된다. 수순중 백2로 4면 흑A.

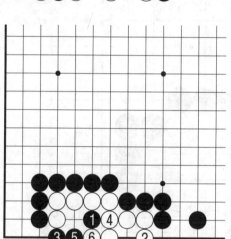

2도(실패1)

직접 흑1로 치중부터 두어가는 것은 수순이 나쁘다. 백2때 흑3의 젖힘은 뒤늦은 수로 백4의 이음이 호착. 흑5에는 백6으로 도리어 흑1 한 점이 몰아떨구기에 걸린다.

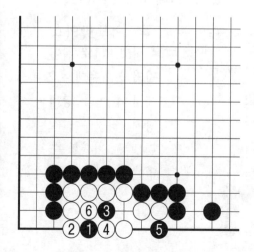

3도(실패2)

흑1은 백2로 차단당해 속절없이 보태준 꼴. 흑3으로 들여다보아도 백4에 후속수단이 없다. 흑5, 백6까지 완생이다.

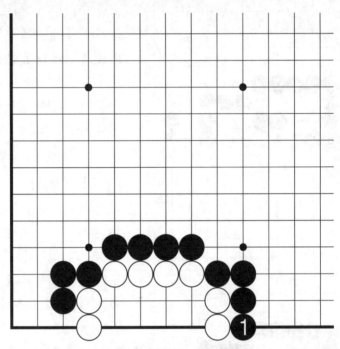

일반적인 6집이 아니라 옆으로 한줄 더 늘어선 8집의 빗형. 따라서 이 백이 죽는 일은 없는데 응수를 잘못하면 손해볼 수가 있다. 흑1에 최선의 응수는?

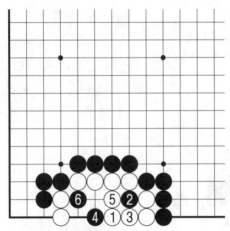

어드바이스

무심코 백1로 뛰어 지키기 쉬운데 흑2에서 4·6을 당해 낭패. 양자충에 걸린 백은 어찌할 수 없는 모습이다.

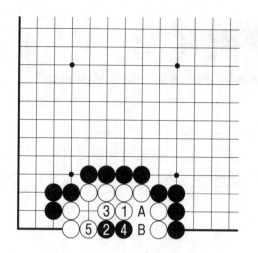

1도(정해 · 호구이음)

백1의 호구이음이 빈틈없은 응수이다. 흑2로 치중하면 백3이 긴요한 일착으로 흑4에 백5까지 삶. 백3으로 4에 막는 것은 흑A, 백3, 흑B, 백5까지 오른쪽의 두점을 선수로 뜯기므로 손해.

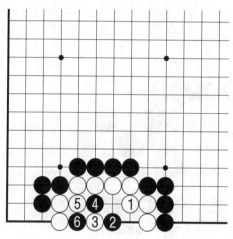

2도(실패)

백1로 꽉 잇는 것은 무미건조한 수로 모양에 탄력이 없다. 흑2가 급소 치중으로 백은 6까지의 패에 목숨을 의지해야 한다.

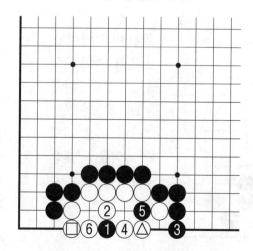

3도(참고 · 삶형)

내려섬 대신 ⊘로 호구이은 모양으로도 완생이다. 흑1의 치중에는 백2의 치받음이 호수이며 흑3·5에는 백4·6으로 삶(흑1로 단순히 3이면 백1이 수비의 급소). 그리고 ⊘와 함께 왼쪽의 ▢가 6의 곳에 호구이어져 있어도 역시 완생의 모양이다.

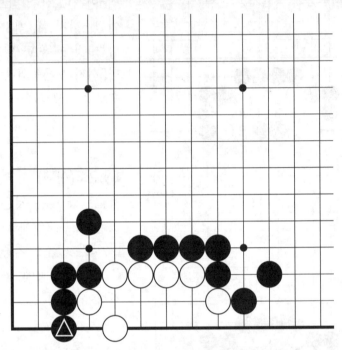

 1선에 내려서 있는 ●가 눈엣가시 같은 존재. 그 때문에 무조건 사는 수는 없어졌다. 정답은 패.

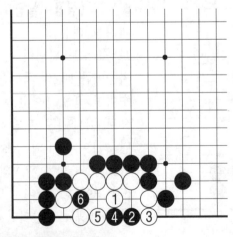

어드바이스

패라면 백1로도 될 것 같다. 다음 흑3에 백2라는…. 그러나 흑2가 백의 독단을 꾸짖는 날카로운 치중으로 6까지 횡사.

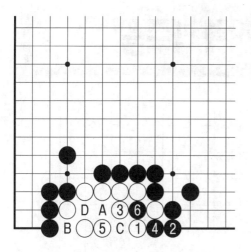

🔵 1도(정해 · 호구이음)

백1의 호구이음이 정착이다. 흑2로 내려서면 백3이 탄력적인 응수. 결국 흑4로 몰고 백5, 흑6까지의 패가 된다. 수순중 흑2로는 3에 치중, 백A, 흑B, 백C, 흑D로도 패이다.

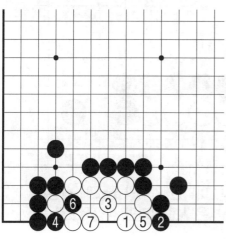

🔵 2도(변화)

백3에 대해 흑4로 모는 것은 경솔하다. 백은 대꾸할 필요 없이 5로 눈을 만들어서 좋다. 흑6으로 따내도 백7로 늦추어 받아 좌우에 한눈씩이 확보된다.

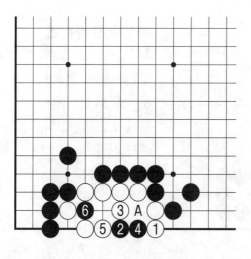

🔵 3도(실패)

백1로 내려서는 것은 어떨까? 이 수에는 흑2의 치중이 급소. 백은 3으로 치받는 정도인데 흑4가 호수로 6까지 백죽음이다. 백5로 6에 두어 빅삶을 노려도 흑5로 뻗으면 A의 곳 결함 때문에 빅이 되지 않는다.

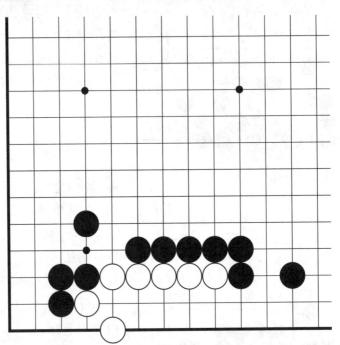

궁도를 좁혀야 할지, 아니면 안쪽의 급소에 선행해야 할지…. 모양에 밝은 사람이라면 직감적으로 판단할 수 있을 것이다.

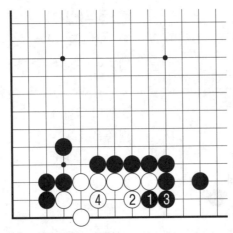

🔖 어드바이스

흑1 · 3으로 젖혀 잇는 것은 백4까지, 또 흑1로 3에 내려서도 백1로 막아서 산다.

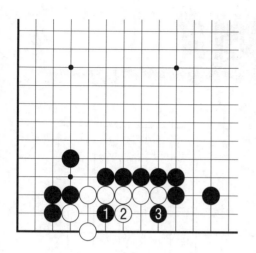

◉ 1도(정해·치중)

먼저 흑1로 안형의 급소에 치중하는 것이 올바른 수순이다. 백2는 달리 변화의 여지가 없는데 흑3으로 젖히면 백에게 두눈이 생기지 않는다.

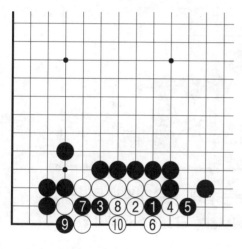

◉ 2도(실패)

흑1로 젖힌 다음 3에 치중하는 것은 수순착오. 백4·6으로 한점을 잡으면 흑도 7로 잡을 수밖에 없는데 백8이 선수로 들어 10까지 살게 된다.

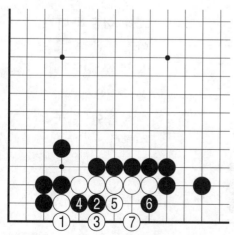

◉ 3도(참고·내려섬)

이 형태에서 백이 살려면 호구이음이 아니라 1로 내려서는 것이 정착이다. 흑2로 공격해와도 백3의 껴붙임이 맥점. 흑4·6에는 백5·7로 두눈을 확보할 수 있다.

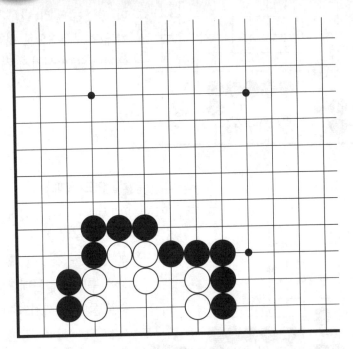

 실전에서 생기기 쉬운 형태. 백은 어떻게 두어도 살 것 같지만 두눈을 확보하는 급소는 한곳밖에 없다.

✎ 어드바이스
어정쩡한 수로는 살지 못한다. 백1 은 흑2에서 8까지 백죽음이 일목요 연하다.

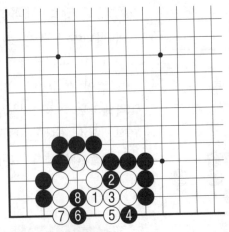

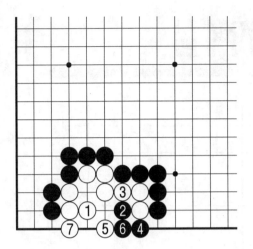

● 1도(정해·두눈)

백1로 확실하게 한눈을 확보
하는 것이 좋다. 염려되는
것은 흑2의 붙임이지만 백3
으로 잇고 흑4의 건넘에는
백5·7로 나머지 한눈이 보
장된다.

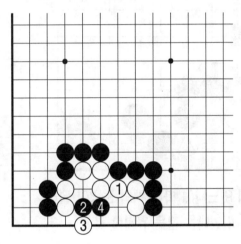

● 2도(실패)

백1로 이어 궁도를 넓히는
것은 흑2의 배붙임을 당해
무사하지 못한다. 백3으로
건넘을 저지해도 흑4로 안형
을 빼앗으면 두눈을 낼 수
없는 모습이다.

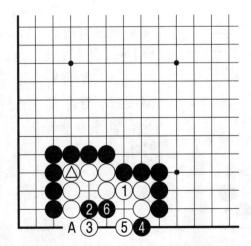

● 3도(참고·백죽음)

△의 곳에 백돌이 놓여 있어
도 백1로 넓히는 수로는 살
지 못한다. 흑2가 역시 급소
로 백3에는 흑4·6까지 백
죽음(흑4로는 단순히 6에
두어도 무방). 그리고 백3으
로 A에 내려서도 흑4, 백5,
흑6으로 마찬가지 결과이다.

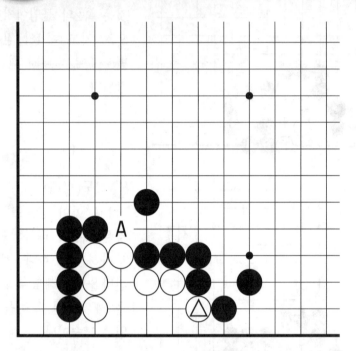

 ◎ 한점을 어떻게 잇느냐에 따라 백의 운명이 달려
있다. A의 곳이 비어 있다는 점을 유념할 것.

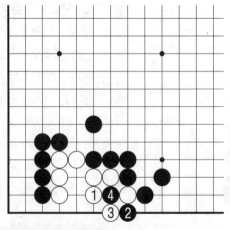

☞ 어드바이스

백1은 무책임한 수. 흑2로 몰면 백 3의 패로 받을 수 밖에 없어 불충분 하다.

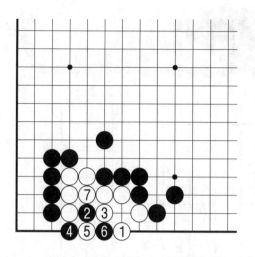

●1도(정해·호구이음)

백1의 호구이음이 정착이다. 흑2로 공격해와도 백3으로 한눈을 만드는 것이 침착한 응수. 흑4면 한점이 건너가는 것 같지만 백5의 먹여침이 준비된 수로 7까지 몰아떨구기가 된다.

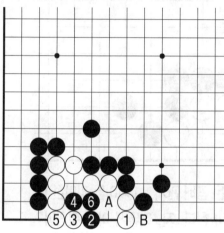

●2도(실패)

백1의 내려섬으로는 실패. 흑2가 안형의 급소로 백3에 마늘모붙여 건넘을 저지해도 흑4·6까지 두눈을 만들 수 없는 모습이다. 수순중 백3으로 4에 두면 흑A, 백6, 흑B로 환격.

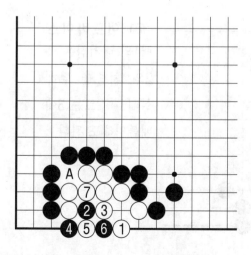

●3도(참고·마찬가지)

A의 곳이 비어 있어도 마찬가지. 역시 백1의 호구이음이 정착으로 이하 7까지 삶이다. 요컨대 공배에 여유가 있어 흑4의 건넘이 선수가 되지 않는다는 점이 키 포인트이다.

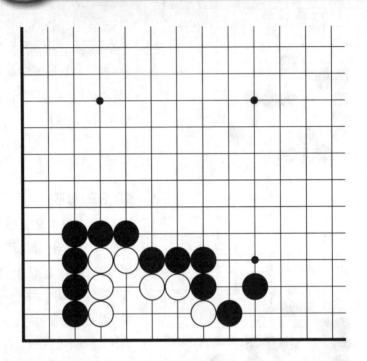

 [제23형]과 차이점은 공배 관계. 그 차이를 파악한 다음에 착수를 선택해야 한다. 자, 어떻게 이을 것인가?

☞ 어드바이스

백1의 내려섬은 흑 2의 치중을 당해 실패. 흑2로는 3에 배붙임해도 된다.

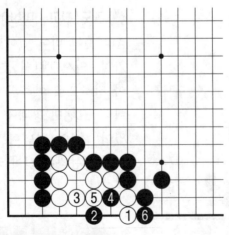

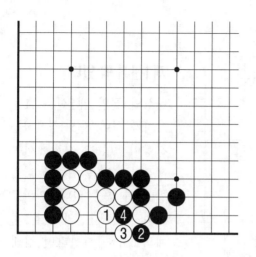

🔴 1도(정해·패가 최선)

공배가 메워져 있는 경우에
는 무조건 살지 못한다. 따
라서 백은 1로 두고 흑2가
절대일 때 3의 패로 받는 것
이 최선의 수비이다.

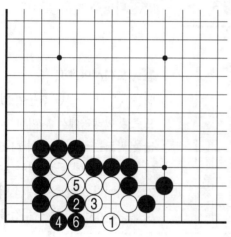

🔴 2도(실패)

공배가 메워져 있음에도 백1
로 살려고 하는 것은 욕심이
다. 흑2 때 [제23형]처럼 백
3으로 두어도 흑4로 넘는 순
간 넉점이 단수로 몰리는 것
이 백의 약점. 흑6까지 횡사
하고 만다.

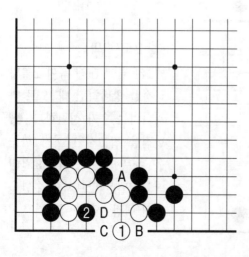

🔴 3도(참고·무관)

참고로 A의 곳 공배와는 무
관하다. 백1은 흑2로, 백1로
B는 흑C로 죽는다. 따라서
이 경우에도 백은 D로 패를
내는 것이 올바르다.

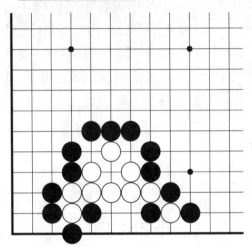

▶ 백차례 삶

제1선에 맥 있다

반상의 끝인 제1선은 효율 가치가 적어 자칫 경시하는 경향이 있는데 사활에서는 생각지도 않은 위력을 발휘할 때가 종종 있다. 의외로 느껴지는 제1선의 맥을 적재적소에 구사한다면 상대방은 비명을 지를 것이다.

⬤ 1도(1선에 뜀)

백은 중앙에 확실한 한눈이 있으므로 아래쪽에서 나머지 한눈을 만드는 궁리를 해야 하는데 백1로 1선에 한칸 뛰는 수가 묘착이다. 흑2로 따내면 백3으로 먹여쳐 왼쪽 흑 두점을 몰아떨구기로 잡고서 산다.

⬤ 2도(변화)

백1의 뜀에 대해 흑이 2쪽의 약점을 방비하면 백3으로 빠져나가는 수가 성립한다. ▲ 한점을 잡고서 나머지 한눈을 확보할 수 있다. 요컨대 백1의 뜀은 맞보기의 수단을 노린 맥점이었던 것이다.

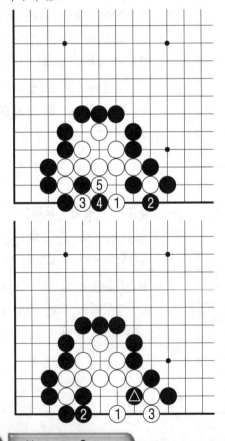

제 2 장
변의 사활

4선형

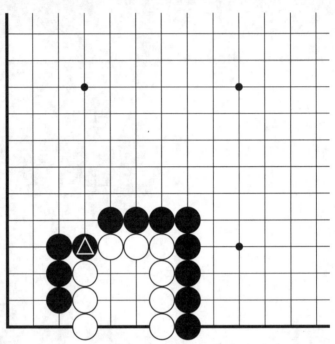

 세로가 긴 판육형도 실전에서 종종 생긴다. 공배가 메워진 데다 △의 어깨에 결함이 있는 형태는 완전하다고 할 수 없다.

☞ 어드바이스

이와 같은 완전한 판육형이면 바깥쪽의 공배와 무관하게 완생이다. 백2 다음 A, B가 맞보기.

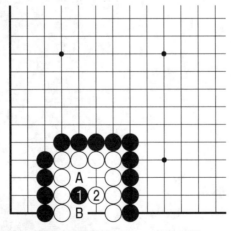

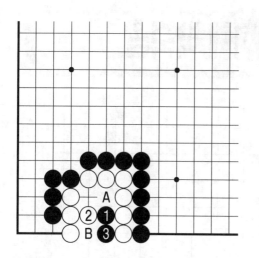

🔵 1도(정해·메워진 쪽에서)

공배가 메워져 있는 쪽을 흑 1로 붙여가는 것이 올바른 공격법이다. 백2로 치받으면 흑3으로 뻗어 백은 자충 때문에 A에 둘 수 없다. 백B라면 흑A로 결국 석집치중수의 운명이다.

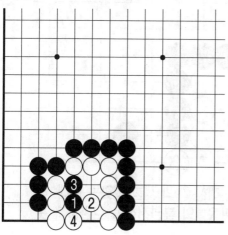

🔵 2도(실패)

흑1쪽에 붙여가는 것은 백2로 급소에 지키게 되어 살려준다. 계속해서 흑3이면 백4, 흑3으로 4면 백3으로 두눈의 삶이다.

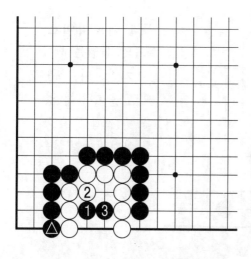

🔵 3도(참고·같은 요령)

이번에 △쪽의 공배가 메워진 형태. 이 경우에도 역시 흑1로 공배가 메워진 쪽을 붙여가는 것이 급소가 된다. 흑1로 3은 백1로 삶.

2 흑차례 백죽음

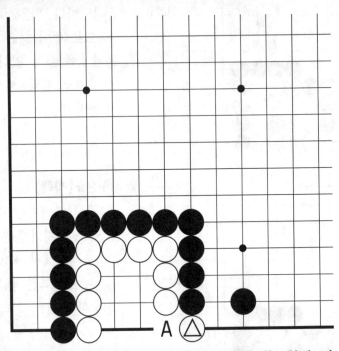

 A의 내려섬이 없는 대신 △의 젖힘이 있는 형태. 하지만 이것으로는 판육형의 불완전함을 보완하지 못한다.

✍️ 어드바이스

흑1의 붙임은 백2로 치받는다. 흑3으로 둘 수밖에 없을 때 백4로 요소를 차지해서 빅삶.

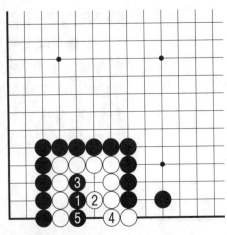

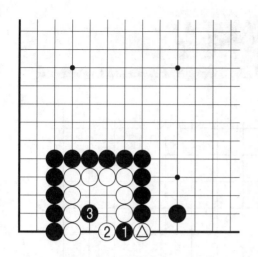

1도(정해·먹여침)

흑1로 먹여쳐서 공격하는 한 수(△가 없는 경우에도 흑1로 젖혀 공격한다). 백2로 막을 수밖에 없는데 그 자체로 오궁도화의 모습. 급소인 흑3에 치중해서 숨통을 끊어놓는다.

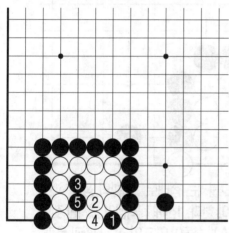

2도(변화)

흑1로 먹여쳤을 때 백2로 꼬부리면 흑3의 치중이 급소. 역시 흑5까지 백죽음이다. 흑3으로 4에 두지 않도록 조심만 하면 된다.

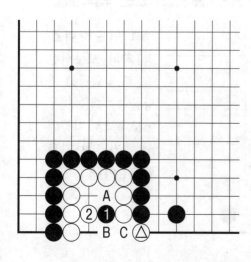

3도(실패)

이 형태는 안쪽에서부터 공격해서는 잡을 수 없다. 흑1의 붙임은 백2로 치받아서 A, B가 맞보기로 두눈. △의 젖힘이 없는 경우에도 흑1로 공격하는 것은 백2, 흑C 때 백B로 먹여쳐 패가 된다.

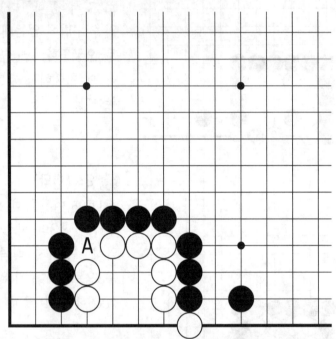

 '변의 뒷박형'으로도 불리는 형태로 '사활의 정석'과도 같으므로 꼭 알아두어야 한다. 1선에 내려섬이 없지만 젖힘의 효과로 살 수 있다. A에 백돌이 있고 없고는 사활과 무관.

✒ 어드바이스

백1쪽의 꼬부림은 흑2로 젖힘당해 저항불능. 백3에 두어도 흑4로 치중해 A, B가 맞보기로 백죽음이다.

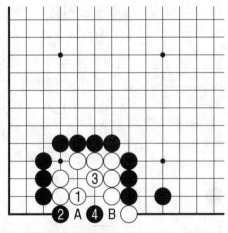

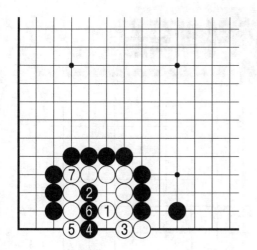

1도(정해·방향이 중요)

백1로 젖힘이 있는 쪽을 꼬부리는 것이 포인트이다. 흑2로 안형을 빼앗더라도 백3이 중요한 일착으로, 이 경우에는 젖힘과 관계없이 빅으로 산다.

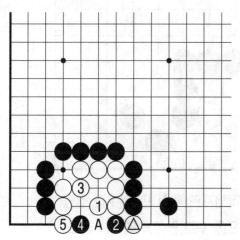

2도(변화)

백1로 안형의 급소를 지켰을 때 흑2로 먹여치면 백3이 제2의 급소. 흑4에는 백5로 막아 이번에야말로 △의 효과로 흑은 A에 이을 수가 없다.

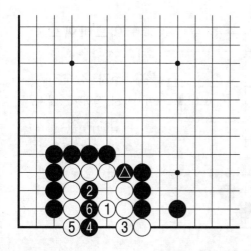

3도(참고·죽는 모양)

젖힘이 있더라도 흑에게 △의 요소를 제압당하면 살지 못한다. 백1에는 흑2가 급소의 한수. 백3으로 궁도를 넓혀도 흑4·6이면 △가 있기 때문에 백은 빅을 만들 수단이 없다.

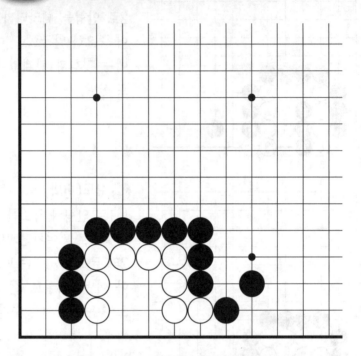

 백에게 꼬부림이 더해져도 흑이 먼저 두면 잡을 수 있다. 제일착이 중요한 수로 안형을 빼앗는 급소는?

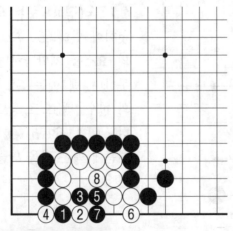

🖐 **어드바이스**
흑1의 젖힘은 백2.
흑3·5가 강수지
만 이하 9까지 패
를 피할 수 없다.
흑3으로 5는 백3,
흑8, 백6으로 빅
삶.

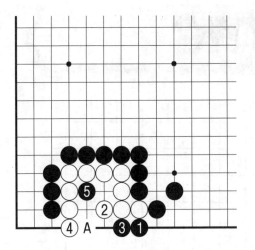

⬤ 1도(정해 · 젖힘의 방향)

흑1로 백의 꼬부림이 있는 쪽에서 젖혀가는 것이 올바른 공격법이다. 백2가 가장 버티는 수지만 흑3으로 밀고 들어가고 백4에 흑5로 치중해 백죽음. 백4로 5에 두면 흑A로 치중한다.

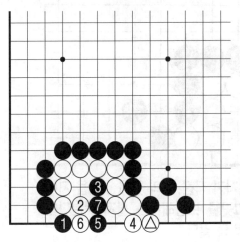

⬤ 2도(참고1 · 백, 완생)

△의 젖힘이 더해져 있으면 백은 이대로 완생이다. 흑1의 젖힘이 까다로운 공격이지만 백2로 꼬부려서 무사하다. 계속해서 흑3에 두어도 빅을 만드는 정도. 그리고 흑1로 4는 백7로, 흑1로 2도 백7로 사는 데에는 지장이 없다.

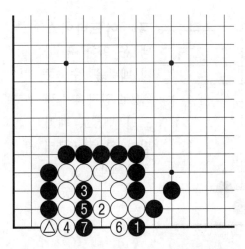

⬤ 3도(참고2 · 백, 완생)

△쪽에 젖힘이 더해져 있어도 유효하게 작용한다. 흑1에 백2로 꼬부리고 흑3의 치중에는 백4 이하 빅삶. 흑1로 4에 먹여치면 백5에 꼬부려서 산다.

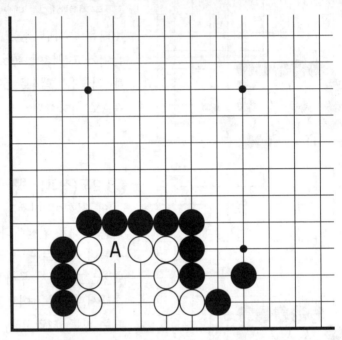

[제4형]이 이루어지기 직전. A의 곳에 결함을 지니고 있는데 직접 그곳을 보강해서는 살지 못한다는 것은 이미 살펴본 바와 같다.

어드바이스

백1은 이하 흑6까지 백죽음. 수순중 흑2로 먼저 4에 찌르면 백5로 패가 되며, 흑4로 6부터 두면 백4로 삶.

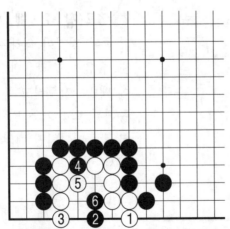

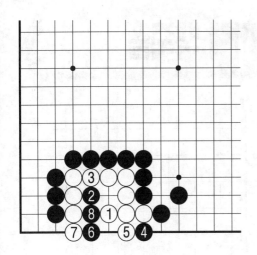

● 1도(정해 · 꼬부림)

백1의 꼬부림으로 산다. 흑2
는 당연한 치중인데 백3으로
막고 흑4의 젖힘에도 백5로
막는다. 계속해서 흑6 · 8로
두어도 빅. 사는 데에는 아
무런 걱정이 없다.

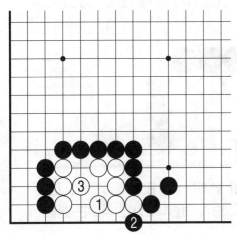

● 2도(변화)

백1로 꼬부렸을 때 단순히
흑2로 젖히면 백으로서는 환
영이다. 백3으로 급소를 차
지, 이번에는 집을 갖고서
살 수 있기 때문이다.

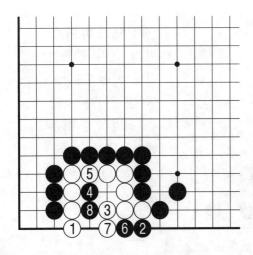

● 3도(실패)

백1로 내려서는 것은 흑2의
젖힘에 속수무책이다. 이제
와서 백3으로 꼬부리는 것은
뒤늦은 수로 흑4에서 8까지
잡혀 버리고 만다.

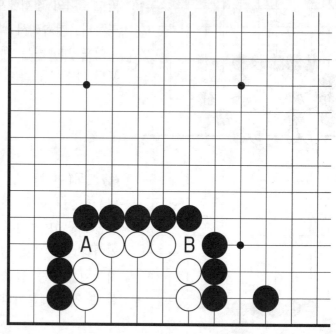

4선형 6 흑차례 백죽음

백의 궁도가 상당히 넓지만 A, B에 결함을 지니고 있어 완전한 형태로 보기 어렵다. 일단 급소는 한눈에 들어오는데….

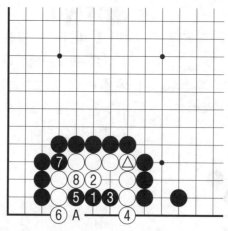

🔖 어드바이스

이와 같이 한곳이라도 △로 보강되면 완생이다. 흑1로 공격해도 이하 백8까지 빅. 흑1로 6에 젖혀도 백1, 흑A, 백5, 흑2, 백4로 산다.

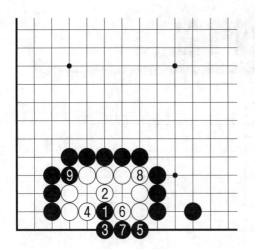

● 1도(정해1 · 치중)

흑1의 치중은 당연한 공격. 백2의 치받음에는 흑3으로 내려서 좌우의 건넘을 맞보기로 삼는 수가 간명하다. 백4로 이쪽의 연결을 저지하면 흑5 · 7. 백6 · 8로 한눈을 허용해도 흑9로 나머지 한쪽이 옥집이다.

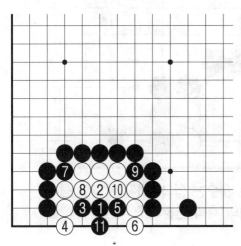

● 2도(정해2 · 오궁도화)

백2로 치받았을 때 흑3 · 5로 두는 수도 가능하다. 백4 · 6의 차단에는 흑7 · 9의 두방이 듣는 것이 자랑. 최후 흑11이 오궁도화로 만드는 요점이다.

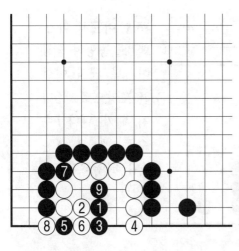

● 3도(변화)

흑1에 대해 백2로 치받으면 흑3으로 내려선다. 건넘을 저지하는 백4는 부득이한데 흑5에서 7이 빅을 방지하는 좋은 수순. 그런 다음 흑9로 안형을 빼앗으면 백은 살지 못하는 모양이다.

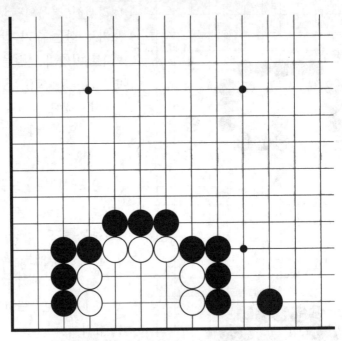

 좌우동형의 형태로 첫수는 쉽다. 하지만 그후 정해 코스에 이르기까지의 흑의 반발에도 세심한 주의를 기울여야 한다.

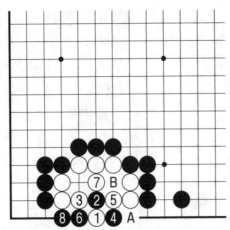

어드바이스

백1도 동형의 중앙 이지만 왠지 어설 픈 모양으로 백9까 지 패가 된다. 수 순중 백5로 A는 흑6, 백8, 흑B. (⑨…①)

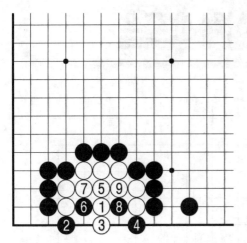

1도(정해1·3,5가 중요)

어쨌든 첫수는 백1로 두고 볼 곳. 흑2의 젖힘에는 다소 의외라고 생각될지 모르겠지만 백3의 내려섬이 냉정하며 흑4에는 백5가 호착. 계속해서 흑6·8의 공격에도 백7·9로 두눈이 확보된다.

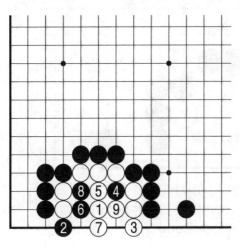

2도(정해2·미흡)

흑2의 젖힘에 대해 백3으로 내려서도 살 수는 있다. 다만, 흑6으로 몰았을 때 백7로 후퇴할 수밖에 없어 백 두점이 선수로 잡히므로 큰 손해이다. 그렇다고 백7로 8은 흑7로 전체의 사활이 걸린 패가 된다.

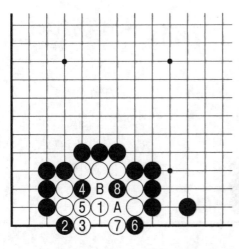

3도(실패)

흑2로 젖혔을 때 무심코 백3으로 막기 쉬운데 흑4·6의 수순이 교묘하다. 최후에는 흑8의 양단수로 백죽음. 그리고 백3으로 5에 늦추는 것도 흑6, 백7, 흑8, 백A, 흑B로 마찬가지 결과가 된다.

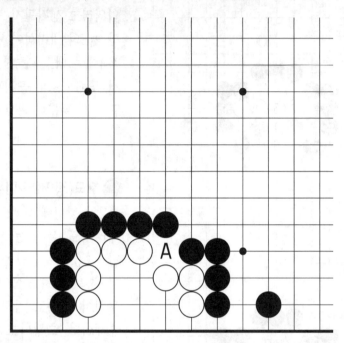

백의 형태가 만만찮아 보이지만 A의 곳 결함을 적절히 추궁하면 길이 열린다. 단, 정해코스는 두가지가 있는데 빅이 되지 않도록 주의할 것!

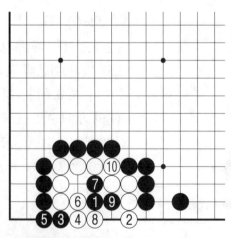

어드바이스

흑1의 치중도 한가지 방법. 그러나 백10까지의 진행으로는 빅삶. 도중에 공격법을 그르쳤기 때문이다.

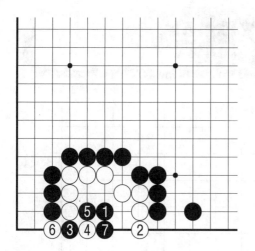

● 1도(정해1 · 끊음이 긴요)

첫번째 정해는 흑1의 치중. 이에 대해 백2의 내려섬이 강력한 저항인데 흑3에서 5로 끊어가는 것이 멋진 격퇴법이다. 백6으로 따낼 수밖에 없을 때 흑7로 두면 패와 무관하게 매화육궁의 죽음이다.

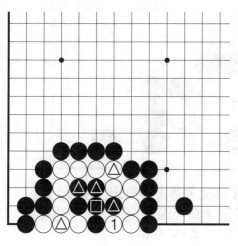

● 2도(참고 · 매화육궁)

1도 이후 백이 △를 차지해도 못 산다. 이해를 돕기 위해 그림을 제시하면 백은 스스로 궁도를 메우므로 둘 수 없고 결국 흑이 △로 두면 '매화'처럼 생긴 여섯집, 즉 매화육궁으로 죽는 모양(백1로 따내도 흑■로 치중). 따라서 전도인 상태로 백죽음이다.

● 3도(정해2 · 젖힘도 가능)

흑1의 젖힘부터 두면 한결 간명하다. 백2로 막을 수밖에 없을 때 흑3에 치중한다. 백4에는 흑5를 선수로 작용시키는 것이 백의 결함을 찌르는 긴요한 일착. 최후 흑7로 젖히면 죽는 모양이다.

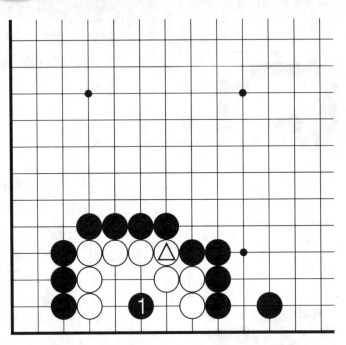

[제8형]에서 백이 △로 결함을 단속하면 완생의 형태가 된다. 그렇지만 흑의 집요한 공격에는 만반의 대비를 해 놓아야 한다. 흑1에 대한 응수는?

🖋 **어드바이스**

백1로 내려서는 것은 좋지 않다. 흑2에서 4·6이 멋진 공격. 매화육궁으로 백죽음이다.

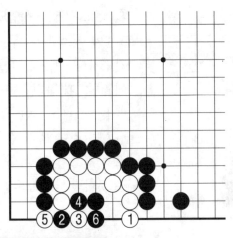

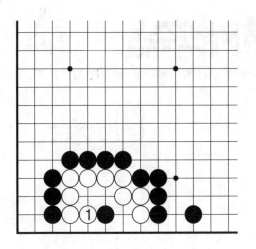

🌑 1도(정해·치받음)

백은 궁도를 아무리 넓혀도 살지 못한다. 이런 때에는 안형의 급소에 두어 삶을 지향해야 한다. 백1의 치받음이 안형의 급소. 이 한수로 최소한 빅삶이 보장된다.

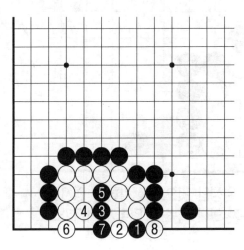

🌑 2도(참고·역시 삶)

흑1로 젖히고 나서 흑3에 치중해와도 삶에는 하등 지장이 없다. 역시 백4의 꼬부림이 정착으로 이하 8까지 빅으로 산다.

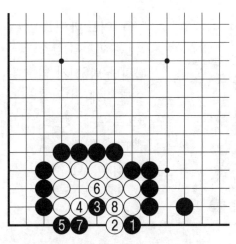

🌑 3도(참고·변화)

전도의 변화. 백4로 치받았을 때 흑5로 젖히면 잠자코 백6으로 한눈을 만들어서 좋다(백6으로 성급하게 7에 막으면 흑6으로 백죽음). 흑7에는 백8까지 이번에는 두 눈의 삶이다.

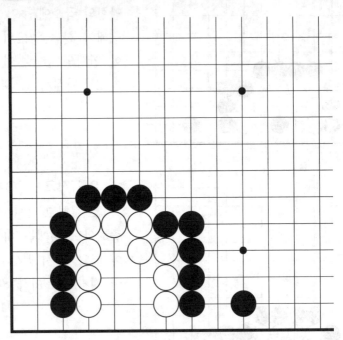

 백의 궁도가 넓어 완생인 것으로 생각하기 쉽지만 이 형태도 잡는 수가 있다. 수순을 어떻게 가져가느냐가 중요하다.

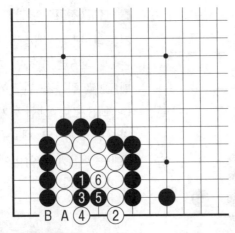

🐚 **어드바이스**

흑1은 안형의 급소 같지만 백6까지 빅으로 살게 된다(흑3으로 A에 젖혀도 백4, 흑3, 백B, 흑5, 백6). 단, 백2로 3은 흑A로 백죽음.

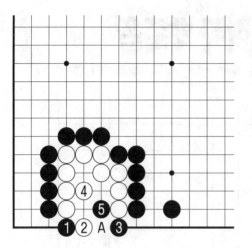

◉ 1도(정해 · 젖힘 두방)

흑1과 3, 두번의 젖힘으로 백의 숨통을 끊을 수 있다. 단, 그 수순은 흑1쪽이 우선이어야 한다. 백4로 한눈을 만들어도 흑5로 젖힐 수 있는 것이 앞선 흑1의 효과. 백은 자충 때문에 A에 둘 수 없다.

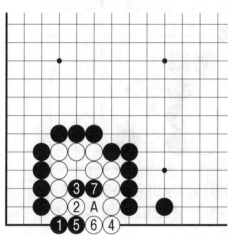

◉ 2도(변화)

흑1로 젖혔을 때 백2로 꼬부리면 흑3이 급소. 백4에는 흑 5 · 7로 마무리짓는다. 백2로 3에 두면 흑A, 백4, 흑5의 수순으로 역시 백죽음이다.

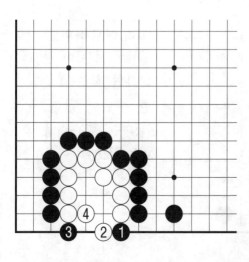

◉ 3도(실패)

먼저 흑1쪽에서부터 젖혀도 마찬가지일 거라고 생각하기 쉬우나 결과는 천양지차가 난다. 이후 흑3에 젖히면 백 4로 늦추어 받는 수가 있기 때문이다. 백은 곡사궁으로 완생의 모양.

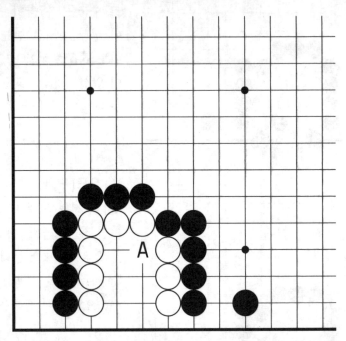

 변의 5선형. [제10형]에서 A의 곳 백돌이 빠진 형태인데 어찌 보면 궁도가 넓어졌다고 할 수 있지만 한편으로는 약점이기도 하다.

어드바이스

결함이 없는 이 형태라면 흑도 뾰족한 수단이 없다. 흑9까지 후수빅을 내는 정도.

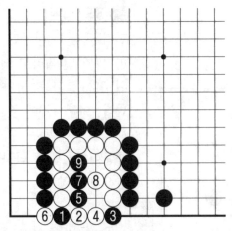

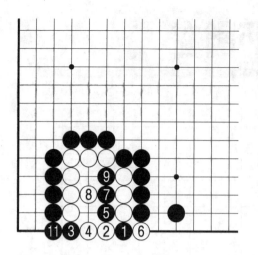

🔵 1도(정해·젖힘 두방)

흑1·3, 젖힘 두방으로 해결한다. 이번에는 수순을 바꾸어도 무방하다. 백4 때 흑5쪽을 끊는 것이 중요한 수로 이하 11까지 석집치중수로 잡는다(흑5로는 단순히 7에 두어도 된다).

(⑩…❶)

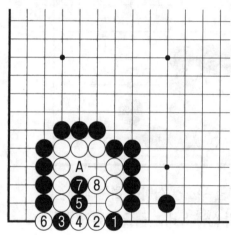

🔵 2도(실패1)

방향을 그르쳐서 흑5쪽을 끊어서는 안된다. 흑7 때 백8의 치받음이 호수로 이후 흑A에 두어도 후수빅을 만드는 데 그치고 만다. 물론 백삶이다.

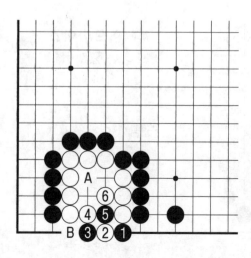

🔵 3도(실패2)

백2로 막았을 때 흑3으로 모는 수로도 잡을 수 있을 것 같지만 백4가 호수. 흑5에는 백6으로 막아 다음에 A로 두눈을 만드는 수와 B의 몰아떨구기가 맞보기이다.

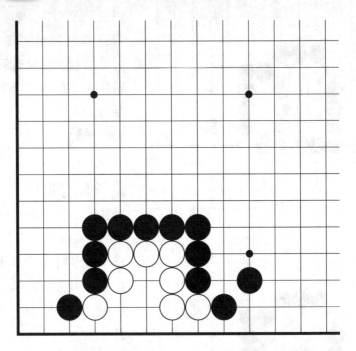

 패라면 어렵지 않지만 무조건 살아야 하는데 난점이 있다. 첫수가 맞보기 삶을 노리는 중요한 일착이다.

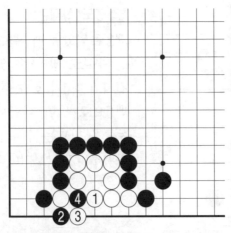

☞ 어드바이스
백1은 흑2로 몰려 패를 피할 수 없다. 물론 패로는 명백한 실패.

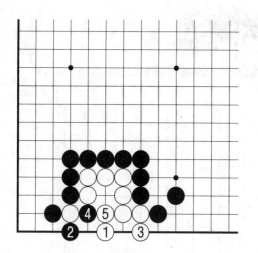

1도(정해·마늘모)

흑1로 1선에 마늘모하는 것이 맞보기의 삶을 노린 호착이다. 흑2로 몰면 손을 돌려 백3으로 내려서는 것이 준비된 후속타. 백5까지 두눈의 삶이 보장된다.

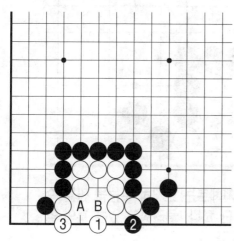

2도(변화)

백1에 대해 흑이 2쪽의 눈을 빼앗으면 백3의 내려섬이 맞보기의 곳. 이후 흑A에는 백B, 흑B에는 백A로 역시 두눈을 내는 데 어려움이 없다.

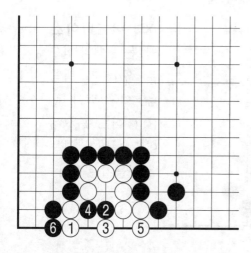

3도(실패)

단순히 백1로 내려서는 것으로는 살지 못한다. 흑2의 붙임이 날카로운 급소 공격. 계속해서 백3·5로 두어도 흑6으로 백 두점이 몰아떨구기에 걸린다.

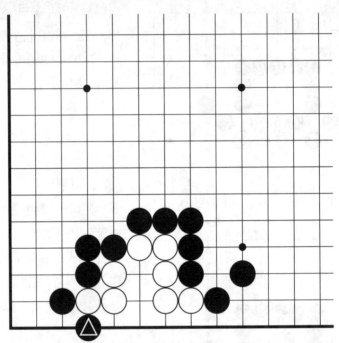

 ⬢로 젖혀져 있어 자체로는 도저히 두눈을 만들 수 없는 모습. 방법은 단 하나, 둘러싸고 있는 흑의 결함을 찌를 수밖에 없다.

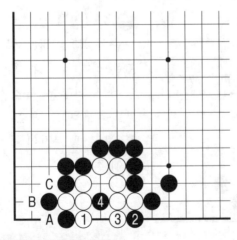

☞ 어드바이스

백1은 무책의 한수로 흑4까지 백죽음. 이후 백이 A, B, C 어느 곳을 두어도 나머지 한눈을 만들지 못한다.

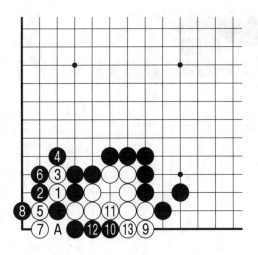

● 1도(정해·끊음이 교묘)

백1의 끊음이 유일한 노림. 흑은 2로 몰아잡는 한수인데 백3으로 한번 나간 다음 5·7이 멋진 맥점. 흑8로 A는 백12가 선수로 들어 살게 되므로 흑8로 버텨 보지만 이때 백9의 내려섬. 흑10 이하는 무리한 공격으로 백13에 이르러 흑 석점이 몰아떨구기.

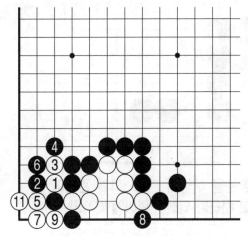

● 2도(변화)

백5·7의 멋들어진 맥점에 흑은 별다른 공격법이 없다. 달리 흑8로 젖히는 것은 백9에서 11로 귀에서 나머지 한 눈을 만들고 산다.
(❿…①)

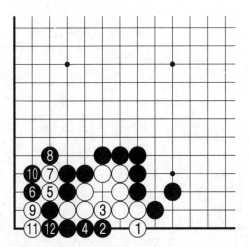

● 3도(실패)

아무런 준비공작 없이 직접 백1로 눈을 만들려고 하는 것으로는 역부족이다. 흑4까지를 결정하고 나서 백5 이하로 수단을 부려도 흑12까지 아무 것도 안된다. 수순이 나쁘면 살릴 수 있는 돌도 죽이고 만다.

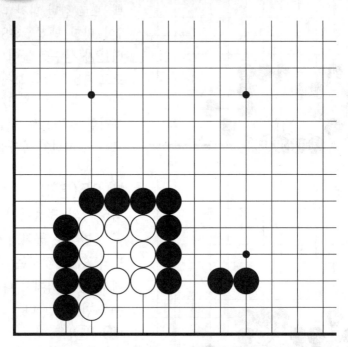

 변쪽에서 나머지 한눈을 어떻게 만드느냐가 관건이다. 효율좋게 살려고 하다가 되레 구덩이에 빠지기 쉬운 형태. 욕심 부리지 않는 냉정한 태도가 필요하다.

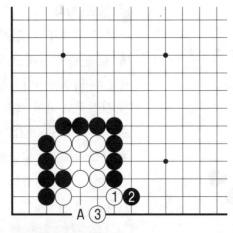

어드바이스

오른쪽에 흑돌이 강화되어 있지 않으면 백1로 젖히고 3(또는 A)으로 호구잇는 것이 효율적으로 사는 법이다.

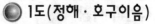

1도(정해·호구이음)

단순히 백1로 호구잇는 것이 정착이다. 흑2로 눈을 빼앗으러 올 때가 염려스럽지만 백3으로 끊는 수가 준비되어 있다. 따라서 흑2로는 3에 내려서고 백2로 사는 것이 시세이다.

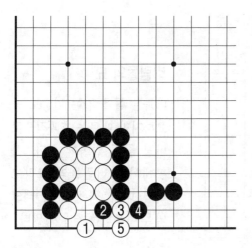

2도(변화)

백1에 대한 흑2는 함정수의 색채가 짙은 수. 이것에는 백3으로 젖힌 다음 5에 내려서는 것이 중요하다. 백5로 무심코 A에 호구이었다가는 흑 B의 내려섬으로 순식간에 생사가 뒤바뀌어 버리고 만다.

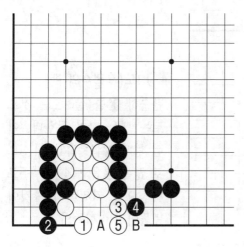

3도(실패)

백1의 젖힘이 무심코 저지르기 쉬운 잘못. 흑2·4로 끊어잡혀 나머지 한눈을 만들 공간이 부족하다. 그리고 백1로 3에 두는 것도 흑4로 몰려 패.

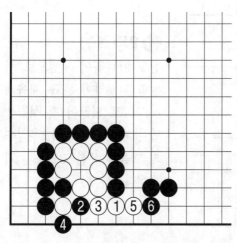

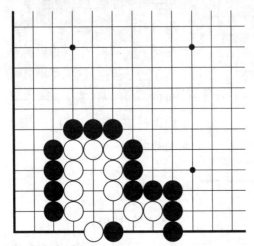

▶흑차례 백죽음

버림돌의 묘

바둑은 돌을 잡는 기술도 중요하지만 때로는 효과적으로 버릴 줄도 알아야 한다. 사활에서의 버림돌의 묘라고 하면 대개 '후절수'의 테크닉을 이용하는 경우가 많다.

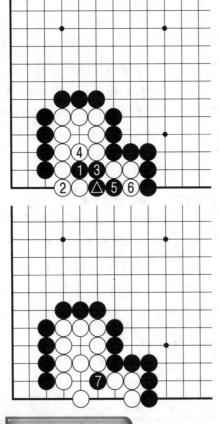

● 1도(후절수의 맥)

단순히 ◢를 살려오는 것으로는 백을 잡지 못한다. 이런 형태에서는 흑1에서 3으로 끊은 다음 백4 때 흑5로 넉점으로 키워버리는 것이 멋들어진 버림돌의 묘.

● 2도(계속)

전도에서 흑이 넉점으로 키워잡힌 모양이 본도. 계속해서 흑7로 되끊어 백 석점을 잡는 수단이 생긴다. 후절수의 맥을 이용한 고난도의 기술이다.

제 2 장
변의 사활

응용형

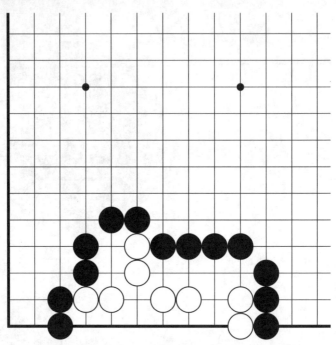

안쪽의 급소부터 선행하는 것으로는 잘 될 것 같지 않다. 그렇다면 바깥쪽에서부터 궁도를 좁혀가는 수단을 강구할 수밖에 없다.

☞ 어드바이스

흑1의 치중은 백2로 막는 것이 호수. 이후 흑3·5로 수단을 부려도 백6까지 완생이다.

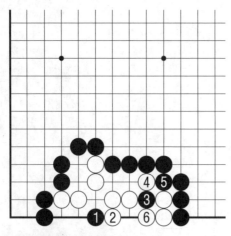

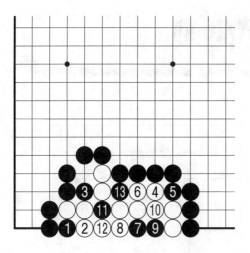

● 1도(정해 · 찝음 두방)

흑1로 들어간 다음 3으로 찝는 것이 궁도를 좁히는 요령. 백4는 최대한으로 넓히는 수지만 흑5로 찝은 다음 흑7이 급소 치중. 이후는 알기 쉽게 흑13까지 백죽음이 확인된다.

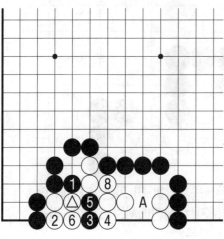

● 2도(실패1)

먼저 흑1의 찝음부터 두는 것은 수순착오이다. 흑3으로 치중했을 때 백4로 막고 (백4로 5는 흑A로 패가 된다), 흑5 · 7로 옥집으로 만들려고 해도 백8로 잇는 것이 호수. 결국 백10까지 후절수로 살게 된다.

(❼…❺ ❾…❸ ⑩…△)

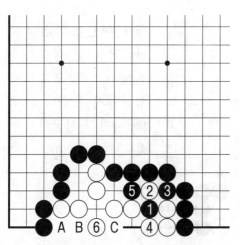

● 3도(실패2)

흑1의 끼움도 궁도를 좁히는 수단이지만 이 경우는 백6까지 살려주고 만다. 단, 흑5 때 백이 욕심을 부려 1에 잇는 것은 흑A, 백B, 흑C로 되레 잡혀 버린다.

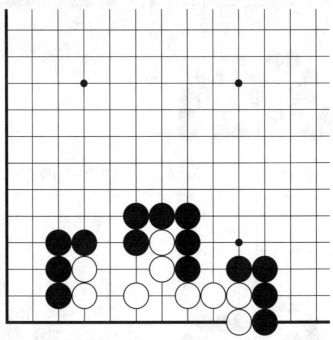

변의 2선형의 사활은 '육사팔활'이 기본. 그러나 여러가지의 조건이 더해지는 실전에서는 그렇게 간단하지만은 않다. 자, 시작은?

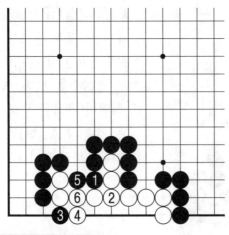

어드바이스

단순히 한발 한발 좁혀가는 것으로 성공하지 못한다. 백6까지 직사궁의 삶.

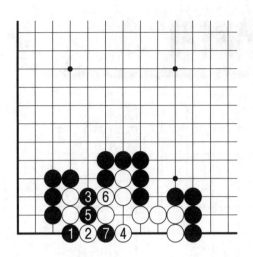

● 1도(정해·젖힘부터)

출발점은 흑1의 젖힘. 백은 2로 막는 한수인데 흑3으로 두점을 단수친다. 백은 4가 최선의 응수이며 이하 흑7까지의 패가 쌍방 최선의 응접이다.

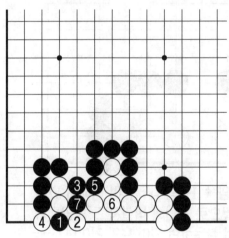

● 2도(변화1)

흑1·3의 호수순에 대해 백4로 따내는 것은 백의 실패. 흑5를 결정하고 나서 7로 찝으면 백은 무조건 죽는 모습이다.

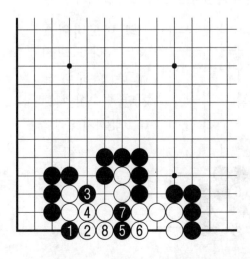

● 3도(변화2)

흑3으로 단수쳤을 때 백4로 이으면 흑5의 치중이 급소이다. 백6으로 막을 수밖에 없는데 흑7에서 9의 먹여침이 옥집으로 이끄는 상용의 테크닉. 백, 무조건 죽음이다. (❾…❼)

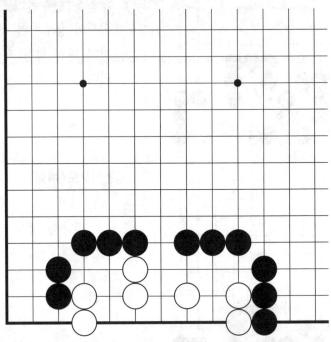

궁도가 넓은 데다 양쪽 1선의 내려섬이 더해져 있어
완전히 살아있는 것으로 용인해 버릴지도…. 공배가
메워진 점을 적절히 활용하면 길이 보일 것이다.

☞ 어드바이스

흑1·3 다음 흑5가
테크닉을 부린 수
지만 수순이 나쁘
다. 백8까지 완생.

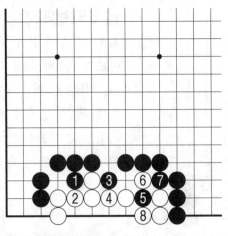

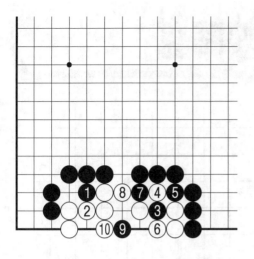

1도(정해·끼움이 포인트)

흑1, 백2를 교환하고 나서 흑3
으로 끼우는 것이 정밀한 수순
이다. 백은 4로 잡을 수밖에 없
고 흑5·7에도 백8이 최강의
저항. 여기서 먼저 흑9에 치중
한 다음 11로 따내어 패가 된다.
흑9로 서둘러 3에 따내는 것은
백9로 살게 되므로 요주의.
(⑪…❸)

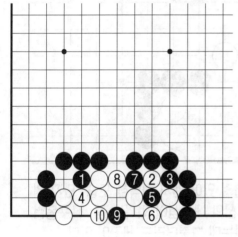

2도(변화)

흑1에 대해 백2는 수순을 뒤
틀은 수. 이때에도 흑3으로
찝는 것이 전체의 백을 공격
하는 중요한 수이다. 결국
백4로 돌아설 수밖에 없는데
이하 흑11까지 똑같은 모양
의 패가 된다.
(⑪…❺)

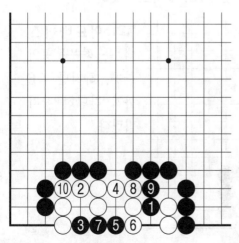

3도(실패)

먼저 흑1로 끼워도 마찬가지
일 거라고 생각하는 것은 오
산이다. 백2로 궁도를 넓히
는 것이 호수. 전체의 백을
공격하려면 흑3의 치중이 유
일한데 백4 이하 10까지 빅
으로 살게 된다.

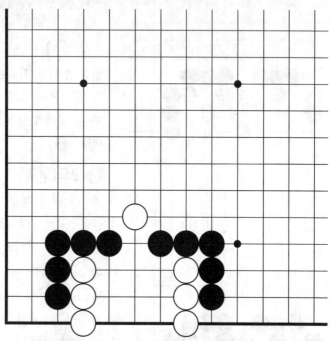

위쪽이 휑하니 열려 있어 왠지 허약한 모습. 단지 위 안이라면 양쪽 1선의 내려섬이 있다는 점. 좌우동형 은 중앙이 급소라는데 그렇더라도 세곳이 있다.

☜ 어드바이스

백1은 좌우동형의 한곳. 하지만 흑6 까지 간단히 잡혀 버린다.

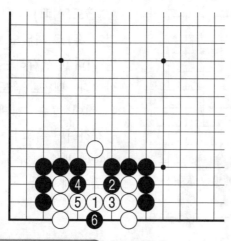

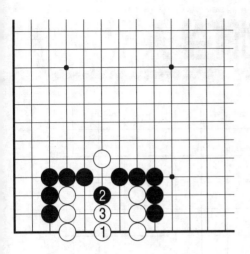

🔵 1도(정해·1선의 중앙)

좌우동형의 중앙, 그 세곳 중에서 이 경우는 1선의 백1이 유일하게 사는 급소이다. 흑2로 공격해오면 다시 한번 백3. 좌우에 한눈씩이 확보된다.

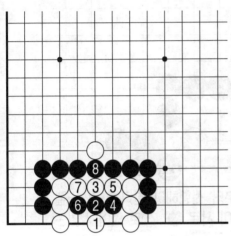

🔵 2도(변화)

흑2로 붙여온다면 백3의 껴붙임이 멋진 방어. 중앙에는 중앙으로 대응한다. 계속해서 흑4·6으로 움직여도 흑8까지 선수빅으로 산다.

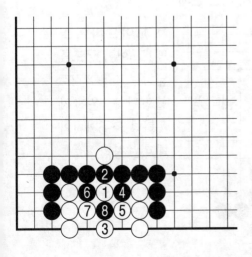

🔵 3도(실패)

백3으로 두기 전에 백1을 선수하고 싶을 것이다. 그러나 백1, 흑2의 교환은 오히려 두어서 해로운 수. 흑4에서 8까지 패가 되고 만다.

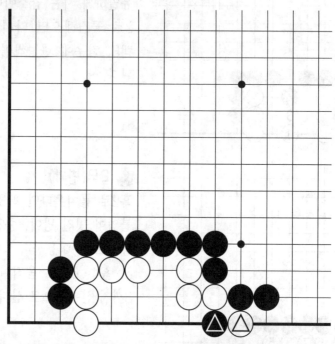

한눈에 보아도 급소부터 선행해야 한다는 걸 느낄 수 있을 것이다. 흑백이 서로 ●, △로 먹여쳐 있는 점에 유념하면 어렵지 않은 문제.

☞ **어드바이스**
백1로 이어 궁도를 넓히는 것은 흑2로 붙임당해 온전치 못하다. 흑6까지의 패로는 불만.

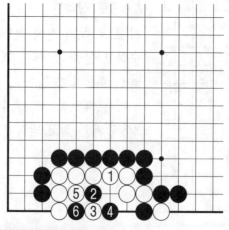

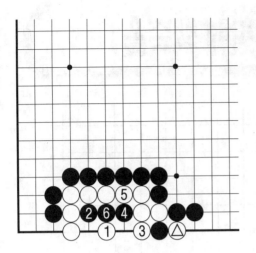

● 1도(정해·뜀)

백1의 뜀이 패를 피하면서 빅으로 사는 수를 노리는 긴요한 일착이다. 백△로 먹여친 점이 있어 흑은 2로 공격할 수밖에 없는데 백3으로 막아 이하 흑6까지 선수빅으로 살 수 있다.

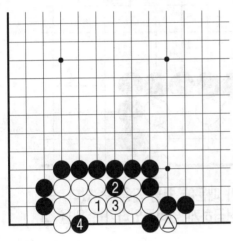

● 2도(실패)

백1로 꼬부리는 수로는 아무것도 안된다. 흑2에서 4면 두눈을 낼 수 없는 모습. △의 존재가치를 전혀 살리지 못한, 백으로선 최악의 결과이다.

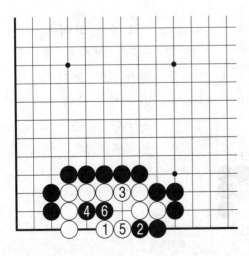

● 3도(참고·백죽음)

먹여친 점이 없는 이 형태라면 어떻게 두어도 살지 못한다. 백1의 뜀에 대해 흑2로 밀고들어가는 공격이 성립하는 것. 백3이 버티는 수지만 흑4의 치중이 호수로 백죽음이 확인된다.

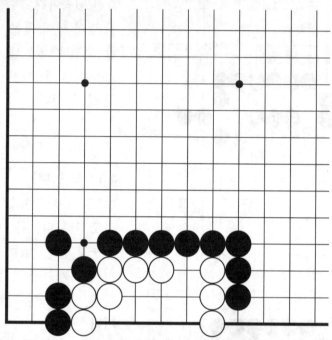

공배가 메워져 있기 때문에 백을 잡을 수 있다. 단,
간단한 형태라고 성급하게 덤벼들었다가는 일을 그
르치고 만다.

어드바이스

흑1의 치중은 제
일감으로 보이지
만 가짜 급소에 현
혹당한 행동. 백
2·4로 빅삶.

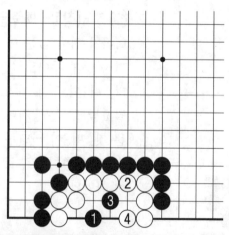

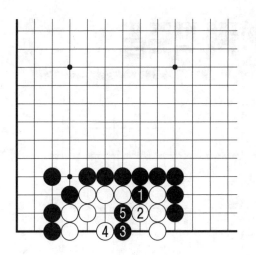

● 1도(정해 · 양자충)

잠자코 흑1로 찔러들어가는 수가 좋다. 백2로 막을 수밖에 없을 때 흑3의 곳이 급소. 백4로 한눈을 만들어도 흑5로 끊으면 양자충에 걸린 백은 꼼짝할 수 없다.

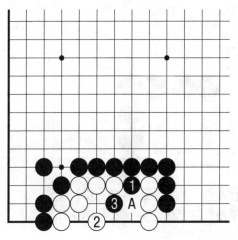

● 2도(변화)

흑1에 대해 단순히 백2로 지키면 흑3의 젖힘으로 격퇴한다. 백은 A에 끊는 수가 없다. 그리고 백2로 3에 받으면 흑2의 치중으로 그만이다.

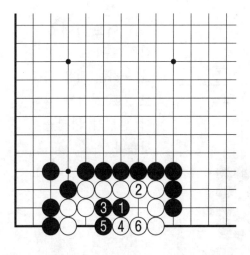

● 3도(실패)

먼저 찌르는 수를 선수하지 않으면 아무 것도 안된다. 흑1의 붙임도 언뜻 맥점 같지만 백2가 급소의 이음. 역시 빅으로 살게 된다.

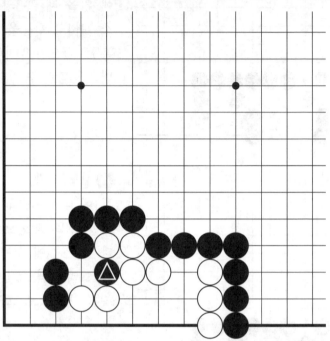

흑은 ⬢ 한점이 잡히는 맛을 안고 있는 것이 결점. 그렇다고 단순히 구출하는 정도로는 백이 살아 버릴 것 같다. 수순을 잘 가져가야 한다.

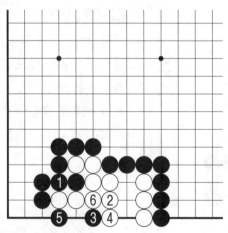

어드바이스

직접 흑1로 한점을 구하는 것은 백도 2로 지키게 되어 완생의 형태를 갖춘다.

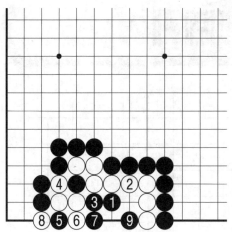

1도(정해·붙임)

흑1의 붙임이 날카로운 한수. 백2로 이을 수밖에 없을 때 흑3으로 끊어 백4를 유도한 다음 흑5의 젖힘이 결정타. 백6에 흑7을 선수하고 나서 9까지 오궁도화. 교묘한 수순으로 백의 숨통을 끊어 놓았다.

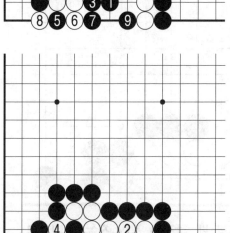

2도(실패1)

백4 때 흑5로 내려서는 수가 그럴 듯해 보이지만 백6의 호수를 못본 실착(백6으로 A면 흑8로 백죽음). 결국 흑9까지 패가 나서는 불충분한 결과이다. 그리고 흑5로 A에 젖히는 것도 백7로 막아서 패.

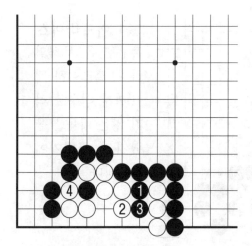

3도(실패2)

흑1로 찔러들어가는 것은 백은 당연히 2로 늦추어 받는다. 대수롭지 않는 오른쪽 석점을 잡는 정도로는 흑이 크게 불만이다.

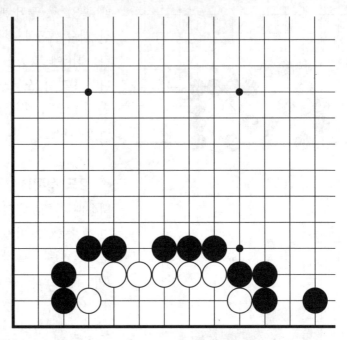

 실전에서는 선수로 백 한점을 끊어 잡는 끝내기로 만족할런는지도…. 하지만 백 전체를 노리는 공격수단이 있다.

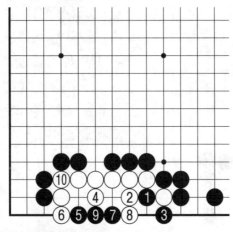

☜ 어드바이스

흑1·3은 무책임하다. 흑5 이하 백10까지 선수로 적지 않은 이득을 올렸지만 끝내기에 불과하다

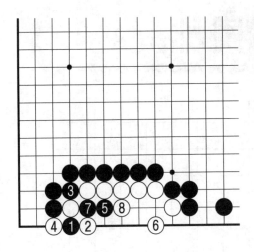

● 1도(정해·젖힘)

알지 못하면 생각해내기 어렵겠지만 흑1로 젖히고 나서 백2 때 흑3으로 모는 수순이 교묘하다. 백4로 따낼 수밖에 없을 때 흑5의 치중이 급소. 백은 6으로 호구잇는 것이 최선으로 이하 9까지 흑이 먼저 따내는 패가 정해이다.

(❾…❶)

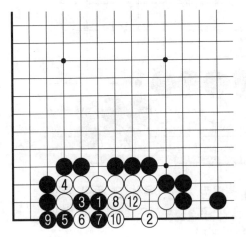

● 2도(실패)

치밀한 사전준비 없이 단순히 흑1부터 두는 것으로는 성공하지 못한다. 백은 역시 2의 호구이음이 호수. 이하 백12까지 필연적인 수순으로 무조건 산다.

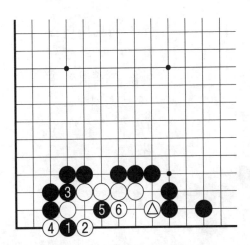

● 3도(참고·완생)

이와 같은 모양이라면 자체로 완생이다. 가령 흑1에서 5로 공격해도 백6으로 막아서 무사하다. [제8형]보다 궁도가 좁아 보이지만 △가 안성맞춤의 위치에 놓여 있다.

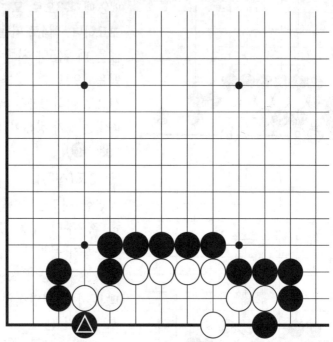

△의 젖힘 한방이 커다란 원군. 우선 그 돌의 활용 여부가 관건이다. 흑의 공격법보다도 백의 응수법에 배울 만한 공부거리가 많다.

☞ **어드바이스**

흑1은 백2의 호구 이음. 계속해서 흑 3으로 공격해도 백 4까지 즐겁게 산 다.

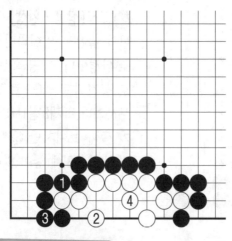

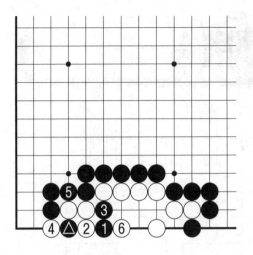

● 1도(정해 · 한칸뜀)

흑1로 뛰어들어가는 수가 △의 가치를 극대화시키는 맥점이다. 어찌됐든 백은 2로 막는 한수. 흑3 때 일단 백4로 따내는 것이 버림돌을 이용하는 묘수이며 흑5 때 백6으로 뛰어붙이는 것이 포인트. 흑7로 백 석점을 따낸 이후—

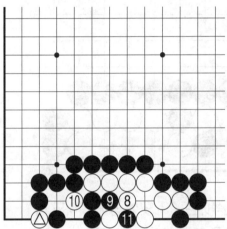

● 2도(정해 · 계속)

전도에 이어서 백8로 늦추어 받는 것이 또한 중요한 수로 흑9에는 백10으로 끊으면 △가 작용해서 연단수. 결국 흑11로 따내어 패가 된다.

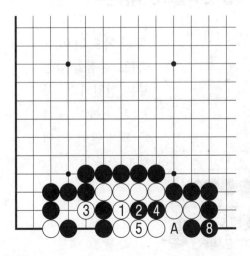

● 3도(참고 · 백의 주의)

2도처럼 늦추지 않고 백1로 막아서 무조건 살리고 하는 것은 욕심이 지나치다. 흑2가 의표를 찌르는 호착. 급소를 빼앗긴 백은 3으로 둘 수밖에 없는데 흑4 이하 8이 자충을 이용하는 멋진 테크닉. 백은 A로 둘 수 없어 횡사하고 만다. (⑥…④ ⑦…②)

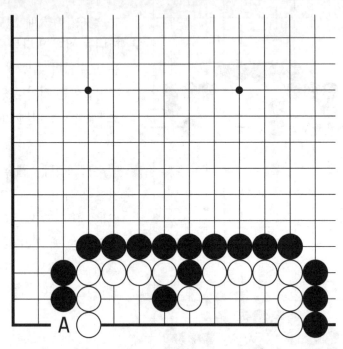

 좌우동형 같지만 왼쪽에는 A의 곳에 공배 하나의 여유가 있다. 자, 양쪽을 모두 살리는 맥점은?

어드바이스

백1로 한점을 잡는 것은 안일하다. 흑 2에서 6까지 오른쪽 백일단이 떨어져 나간다.

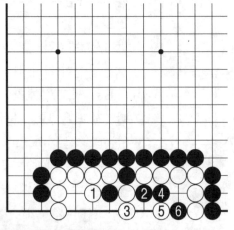

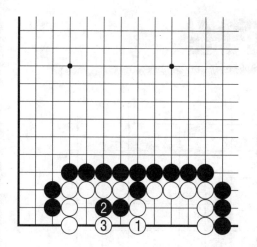

🔴 1도(정해·내려섬)

잠자코 1선에 내려서는 백1
이 침착한 수비이다. 흑2로
수상전을 노릴 때 백3의 뛰
어붙임이 앞선 1과 연관된
맥점으로 양쪽을 모두 살릴
수 있다.

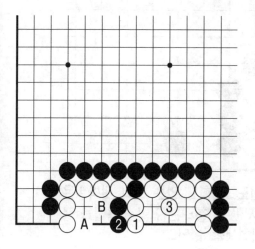

🔴 2도(변화)

백1로 내려섰을 때 흑2로 변
화하면 섣불리 잡으러들지
말고 백3으로 오른쪽을 돌보
는 것이 냉정하다. 왼쪽은
이후 흑A로 움직여도 백B로
아무 일도 일어나지 않는다.

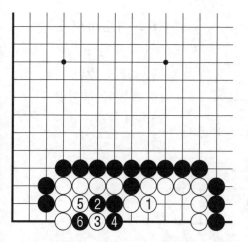

🔴 3도(실패)

백1로 잇는 것은 흑2로 움직
이게 되어 사건이 발생한다.
백3으로 붙여도 흑4에서 6
까지 패. 백은 패에 질 경우
전체가 몰살당하는 위험부담
을 안고 있다.

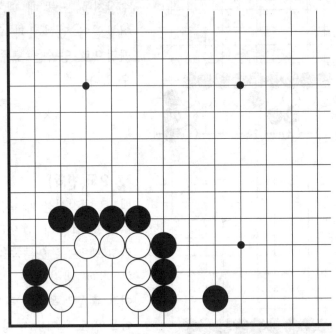

 양쪽 1선의 내려섬도, 젖힘도 없는 변의 뒷박형은 살지 못한다. 그렇지만 이 형태는 귀의 활용법을 적절히 구사하면 기사회생할 수 있다.

어드바이스

백1의 젖힘은 듣는다. 하지만 2의 곳에 흑돌이 놓이면 어차피 살지 못한다.

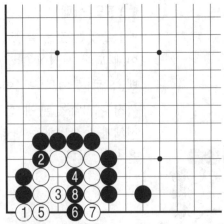

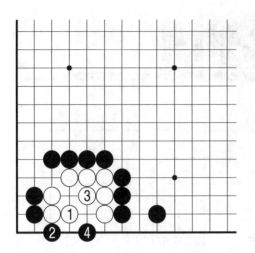

🔘 1도(정해 · 꼬부림부터)

귀의 활용을 먼저 결정짓지 않고 잠자코 백1로 꼬부려서 응수를 살피는 것이 묘미 있는 수. 흑2의 젖힘에는 침착하게 백3으로 한눈을 만든다. 흑4의 치중이 두렵지만 실은 무리수.

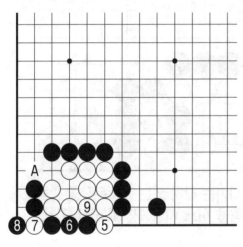

🔘 2도(정해 · 계속)

전도에 이어서 백5의 막음은 당연하며, 흑6에는 백7로 먹여친 다음 9로 몰아서 산다. 흑은 A의 약점 때문에 석점을 이을 수 없는 것이다.

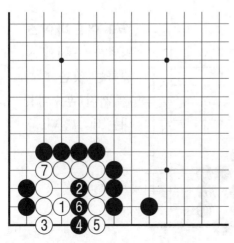

🔘 3도(변화)

백1로 꼬부렸을 때 흑2로 안형을 박탈하면 백3으로 내려서서 좋다. 흑4 · 6으로 공격해와도 7의 곳을 백이 차지할 수 있어 빅으로 살 수 있다.

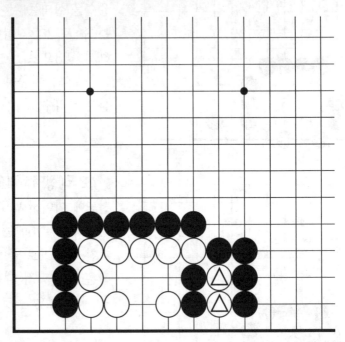

 어설프게 공격하다가는 잡혀 있는 △ 두점을 활용 당한다. 백의 활용을 어느 시점에서 없애느냐가 관 건이다.

☞ 어드바이스

평범하게 흑1에 치 중하는 것은 이하 흑7까지 후수빅을 내는 데 그친다.

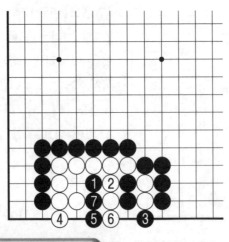

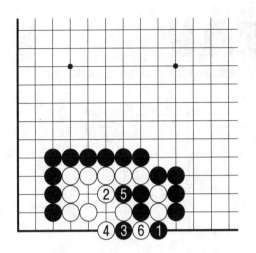

🔵 1도(정해 · 따냄)

냉정하게 흑1로 따내어 활용
당하는 맛을 소멸시키는 것
이 최강의 공격법이다. 백2의
요소는 빼앗기지만 흑3의 젖
힘에서 5로 몰아 패를 만드는
수단이 남아 있는 것이다.

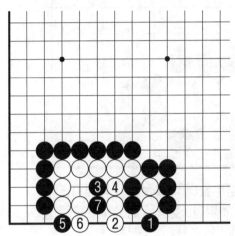

🔵 2도(변화)

흑1로 따냈을 때 백2로 내려
서서 궁도를 넓히는 것은 백
의 실패. 흑3에 치중당해 무
조건 잡혀 버린다. 백2로 4
에 이어도 흑5의 젖힘으로
무조건 죽음.

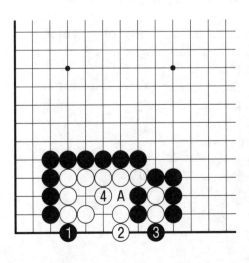

🔵 3도(실패)

흑1의 젖힘으로도 잡을 수
있을 것 같지만 백2가 다음
에 3으로 빠지는 맛을 노리
는 호착(백2로 A에 몰아 버
려서는 살지 못한다). 흑3의
따냄은 부득이한데 백4로 무
조건 살게 된다.

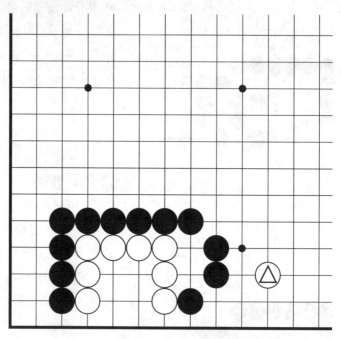

 양쪽 1선의 내려섬이 없더라도 젖힘이 더해지면 살수 있는 것이 변의 뒷박형. 젖힘을 어떻게 선수로 놓이게 하느냐가 문제인데 ⬭를 작용시킨다.

어드바이스

단순한 백1의 꼬부림은 선선히 두손드는 수. 흑4까지차라리 두지 않는것보다 못한 꼴이다.

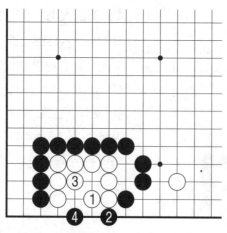

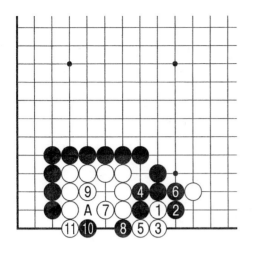

● 1도(정해 · 찜음)

백1로 찜는 수가 기사회생의 맥점이다. 흑2에서 6이라면 백은 5의 젖힘을 선수로 둔 결과. 거기서 젖힘이 있는 쪽을 백7로 꼬부리면 산다. 계속해서 흑8 · 10에는 백9 · 11로 두눈 확보. 흑8로 9에 두면 백8, 흑10, 백11, 흑A로 백의 선수빅.

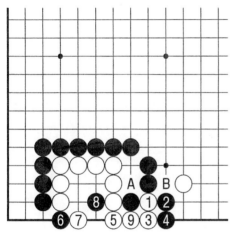

● 2도(변화)

백3 때 흑4로 두면 백5의 내려섬이 중요한 응수. 흑6 · 8로 안형을 빼앗아도 백9면 A의 따냄과 B의 끊음이 맞보기여서 사는 데에는 지장이 없다.

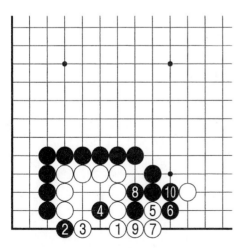

● 3도(실패)

백1의 내려섬을 서두르는 것은 수순이 나쁘다. 흑2 · 4는 안형을 빼앗는 당연한 공격. 이후 백5로 찜어도 이번에는 흑6 · 8로 응수하게 되어 고스란히 잡혀 버리고 만다.

서봉수 라이브 Ⅳ **사 활**

2000년 8월 5일 초판 발행
2014년 12월 15일 중판 발행

해 설 · 서봉수
정 리 · 한창규
펴낸이 · 지윤환
펴낸곳 · 홍신문화사

서울 동대문구 용두2동 730-4 (4층)
대표 전화 953 - 0476/FAX 953-0605
등록 1972. 12. 5 제6-0620호

ⓒ Hong Shin Publishing Co. Printed in Korea

※ 잘못 만들어진 책은 바꾸어 드립니다.

ISBN 89-7055-623-0 03690